A produção social da indiferença

Dados Internacionais de Catalogação na Publicação (CIP)
(Câmara Brasileira do Livro, SP, Brasil)

Herzfeld, Michael
A produção social da indiferença : explorando as raízes simbólicas da burocracia ocidental / Michael Herzfeld ; tradução de Flávio Gordon. – Petrópolis, RJ : Vozes, 2016. – (Coleção Antropologia)

Título original : The social production of indifference – exploring the symbolic roots of western bureaucracy
Bibliografia
ISBN 978-85-326-5139-6

1. Abuso do poder administrativo 2. Burocracia 3. Conflito social 4. Controle social 5. Elite (Ciências Sociais) I. Título. II. Série.

15-07993 CDD-302.35

Índices para catálogo sistemático:
1. Burocracia : Sociologia 302.35

Michael Herzfeld

A produção social da indiferença
Explorando as raízes simbólicas da burocracia ocidental

Tradução de Flávio Gordon

Petrópolis

© Michael Herzfeld, 1992.

Título do original em inglês: *The Social Production of Indifference – Exploring the Symbolic Roots of Western Bureaucracy*
Tradução autorizada por Bloomsbury Publishing Plc.

Direitos de publicação em língua portuguesa:
2016, Editora Vozes Ltda.
Rua Frei Luís, 100
25689-900 Petrópolis, RJ
www.vozes.com.br
Brasil

Todos os direitos reservados. Nenhuma parte desta obra poderá ser reproduzida ou transmitida por qualquer forma e/ou quaisquer meios (eletrônico ou mecânico, incluindo fotocópia e gravação) ou arquivada em qualquer sistema ou banco de dados sem permissão escrita da editora.

Diretor editorial
Frei Antônio Moser

Editores
Aline dos Santos Carneiro
José Maria da Silva
Lídio Peretti
Marilac Loraine Oleniki

Secretário executivo
João Batista Kreuch

Editoração: Maria da Conceição B. de Sousa
Diagramação: Alex M. da Silva
Capa: Felipe Souza | Aspectos

ISBN 978-85-326-5139-6 (Brasil)
ISBN 978-0-85496-638-7 (Reino Unido)

Editado conforme o novo acordo ortográfico.

Este livro foi composto e impresso pela Editora Vozes Ltda.

Dedicatória

Para Peter S. Allen, com amizade.

Agradecimentos

Partes deste livro foram apresentadas em forma oral. Eu gostaria de agradecer particularmente ao Departamento de Antropologia da Universidade da Califórnia, Berkeley, por me oferecer a oportunidade original de fazê-lo, assim como pelas estimulantes discussões que se seguiram na conferência informal, ocorrida em Berkeley e organizada por Paul Rabinow, sobre "Antropologia e Modernidade", em abril de 1989. Um ampliado seminário de discussão dos temas centrais na *University College*, em Londres, ofereceu foco e alimentação para o exercício da reflexão. Um considerável desenvolvimento posterior do tema inspirou-se no workshop "Antropologia do Centro e da Periferia", organizado um ano mais tarde em Nova York por Marc Abélès (*Collège de France*) e Susan Carol Rogers (Universidade de Nova York), com financiamento do Conselho de Estudos Europeus. Os retoques finais foram possíveis graças a uma generosa bolsa de pesquisa, de dois meses de duração, concedida pelo *Ministère de la Technologie et de la Recherche*, Paris, e exercida no *Laboratoire d'Ethnologie et de Sociologie Comparative* na *Université de Paris-X* (Nanterre), em maio e junho de 1991. Eu gostaria particularmente de expressar o meu profundo apreço por Marie-Dominique Mouton, a bibliotecária do laboratório, por seu auxílio generoso e prático, e por Maria Couroucli, Eric de Dampierre, Altan Gokalp e Roberte Hamayon, por seu caloroso incentivo durante a minha estada em Paris.

Uma grande parte do capítulo 5 é uma versão substancialmente revisada de um artigo publicado originalmente na *American Ethnologist* (9, 1982: 644-663), e republicado parcialmente aqui sob permissão, com o título *A etimologia das desculpas: aspectos da performance retórica na Grécia*" (Copyright © 1982 *American Ethnological Society*).

Sou grato a Carol Delaney, Raymond J. DeMallie, Don Handelman, P. Nick Kardulias e Gail Kligman por permitirem que eu citasse seus manuscritos não publicados.

Quero agradecer a Bruce Kapferer por haver me convidado a integrar a série "Global Issues" e por discutir comigo os materiais e ideias com aguda perspicácia e calorosa amizade; e a Marion Berghahn, antropóloga e editora, pelo esplêndido aconselhamento e paciência. Katherine J. Hagedorn e Ellen Maly conduziram as fases finais de preparação do manuscrito com tato e habilidade.

Um grande número de amigos e colegas responderam graciosa e construtivamente, e em curto prazo, às minhas solicitações de crítica aos rascunhos iniciais: Marc Abélès, Arjun Appadurai, Talal Asad, Don Brennels, Jane C. Kowan, Loring M. Danforth, Alfred Diamant, Mary Douglas, Carol J. Greenhouse, David I. Kertzer, Uli Linke, Peter Loizos, Pamela K. Quaggiotto, Deborah Reed-Danahay e Nancy Scheper-Hughes. Eles forneceram amizade e estímulo intelectual, mas certamente não são responsáveis por eventuais defeitos que tenham escapado ao seu escrutínio. Sou imensamente grato a todos eles.

Este livro é dedicado, com especial afeição, a Peter S. Allen, que, mais de duas décadas atrás, deu um amável empurrãozinho para que eu me tornasse antropólogo. Sou profundamente grato por seu gentil, mas eficiente, incentivo à época, assim como por sua generosidade e suporte acadêmico desde então, e espero que o presente esforço não lhe cause qualquer arrependimento.

Sumário

Introdução – A produção social da indiferença, 11

1 Um mundo ou dois?, 25

2 As raízes da indiferença, 53

3 A criatividade dos estereótipos, 73

4 O fetiche da linguagem, 97

5 Fatalidades retrospectivas, 122

6 Desclassificações, 149

Referências, 173

Índice, 191

Introdução
A produção social da indiferença

O eu e o Estado

Por que algumas pessoas parecem virar autômatos sem graça logo que postas atrás de uma mesa? Por que amigos gentis e vizinhos amáveis tornam-se racistas e intolerantes quando descobrem, ou (mais precisamente) decidem, que os outros não "fazem parte"? Como pode ser que, em sociedades reconhecidamente famosas por sua hospitalidade e simpatia, encontremos não raro as formas mais mesquinhas de indiferença burocrática às necessidades e sofrimentos humanos, ou que, em regimes democráticos designados para beneficiar todos os cidadãos, grupos inteiros de pessoas sofram com uma insensível negligência?

Essas são as questões que se agrupam em torno do tema deste livro. Elas podem ser resumidas mais genericamente: Como entidades políticas que celebram os direitos de indivíduos e de pequenos grupos podem, frequentemente, parecer tão cruelmente seletivas na aplicação de tais direitos? Muitas vezes, a indiferença às aflições de indivíduos e grupos coexiste com ideais igualitários.

A indiferença é a rejeição da humanidade comum. É a negação da identidade, da individualidade. Podemos, assim, suspeitar que o seu aparecimento em estruturas de Estado surge a partir de reivindicações conflitantes pelo direito de construir o eu cultural e social. Quem "faz" o eu – o cidadão ou o Estado? Podemos mesmo falar de "Estado", ou não seria essa entidade, por sua vez, uma construção utilizada por certos indivíduos manipuladores para legitimar a sua autoridade?

Neste livro, proponho enfocar as representações dos instrumentos de controle estatal, e mais particularmente as variedades de escritórios e agências reunidas sob o rótulo genérico da "burocracia nacional". A maior parte dos estudos sobre burocracia observam como ela funciona. Ao fazê-lo, indicam o sucesso ou o fracasso de burocracias particulares nos termos da própria burocracia: atenção às necessidades do cidadão, imunidade ao clientelismo, eficiência. Além do mais, é evidente que, em alguns Estados, os burocratas possuem um grau relativamente alto de influência sobre as políticas públicas (ABERBACH; PUTNAM & ROCKMAN, 1981; DIAMANT, 1989). Não está entre os meus propósitos questionar a validade de tais metas. Pelo contrário, eu parto de uma perplexidade fundamental: como é possível que cada nível de repressão, do Estado totalitário ao mesquinho tirano por detrás da mesa, possa recorrer ao mesmo idioma da representação, à mesma definição geral de pessoa, aos mesmos símbolos evocativos, tais como os reverenciados nas práticas democráticas as mais indiscutíveis? Falar em anomia e disfunção é uma descrição, não uma explicação.

O termo "ocidental" no subtítulo é intencionalmente irônico. Ele consagra um estereótipo. Os vários países agrupados sob a rubrica "o Ocidente" celebram convencionalmente algumas características que os separam do resto do mundo: democracia, governo racional, inventividade científica e tecnológica, individualismo, certos compromissos éticos e culturais. Não é preciso aceitar todas essas alegações pelo seu valor nominal para apreciar o quão importantes elas têm sido para criar um senso de comunhão cultural ao longo dos séculos. "O Ocidente" é um símbolo de identidade compartilhada.

Por trás da máscara da comunalidade, entretanto, emergem regimes legais muito diferentes. O liberalismo anglo-saxônico e o autoritarismo neokantiano alemão, por exemplo, podem gerar consequências radicalmente opostas, ainda que ambos aleguem fundar a razão na natureza (POLLIS, 1987: 587-588; BOTTOMLEY & LECHTE, 1990: 60). "O Ocidente" adquire uma variedade de significados nas mãos de diferentes atores, e em resposta a modelos internacionais variados. Mas essa é apenas a ironia do seu dilema, e fornece-nos a abertura que a nossa investigação exige. A ideia de uma racionalidade unificada e coerente não é, em si mesma, nem coerente, nem unificada. Não pretendo mostrar aqui o que é e o que não é o "Ocidente". Essa é a linguagem das identidades absolutas – o idioma conceitual que eu me propus criticar. Em vez disso, tentarei mostrar quando, por que e como os atores políticos e sociais são capazes de conferir a entidades imaginárias tais como "o Ocidente" um poderoso significado na vida cotidiana[1].

Chamar a si mesmo de "ocidental" é uma questão de identidade, e a gestão burocrática da identidade – pessoal, social e nacional – é o tema deste livro. Ideologias nacionalistas usualmente reivindicam algum tipo de "caráter nacional" construído. As suas burocracias têm a missão de calibrar a identidade pessoal e a local para essa construção. A identidade está no cerne de toda pesquisa antro-

---

1. Devo esclarecer também que não é minha intenção discutir as propriedades formais das organizações burocráticas, uma tarefa pretensamente mais bem talhada para cientistas políticos. Há um crescente interesse pela etnografia da administração entre os cientistas sociais. Cf., p. ex., Britan, 1981; Richman, 1983. Tais obras levam a pesquisa a um nível muito mais profundo do que, p. ex., as macroanálises e generalizações culturais de Crozier (1964, 1971).

pológica, e uma abordagem antropológica da identidade nacional está bem-equipada para explorar a relação entre esta e modelos mais localizados de existência social e cultural.

A burocracia é um daqueles fenômenos que as pessoas só notam quando parecem violar os seus próprios pretensos ideais, usualmente os que se referem ao lugar da pessoa no esquema social das coisas. Consequentemente, na maioria das democracias industriais – onde, supostamente, o Estado respeita as pessoas –, todos se revoltam, de maneiras bem previsíveis, contra os males da burocracia. Não importa que a sua indignação seja frequentemente injustificada; o que conta é a sua habilidade de valer-se de uma imagem previsível de mau funcionamento. Caso não se pudesse praguejar contra a "burocracia", a burocracia ela própria não poderia existir tão facilmente: tanto a burocracia quanto as reclamações estereotipadas sobre ela são parte de um universo mais amplo que poderíamos chamar, simplesmente, de a ideologia e a prática da prestação de contas.

As convenções que presidem a conversa sobre a burocracia são muito parecidas com o hábito, igualmente convencional, de torcer o nariz para trocadilhos. Em ambos os casos, há um jogo sobre a discrepância entre propriedades formais ou presumidas (direitos precisamente definidos, no caso da burocracia, e correspondência exata entre palavras e significado, no caso dos trocadilhos) e a experiência atual (a violação da autonomia pessoal, na burocracia, e a ruptura da semântica ordinária, nos trocadilhos). Na prática corrente, as acusações contra a burocracia podem ser assaz injustas, e ouvintes talvez julguem os trocadilhos reveladores e engraçados. Mas um cômico desalento é esperado em ambos os casos, e também em ambos ele deve surgir livremente. A resposta não tem nada a ver com crença pessoal. Ela tem tudo a ver com convenção.

Isso é crucial para se entender a burocracia como um fenômeno social. O fato de que as pessoas nutram expectativas estereotipadas em relação à injustiça burocrática compensa o seu senso de fracasso pessoal: há segurança nos números, em renovar a confiança de que toda a gente sabe tudo sobre burocratas. Rejeitar o formalismo odioso da burocracia é, em si mesmo, um ato formal, convencional, que revela áreas de tensão entre normas oficiais e valores sociais mais localizados. Representações da maldade burocrática são reconfortantes porque, assim como os símbolos estudados pelos etnógrafos das sociedades de pequena escala, elas são coletivas.

Nem todos os encontros burocráticos são lúgubres; para alguns indivíduos de sorte, o sistema funciona sempre. Mas a sua boa fortuna levanta, então, um problema para a prática das relações sociais. Em culturas que valorizam o individualismo e o empreendedorismo, fracassos em conseguir o que se deseja sugerem uma deficiência moral, e demandam autojustificação. Nas sociedades industrializadas da Europa Ocidental e da América do Norte, não menos do que em cidades remotas da Grécia ou da Itália, as pessoas julgam ser necessário dar satisfações sobre sua inabilidade em lidar de modo eficaz com a burocracia[2]. Todo mundo, ao que parece, tem uma história burocrática de terror para contar, e poucos questionarão as convenções que essas histórias demandam. Os ouvintes sabem que, também eles, quererão em breve usar as mesmas imagens estereotipadas.

Os clientes não são os únicos a contar aquelas histórias. Também os burocratas frequentemente buscam meios de exonerar a própria culpa. "Passar adiante a batata quente", algo que os clientes reconhecem como sintoma de uma suposta mentalidade burocrática, é, na realidade, parte do mesmo discurso da prestação de contas, da pessoalidade e da força superior. Enquanto os clientes insatisfeitos culpam os burocratas, estes culpam "o sistema", as leis excessivamente complicadas, os seus superiores imediatos ou distantes, "o governo". Ainda que as pessoas ajam frequentemente como se clientes e burocratas fossem duas classes separadas de seres humanos, apartados por alguma divisão maniqueísta entre o bem e o mal, o fato é que eles são comprovadamente participantes de uma luta simbólica comum, fazendo uso das mesmas armas, guiando-se pelas mesmas convenções. Os burocratas também são cidadãos; e, como observou um etnógrafo da gestão de políticas públicas, "o objetivo mais básico de qualquer burocrata ou burocracia não é a eficiência racional, mas a sobrevivência organizacional e individual" (BRITAN, 1981: 11)[3]. Se é verdade que alguns cientistas sociais (como GOFFMAN, 1959; HANDELMAN, 1976; SCHWARTSMAN, 1989) enfocaram os dispositivos práticos por meio dos quais clientes e burocratas negociam uns com os outros, por outro lado tem havido pouca discussão sobre o papel que as

---

2. Isso se aplica igualmente a culturas industrializadas e àquelas, notadamente na área do Mediterrâneo (PERISTIANY, 1965), que têm sido caracterizadas como agonísticas. A distância entre o "individualismo rude" e o "autointeresse agonístico" tem mais a ver com a decisão de se atribuir a qualidade em questão quer a um eu coletivo, quer a um outro exótico, do que com qualquer diferença fundamental de orientação moral. Pollis (1987: 590), sem embargo, argumentou que "o conceito de individualismo, tão central para a noção anglo-saxônica de direito, era inexistente na cultura grega tradicional". Ela chega a sugerir não ser o "individualismo", mas a posição que se ocupa numa rede de parentesco, quem "definia o eu". Tal afirmação, embora correta, não deve obscurecer a falta de ajuste entre conceitos formais de individualismo e valores sociais informais dentro das sociedades "anglo-saxãs". Para se evitar a reificação do "Ocidente", um problema para o qual Pollis chama-nos corretamente a atenção em outro trecho do seu artigo, é crucial ter em mente a tendência dos intelectuais "ocidentais" de contrastar os seus próprios *modelos* políticos idealizados com as *práticas* "corruptas" de outras culturas – um tema que aparecerá com frequência mais abaixo. Sobre os vínculos conceituais entre o nacionalismo e as várias espécies do assim chamado individualismo, cf. esp. Bottomley e Lechte, 1990: 60; Handler, 1985: 210, 1988; Herzfeld, 1982a: 57-60.

3. A afirmação, apesar do seu tom de solidária praticidade, perpetua ainda as reprováveis implicações de se opor a racionalidade ao autointeresse, as quais observaremos em outros autores (tais como BANFIELD, 1958). Ela enfatiza também as táticas e interesses pessoais, sem explicar como ambos reproduzem e influenciam os valores culturais. Ainda assim, a abordagem de Britan é preferível ao determinismo cultural eurocêntrico que eu venho criticando, a não ser que a sua afirmação seja lida como um endosso igualmente determinista ao individualismo empreendedor.

convenções explicativas e, em especial, os ataques ao "sistema" desempenham em tais interações[4]. Eis o tema da teodiceia secular.

Explicando os males da burocracia

O conceito de teodiceia que eu uso aqui é derivado de Weber[5]. Weber estava interessado nas várias maneiras pelas quais os sistemas religiosos buscam explicar a persistência do mal em um mundo divinamente ordenado. Não é preciso determo-nos aqui em considerações sobre a sua comparação entre várias das principais tradições religiosas, mas vale a pena notar que ele associava a urgente necessidade da teodiceia à ideia de transcendência – a ideia de que um princípio moral, ou divindade, pode transcender as especificidades do tempo e do espaço. Em alguns sistemas religiosos, notadamente o cristianismo, isso pode assumir a forma da salvação. O equivalente secular da salvação é a ideia de uma comunidade patriótica e democrática, que não tolera suborno nem opressão.

O nacionalismo europeu parece-se com a religião porque ambos reivindicam um *status* transcendente. Isso pode parecer não se aplicar ao nacionalismo, cujo quadro de referência é um local histórico e geográfico específico. No entanto, todo nacionalismo reivindica a transcendência, em dois sentidos importantes. Primeiro, internamente, ele alega transcender diferenças locais e individuais, unindo todos os cidadãos numa mesma e unitária identidade. Segundo, as formas da maioria dos nacionalismos europeus (e de muitos outros) transcendem até mesmo os próprios interesses nacionais, pois considera-se que o princípio da identidade nacional sustenta e inspira os particulares da nação e do país. A alegação de Gellner (1986: 124) de que não há nada de particularmente interessante ou diferente em nacionalismos específicos é menos uma observação analítica do que uma expressão subreptícia da própria ideologia.

A teodiceia religiosa pergunta como, se há uma divindade verdadeiramente universal, pode existir o mal em tantos recantos e fendas da experiência cotidiana? Weber (1963: 138-139) associa a resposta a essa questão diretamente àquela da transcendência: "quanto mais o desenvolvimento [da religião] tende para a concepção de um deus unitário transcendente, que é universal, mais emerge o problema de como o poder extraordinário de tal deus pode ser reconciliado com a imperfeição do mundo que ele criou e governa".

---

4. Talvez porque uma grande proporção dos estudos sobre burocracia tenham lidado com o Ocidente (porém, cf. RIGGS, 1962, para uma antiga exceção), eles parecem não ter sido nada simbólicos.

5. Tambiah (1990: 153) sugere brevemente um paralelo com a teodiceia religiosa. A análise de Obeyesekere (1968) da teodiceia mostra que ela existe na religião popular tanto quanto na canônica, uma possibilidade que Weber não desenvolveu. Na aplicação do modelo da burocracia e de sua crítica, podemos ver a operação da teodiceia nas explicações oficiais, que tendem a suprimir o protesto, e nas reações populares à ineficiência e venalidade da burocracia.

Não é por demais extravagante, eu sugiro, comparar esse problema àquele enfrentado pelos membros de muitos estados-nação modernos. Nos mais promissores primórdios de independência podem restar as sementes de uma horrenda tirania; nas leis promulgadas pelas mais benignas democracias oculta-se a possibilidade de repressão burocrática. Nem todo *risorgimenti* converte-se em fascismo, nem todas as filosofias do Iluminismo conduzem a administrações via campos de concentração; mas, mesmo nas mais liberais das democracias nacionais, a capacidade burocrática para a tirania mesquinha permanece um escândalo de percepção, se não mesmo um fato.

A explicação, argumentarei, está na confusão entre a forma expressiva e o sentido prático: símbolos de esperança podem sempre se tornar instrumentos de desespero. Weber, que claramente reconhecia esse problema, mostrava-se bastante ambivalente em relação à burocracia: necessária para garantir uma série de liberdades práticas, ela ameaçava tornar-se também uma rígida "jaula de ferro" (cf. MOUZELIS, 1968: 20-21).

Para as pessoas comuns, portanto, incluindo burocratas perplexos pela aparente inelutabilidade das forças que os compelem a negar o seu próprio juízo moral, algum tipo de explicação é necessário. As pessoas para as quais essas explicações são oferecidas não necessariamente creem nelas. Mas não é nem um pouco claro se o que está em jogo é a crença[6].

Onde Weber postula a teodiceia como um modo de sustentar a crença frente à evidência de um mundo falho, eu sugiro, em vez disso, que a teodiceia secular serve ao menos a um objetivo mais pragmático. Ela provê as pessoas de meios sociais para lidar com o desapontamento. O fato de que os outros nem sempre questionem até mesmo as tentativas mais absurdas de se explicar o fracasso não prova que sejam crédulos. Pode, ao contrário, ser evidência de uma orientação assaz prática, que se recusa a solapar as convenções de autojustificação, porque virtualmente todo mundo, como eu notei acima, pode precisar recorrer a elas no decorrer da vida.

Isso nos ajuda a descartar o contraste frequentemente posto entre o "fatalismo" passivo dos povos orientais e a orientação ocidental para a ação – um primeiro passo para elucidar conceitualmente o próprio "Ocidente". Weber (1976) sugere que o calvinismo, com a sua doutrina da predestinação, foi a pedra de toque crucial na passagem de uma orientação fatalista a uma orientação para a ação: o esforço no mundo material para confirmar o próprio estatuto de membro dos eleitos veio a substituir a aceitação mais contemplativa do destino, supostamente característica das religiões orientais e primitivas. A discussão

---

6. Cf. Needham, 1972 para objeções importantes à aplicação da "crença" como categoria analítica ao estudo da ação coletiva.

de Weber a respeito do papel dessa doutrina no Ocidente, portanto, não o impediu de excluir o Oriente da marcha rumo ao governo racional. Ele deixou claro, além do mais, que a autossatisfação nacionalista deita raízes na ideia de que os eleitos devem reconhecer a si próprios como predestinados à grandeza (WEBER, 1976: 166)[7].

Tal modo de explicação é ainda muito popular em tentativas de comparar o Ocidente industrializado com outras partes do mundo. Ele informa, por exemplo, um recente relato sobre a persistência do patronato e da resignação frente a imposições oficiais entre as populações do Oriente Médio (PRESTHUS, 1973). Iremos notar, no entanto, que resignação é uma glosa pobre para a prática social em questão: a invocação do destino pode servir a fins altamente calculados. O cidadão de um Estado industrializado que reclama da má sorte ao lidar com um juiz intolerante ou com tributações não está, em absoluto, respondendo diferentemente de um turco ou grego que, havendo tentado de tudo, deve agora enfrentar o escárnio em casa, no trabalho ou na vizinhança, tentando minimizar o dano social[8]. Na análise de Weber, o uso da predestinação é efetivamente retrospectivo: uma vez que a pessoa tenha demonstrado sucesso em sua indústria (em ambos os sentidos da palavra), o seu destino celeste terá sido exposto aos olhos de todos. O caráter era parte do destino, a ser revelado no curso de eventos através dos quais se mantém continuamente a luta pelo sucesso. Como veremos, tais preocupações eminentemente práticas não são, de modo algum, prerrogativa exclusiva dos protestantes do norte da Europa.

Destarte, o que marca a condição de modernidade não é o impulso doutrinal, mas a centralização crescente e a escala. No entanto, os valores simbólicos ativados são, por vezes, notavelmente consistentes de um nível de integração social a outro. As raízes simbólicas da burocracia ocidental não devem ser buscadas, em primeira instância, nas formas oficiais da burocracia em si mesma, ainda que traços significativos possam ser descobertos aí. Elas subsistem acima de tudo nas reações populares à burocracia – nos modos pelos quais as pessoas comuns efetivamente gerenciam e conceitualizam as relações burocráticas.

---

7. Nos termos do próprio Weber: "é importante para a atitude íntima geral dos puritanos [...] que a crença em ser o povo escolhido por Deus tenha neles um grande renascimento. Mesmo o ameno Baxter agradecia a Deus por ter nascido na Inglaterra, e portanto na Igreja verdadeira, antes que em outro lugar".

8. Segundo observa F.M. Marx (1962: 170) num comentário que reconhece o caráter estereotípico de argumentos tais como o de Presthus, "muito daquilo que parece desafiar a "engenharia" institucional sob os auspícios da assistência técnica prestada pelo Ocidente a países menos desenvolvidos também está presente no modelo burocrático ocidental". Diamant (1962: 86), que cita elogiosamente o trabalho de Presthus sobre os turcos, sublinha, não obstante, que uma leitura proveitosa de Weber prescindiria de "uma polarização entre tipos de autoridade política (ou cultura política) dentro de um contínuo ocidental não ocidental".

Há claramente diferenças na eficiência e no nível de integração da burocracia em diferentes países. Mas atribuir tais diferenças a variações no caráter nacional, ou, ainda mais genericamente, a um contraste entre tipos de personalidade oriental e ocidental, é simplesmente um fatalismo vicário à sua maneira – uma afirmação, nunca demonstrada, mas frequentemente assumida, de que "eles" não podem escapar dos condicionantes culturais e sociais no mesmo grau em que os "individualistas" seriam capazes de fazer no Ocidente. Presthus (1973: 54) retrata o Oriente Médio nestes termos: "'*Inshalla*', a crença de que a vontade de Deus determina o curso dos eventos humanos, fomenta uma atitude algo negativa frente à ajuda própria e a inovação". A cultura, não menos que a biologia (e talvez implicitamente por causa dela), é vista como destino.

E, no entanto, a marca da diferenciação é, ela própria, parte da mesma lógica e simbolismo que, por exemplo, o dos supostamente atrasados camponeses das terras não industrializadas do Mediterrâneo. Estes podem, de fato, tratar o seu sucesso como consequência do caráter, dizendo que fulano está predestinado a ser um certo tipo de gente. Nesse sentido, a sua posição é notavelmente próxima àquela dos calvinistas de Weber. Também eles são empreendedores. O único contraste nítido está na escala muito maior na qual a ação coletiva é possível nos países industrializados. A ideia de que o destino inclui o caráter é elevada, no Estado-nação moderno, a um nível bem mais inclusivo, dando origem às sombrias predestinações do caráter e destino nacionais.

Na hipótese de que exista realmente uma atitude cultural no Oriente Médio do tipo descrita por Presthus, ela não é mais bem-tratada como resignação frente ao inevitável do que as noções calvinistas de predestinação. Assim como estas, ela é uma teodiceia, útil para explicar os próprios infortúnios ou o sucesso de um rival[9]. Se as atitudes médio-orientais exibem divergências genéricas em relação aos valores do norte da Europa pós-Reforma, estas devem ser vistas como consequência, antes que causa, de desigualdades internacionais. Tais contrastes culturais, tão moralizantes em suas implicações e tão facilmente evocados ao nível das entidades nacionais, observam-se igualmente em esferas mais locais, particularmente entre uma capital e suas províncias. Eles surgem da experiência real, e da consequente convicção de que, sendo pouco confiáveis as pessoas dotadas de autoridade, deve-se buscar bases mais íntimas de confiança. Se o Estado provou-se incapaz de modelar um universo nacional perfeito, as pessoas têm

---

9. Empreendedorismo, uma virtude no Ocidente protestante, torna-se mera cobiça e descaminho quando percebido em exóticos outros. Dado que opera frequentemente numa escala social menor que o industrialismo ocidental, sobretudo, ele presta-se aos preconceitos ocidentais a respeito do comportamento egoísta dos "nativos". Certamente, a escala de operações é uma condição daquilo que reconhecemos como modernidade: daí a visão de Anderson (1985) sobre uma extensão das relações pessoa a pessoa por meio da "imaginação" de uma comunidade maior. Mas a lógica prática do capitalista-calvinista e das versões aldeãs do destino é a mesma.

motivos para buscar explicações autoabsolutórias para o seu próprio fracasso em lidar com a má administração burocrática.

O conceito de teodiceia secular é parte de um argumento maior, no qual eu proponho tratar a burocracia do Estado-nação como diretamente análoga ao sistema ritual de uma religião. Ambos são fundados no princípio da identidade: os eleitos como uma comunidade exclusiva, cujos pecados individuais dos membros não podem solapar a perfeição última do ideal partilhado por todos. Ambos postulam uma identificação direta entre a comunidade de fiéis e a unidade daquele ideal. Eis o que Weber (1963: 50) quer dizer ao sugerir que "a grande conquista de Moisés foi achar uma solução de compromisso para... conflitos de classe... e organizar a confederação israelita mediante um deus integralmente nacional". Podemos observar a contínua reafirmação da identidade transcendente como um efeito de algum afazer burocrático. O afazer, ele próprio, é altamente ritualístico: formas, símbolos, textos, sanções, mesuras. Se alguns burocratas falham em realizar o seu trabalho sábia ou justamente, isso não invalida o sentido desses acessórios formais, embora possa reduzir a autoridade de determinados funcionários – o que certamente requer uma teodiceia abrangente. Assim como o anticlericalismo coexiste frequentemente com uma profunda religiosidade (HERZFELD, 1985: 242-247), aqueles gregos (p. ex.) cuja experiência da burocracia os leva a exclamar, "não temos Estado (*dhen ekhoume kratos*)!", estão, assim, afirmando precisamente o seu desejo por tal fonte de justiça em suas vidas[10].

Simbolismo e o Estado

Muita coisa tem sido escrita por antropólogos a respeito dos aspectos simbólicos do Estado-nação moderno (p. ex., BINNS, 1979-1980; COHEN, 1974; GAJEK, 1990; HANDLER, 1985; KLIGMAN, 1981; LINKE, 1985, 1986; LÖFGREN, 1989), e eu não reivindico qualquer originalidade ao enfatizar os aspectos simbólicos do poder do governo. Tais escritos têm sido valiosos em mostrar que símbolos podem ser manipulados emocionalmente por razões políticas. O perigo dessa abordagem, que deriva da separação de Durkheim entre sagrado e profano, é não raro tratar tal distinção em termos altamente literais ou, poder-se-ia dizer, eclesiásticos. Como nota Douglas (1986: 97), tal é um desenvolvimento infrutífero, porque desconsidera os modos pelos quais símbolos fortemente carregados permeiam áreas não obviamente políticas da experiência cotidiana – intromissões sacralizadas no espaço social profano.

Símbolos discretos, no entanto, são frequentemente os mais potentes de todos. As suas conexões com ideias adquiridas sobre o eu e o corpo, família e

---

10. Alhures, eu discuto esse uso no contexto da conservação histórica e seu gerenciamento burocrático numa cidade de Creta (HERZFELD, 1991).

adversários, fornecem-lhes um potencial incomum para a manipulação. Parecem óbvios e naturais. Quando elaborados a partir da natureza física, eles exemplificam o que Douglas (1970), enfatizando a sua força sub-reptícia, chamou de "símbolos naturais". Estes incluem raça, sangue e parentesco. Para o bem ou para o mal, tais ideias serviram bem a ideologias estatais. Weber (1963: 90) mostrou que as burocracias toleraram e até mesmo exploraram a religião popular a fim de induzir coesão e obediência. O simbolismo social da família e dos grupos locais, e especialmente a deveras sacralizada retórica do sangue, tem uma utilidade similar.

Nos primeiros capítulos, eu fornecerei mais detalhes sobre as formas específicas dos símbolos que o nacionalismo compartilha com sociedades ao nível local. A mais difundida dessas formas é a imagética do sangue como substância ou essência comum a conferir uma mesma identidade. Como todos os símbolos, esse complexo pode assumir uma ampla variedade de significados, alguns dos quais podendo divergir radicalmente entre si. Com efeito, a ambiguidade simbólica é central no meu argumento. Porque alguns símbolos provaram ser extremamente duráveis, assume-se frequentemente que o seu sentido é constante. Nada mais distante da verdade. Enquanto o sangue pode ser a base da diferenciação em geral, por exemplo, a questão de quem ele inclui e exclui é a mais importante aqui. Certamente faz uma grande diferença se alguém comenta, em referência a um parente por afinidade, que este "não é um parente de sangue", sobre um inimigo do Estado, que "devemos derramar o seu sangue para vingar o nosso", e a respeito de uma minoria étnica, que "não devemos misturar o nosso sangue ao deles". Estes são níveis amplamente distintos. Ainda que no mesmo nível, entretanto, o símbolo do sangue pode ser usado tanto para incluir quanto para excluir. Trata-se de ferramenta com extraordinários influência e poder.

O sangue é a metáfora-chave em representações do parentesco na Europa e alhures. Adam Kuper (1988) brindou-nos recentemente com um relato arguto ao surgimento, no século XIX, de uma distinção "ilusória" entre sociedades primitivas baseadas no sangue e no parentesco e sociedades modernas baseadas no contrato. Tal ideia persiste na eterna divisão entre a anarquia tribal e a racionalidade burocrática. O que é tão extraordinário aqui é que a metáfora do sangue-parentesco claramente alastra a retórica do Estado ainda quando este nega a sua relevância. Enquanto a Modernidade é amplamente definida pelo compromisso com a administração racional e imunidade aos interesses familiares, a retórica do Estado é fragrante em metáforas de parentesco. Aqueles que atendem a interesses familiares às custas de interesses maiores e comunais são tratados como culpados do equivalente político do incesto.

Há, é claro, boas razões práticas para o desejo de erradicar favoritismos de toda espécie. O meu objetivo aqui não é fazer pouco das intenções ou da racionalidade subjacentes a tais impulsos. O perigo para as instituições democráticas não repousa, sugiro eu, nas críticas a processos políticos ou cívicos, que são, afinal de contas, objeto de proteção por parte daquelas instituições. A mesma meta, entretanto, pode ser seriamente subvertida se perdemos de vista a base metafórica de boa parte da racionalidade burocrática. Os símbolos familiais e corporais do nacionalismo não são metáforas simplesmente. São poderosos ímãs emotivos, podendo ser, como são, mobilizados por funcionários públicos e cidadãos caprichosos. Nas mãos de regimes totalitários, podem se tornar instrumentos de persuasão em massa. A despeito de todo o gigantesco esforço intelectual despendido na criação de um "outro" primitivo, o eu coletivo burocrático está sujeito à mesma linguagem e imagética convencionalmente atribuídas a esse outro. Um senso de paradoxo emerge das pias objeções ao alegado "familismo amoral" dos camponeses mediterrâneos ou latino-americanos, objeções frequentemente avançadas por seus próprios governos, quando a retórica oficial continua fazendo da família o núcleo moral do laço afetivo entre o cidadão e o Estado.

Isso não significa dizer que tal retórica indica má-fé. Ao contrário, ela é presumivelmente baseada no pressuposto de que a família provê um modelo facilmente compreensível para a lealdade e a responsabilidade coletiva que os cidadãos devem nutrir em face ao Estado. Assim como uma rixa interna pode afetar uma família ao ponto da dissolução, também a guerra civil pode surgir de várias formas de faccionalismo político e subverter as mais generosas intenções de funcionários públicos em todos os níveis. Mas a retórica do parentesco, que pode fornecer uma sólida base para a solidariedade cotidiana quando aplicada por funcionários imparciais, pode também servir a objetivos mais sinistros – sinistros, porque consistem nos interesses especiais que pretendem negar. A retórica do "bem comum" nem sempre serve ao bem comum.

É um dos objetivos deste livro mostrar como e por que isso ocorre. A minha intenção não é estigmatizar a oficialidade em geral, ou investigar as razões psicológicas daqueles nos quais reconhecemos o pior da repressão burocrática. Em vez disso, pretendo questionar como é possível que tais pessoas inflijam tão vasto dano. Argumentarei que elas se baseiam em recursos comuns ao simbolismo dos estados-nação ocidentais e àquele, há muito estabelecido, das formas cotidianas de exclusão social, cultural e racial. Toda forma simbólica, retirada de seu contexto original e dotada de novos significados por decreto oficial, pode facilmente recair em algo próximo à sua significação prévia. Ela também possibilita aos membros do público um meio de conceitualizar os seus próprios desapontamentos e humilhações, e um argumento que, sob certas circunstâncias, pode levá-los a aceitar a humilhação de terceiros – a produção social da indiferença.

No capítulo de abertura, eu argumento que se deve tratar o mundo do Ocidente burocrático dentro da mesma moldura mediante a qual os antropólogos tradicionalmente estudam sociedades de pequena escala. Mary Douglas, a cujo vasto estudo sobre classificação e simbolismo este livro deve muito, argumentou de maneira convincente contra a sobrevalorização da importância da escala e da complexidade sociocultural ao se determinar as relações entre instituições e o modo como as pessoas pensam (DOUGLAS, 1986: 21-30). O seu argumento ataca a falsa dicotomia entre modos primitivos e modernos de organização social[11], e sugere que a maior parte dos antropólogos hoje rejeitaria o estereótipo de uma sociedade tribal presa eternamente a uma tradição imutável.

Ao argumento de Douglas, no entanto, eu acrescentaria uma outra dimensão: aquela da relação histórica entre as sociedades industriais modernas e as sociedades locais que elas tiveram de incorporar de modo a constituir a si próprias como estados-nação. Nesse longo processo de transformação, certas formas simbólicas foram levadas adiante. Enquanto os seus significados frequentemente mudaram, em muitos casos eles permaneceram extremamente voláteis, sujeitos tanto a manipulações quanto a prevaricações. Douglas trata da base social da identidade, um tema ao qual deveremos voltar no capítulo 3, sob a rubrica "iconicidade", sem reparar no deslize semântico que permitiu a aparentes continuidades na forma simbólica ocultar mudanças ideológicas potencialmente perturbadoras. Sociedades antigas e modernas, ou Estados nacionais e comunidades locais, podem partilhar símbolos específicos, mas o seu significado fica obscurecido se não consideramos os seus contextos de uso ou os processos históricos de transformação que os amalgamam.

No capítulo 2, eu tento uma delineação mais abrangente da indiferença e sua relação com sistemas de classificação. Visando a esse objetivo, eu examino três estudos cujo foco é a mudança. O primeiro, um relato etnográfico de uma aldeia de pescadores portugueses, oferece o tipo de visão evolucionista sobre violações da Modernidade que Douglas rejeita tão acertadamente, embora o autor baseie-se no trabalho dela para mostrar conexões entre o simbolismo de uma ordem social pré--burocrática e o novo modo de fazer as coisas. Uma contradição similar aparece no segundo estudo, uma etnografia sobre trabalhadoras rurais no norte da Itália, uma vez que o autor segue a pessimista narrativa de Weber sobre o "desencantamento" do mundo moderno – um conceito sociológico comum nos primeiros anos do século XX (cf. NISBET, 1973). No estudo sobre os italianos, no entanto, nuançadas análises históricas permitem-nos enxergar a fonte das continuidades: estas não são apenas formais, nem tampouco indicativas de uma crescente complexidade conceitual, mas emergem de mudanças na distribuição do poder local e dos efeitos de forças externas. Finalmente, volto-me para uma análise comparativa muito recente do nacionalismo e da exclusão em Sri Lanka e na Austrália. Tal estu-

---

11. Com efeito, Douglas descartou posteriormente a distinção durkheimiana entre solidariedade mecânica e orgânica como imaterial àquilo que ela vê como a principal contribuição de Durkheim à análise das bases sociais da cognição.

do, também sobre transformações, serve para voltar a nossa atenção para o fato de que qualquer ideologia, não importa o quão consistente a sua expressão formal, pode produzir aplicações e interpretações radicalmente divergentes.

Isso é crucialmente importante, e é elaborado mais detidamente nos capítulos 3 e 4. O capítulo 3 examina as propriedades formais dos estereótipos, tanto aqueles normalmente veiculados a respeito de burocratas (as convenções do desdém) quanto os que aparecem para guiar as próprias ações dos burocratas. Em ambos os casos, achamo-nos examinando o uso de imagens convencionais para o que, frequentemente, acabam sendo tudo, menos metas imparciais. Os capítulos 3 e 4 examinam o papel de indivíduos e grupos no emprego de símbolos aparentemente transparentes, mas investidos de diferentes significados, alguns dos quais derivados de contextos mais velhos ou locais do que aqueles em vigor. No capítulo 3, o foco recai explicitamente sobre os estereótipos; no capítulo 4, sobre as formas de linguagem em geral.

Esses capítulos levantam questões sobre atribuição. Se as pessoas podem alterar os sentidos de formas institucionalizadas, quem é responsável por elas? Alternativamente, que instrumentos podem os funcionários públicos usar para escapar das amarras da atribuição? E como os seus clientes lidam com um mundo em que funcionários podem se esquivar tão facilmente de suas responsabilidades? Tais conjuntos de estratégias são mutuamente complementares, e pertencem a uma ordem simbólica compartilhada. Retornamos aqui à questão da teodiceia. Mais ainda, descobriremos que a dependência dos funcionários em face de um simbolismo derivado de interesses ao nível local permite-lhes – de acordo com as circunstâncias – que se desviem das interpretações da lei por eles herdadas. Não é apenas o Estado quem determina os limites do aceitável.

O capítulo 5 é uma demonstração etnográfica daqueles pontos, particularmente do papel da teodiceia secular. Os argumentos teóricos sobre o modo de funcionamento das burocracias nacionais não prestaram suficiente atenção ao solo comum sobre o qual repousam as práticas burocráticas e as atitudes populares. No entanto, está claro que, na ausência de tal solo comum, os burocratas não sentiriam necessidade de justificar as suas ações, e os cidadãos tampouco teriam qualquer esperança de revertê-las. Olhando atentamente para um conjunto particular de atitudes populares, portanto, eu pretendo dizer algo de natureza mais geral sobre a relação entre a teodiceia secular e a ideologia oficial. Se há razões especiais para examinar o caso da Grécia moderna em particular, os dados apresentados no capítulo 5 sugerem a possibilidade de dados comparáveis alhures – dados que nos ajudariam a explorar mais a fundo a dependência mútua que descobrimos entre estruturas institucionais e estratégias individuais. Finalmente, no último capítulo, eu ofereço algumas sugestões sobre até onde pode nos levar tal exercício comparativo.

Eu não pretendo que a antropologia possa ou deva suplantar os *insights* de outras disciplinas sobre a prática burocrática, nem espero, a partir do ponto de vista aqui esboçado, fornecer uma análise exaustiva do processo burocrático. Sugiro, todavia, que a sensibilidade antropológica ao contexto imediato – a etnografia – ajuda a mudar o foco de perspectivas já determinadas, em algum grau, pelas estruturas institucionais que elas pretendem examinar[12]. Escolhi chamar o meu objeto de burocracia "ocidental" em parte por um galhofeiro senso de ironia: não está nada claro o que é "o Ocidente", ainda que a sua existência e a sua associação com a racionalidade burocrática sejam frequentemente presumidas. Tornando central essa identidade problemática, eu busco o tipo de incômodo produtivo que caracteriza a antropologia mediante contínuos realinhamentos da comparação cultural e social. Esta é uma abordagem que oferece uma perspectiva sobre como as pessoas lidam com as forças que tentam controlar quem elas são.

---

12. Bruce Kapferer sugeriu-me que a maior parte das análises sobre burocracia tem, até aqui, estado presa a pressupostos ocidentais concernentes à separação entre pessoa e ação, uma postura que ele sugere poder ser proveitosamente contrastada com conceitos indianos. Isso reforça o meu ponto anterior sobre o papel das visões racionalistas em determinar a percepção atual da burocracia e o foco privilegiado sobre a organização burocrática em detrimento do enquadramento simbólico.

I
Um mundo ou dois?

Burocracia: o simbolismo do governo racional

Um dos pressupostos mais comumente aceitos da Modernidade é que as sociedades estatais burocraticamente reguladas do "Ocidente" são mais racionais – ou menos "simbólicas" – do que aquelas do resto do mundo. Essa divisão baseia-se em um argumento circular, que provê as definições de racionalidade e, a seguir, as encontra em casa. Ela trata a racionalidade como distinta da crença, e, no entanto, demanda uma fé inquebrantável não muito diferente da esposada por algumas religiões. Mesmo os críticos da burocracia estatal aceitam implicitamente a sua idealizada autorrepresentação. O Estado-nação representa a ordem perfeita; apenas os atores humanos são falhos. Isso tem todas as marcas de uma doutrina religiosa.

No entanto, os nossos métodos não refletem tal semelhança. É como se nos confrontássemos com dois mundos distintos: a análise simbólica é adequada para as definições flexíveis de religião e ritual, mas o mundo real da organização governamental requer abordagens mais rígidas. As implicações são, por vezes, francamente etnocêntricas: as "sociedades primitivas ou tradicionais" têm "ritual", enquanto o Ocidente industrializado goza dos benefícios do "racionalismo" (RIGGS, 1962: 20, 30)[13]. Mesmo nas sociedades inquestionavelmente "modernas", no entanto, a separação entre razão e ritual precisa obscurecer as praticidades da interação entre a racionalidade oficial e a experiência do dia a dia. Também ela não desprezará como irrelevante o elenco cosmológico de ideias comumente aceitas sobre burocracia, com a sua evocação de sorte e destino, de caráter pessoal inato tanto quanto nacional, de culpa e responsabilidade. Regulações formais e

---

13. Riggs (1962: 35) insiste que esse modelo não descreve sociedades particulares, e que ele poderia ser usado para isolar traços comparáveis na burocracia americana. Os seus exemplos, entretanto, são claramente ranqueados por uma escala de modernidade, e, conquanto reconheça explicitamente que os traços por ele atribuídos a sociedades "em desenvolvimento" refletem desigualdades sociais, ele aparentemente vê o padrão resultante como ocorrendo a despeito, antes que por causa, da dominação global do "racionalismo" ocidental.

práticas burocráticas rotineiras estão, ambas, embebidas nos valores cotidianos; a ideia de razão organizacional é, ela própria, um construto simbólico com poderoso apelo ideológico.

Considere-se novamente a atitude convencional da burocracia, e justaponha-se-a sobre esta definição de ritual (TAMBIAH, 1979: 119): "O ritual [...] é constituído de sequências ordenadas e padronizadas de palavras e atos... cujo conteúdo e disposição são caracterizados, em grau variado, pela formalidade (convencionalidade), estereotipia (rigidez), condensação (fusão) e redundância (repetição)". Quase sem modificação, tal definição aplicar-se-ia também à visão popular da burocracia, porque descreve aspectos familiares da prática burocrática: o estereótipo e a prática reúnem-se no solo comum da convenção.

Não se pode, pois, dar sentido à Modernidade sem prestar igual atenção às raízes simbólicas que ela rejeita com tanta determinação. Riggs (1962: 20) argumentou que as burocracias ocidentais eram menos sensíveis aos constrangimentos culturais do que os sistemas "típicos" [*folk*] do Terceiro Mundo, os últimos sendo talvez um objeto de estudo mais adequado aos antropólogos. Os sistemas administrativos intermediários ("em desenvolvimento") exibiriam uma combinação de razão burocrática pura e interesse culturalmente determinado. Esse é, no mínimo, um argumento circular. Além disso, ele predispõe os analistas contra qualquer reconhecimento da construção cultural ou importância simbólica da prática burocrática ocidental. Como notou sabiamente um cientista político, entretanto, "as burocracias públicas são, por vezes, retratadas como se atropelassem as suas sociedades, mas elas são atadas por muitos laços tênues, mas fortes, àquelas e aos seus valores" (PETERS, 1989: 40). O meu objetivo é explorar algumas dessas conexões no domínio específico, tão central para a administração e para a ideologia, do manejo da identidade social e cultural – precisamente, em outras palavras, onde os valores desempenham um papel definidor.

Max Weber articulou o tipo ideal de burocracia moderna como um edifício racional erguido sobre as sólidas fundações de um sistema econômico estatisticamente regulado. Ele notou, não obstante, que o estereótipo do burocrata imprestável, interesseiro e enrolador ia de encontro ao tipo ideal do governo responsável e racionalista. Isso não impede os burocratas de apelar retoricamente ao tipo ideal de modo a representar – ou, antes, refundir – os seus atos de autointeresse como serviço público. A despeito de muitas tentativas subsequentes de pôr as ideias weberianas a serviço do racionalismo administrativo ocidental, o próprio Weber tinha plena consciência de que a meta progressista de uma burocracia puramente legal-racional era pouco factível na prática (DIAMANT, 1962: 70).

A habilidade de um burocrata para invocar a imagem de devoção racional ao serviço público pode mascarar um cálculo de tipo mais autointeressado[14]. A retórica do formalismo previsível é a chave aqui; a rotinização da forma expressiva desempenha um papel vital na consolidação do poder (BAUMAN, 1983: 150-151)[15]. Com efeito, como notou Marx, o autoperpetuado formalismo da burocracia é o que torna o seu poder tão inabalável (LEFORT, 1971: 290).

Tal formalismo bebe em conceitos judaico-cristãos e indo-europeus a respeito da superioridade da mente sobre a matéria, dos pensadores sobre os homens de ação. Ele coloca a racionalidade acima e além da mera experiência, transcendendo as particularidades do tempo histórico e do espaço cultural, e a trata como resultado de uma evolução que parte da aceitação da ordem natural até a volição ativa ou, nos termos de Henry Maine (cf. KUPER, 1988: 27), do *status* ao contrato[16]. A insistência de Weber em que o calvinismo induziu nos europeus uma ética de trabalho produtivo é uma elaboração dessa mesma tese a respeito de um livre-arbítrio historicamente desenvolvido e tipicamente europeu[17].

Tal tese trata a cultura europeia como a culminação da consciência histórica. O modelo resultante de "transcendência" – a separação entre a verdade eterna e as meras contingências da sociedade e da cultura – coroa uma genealogia intelectual usualmente remetida à Atenas do século V a.C. (cf. HUMPHREYS, 1978). A sua história é um destino manifesto, o espírito europeu marchando rumo à emancipação final da inteligência frente à carne bruta[18]. As suas realizações particulares incluem a ideia de uma linguagem abstrata e perfeitamente supracontex-

---

14. Shore (1989), p. ex., forneceu-nos recentemente uma persuasiva explicação dos modos pelos quais os burocratas universitários italianos exploram a retórica do serviço público para fins altamente autointeressados.

15. É claramente um exagero afirmar sobre a burocracia que "a linguagem pode ser dita 'possuir' as pessoas, e não o contrário" (FERGUSON, 1984: 60). Isso pode, de fato, ser visto mais proveitosamente como uma versão elegante da teodiceia política, tal qual discutida aqui, pela qual os atores se esquivam da responsabilidade pelos seus atos. Funcionários públicos talentosos podem sempre buscar refúgio na autoridade das formas retóricas estabelecidas.

16. Essa distinção possui enorme tenacidade nas ciências sociais. Riggs (1962: 29-30), p. ex., contrasta as preocupações ritualísticas do poder público em face ao "desenvolvimento" dos países com o modelo ocidental das obrigações contratuais às quais se espera que eles adiram.

17. A ideia de que os não europeus são inferiores porque intelectualmente passivos não é fácil de eliminar. Cf. Herzfeld, 1987: 84-87.

18. Onians (1951: 464-465) traçou a complexa pré-história intelectual dessas ideias no pensamento europeu antigo, mostrando que a noção de uma inteligência transcendente surgiu gradualmente de um complexo e vasto sistema simbólico. Vico (1744) foi um dos primeiros críticos do dualismo cartesiano mente-corpo, sob o argumento de que qualquer conceito de abstração pura ignora necessariamente a base física e corporificada de todo pensamento. Não obstante, as ideias consolidadas sobre mente e corpo são tenazes, ainda quando a autoridade científica as questiona e o pensamento científico parece ultrapassá-las (BÉTEILLE, 1990: 500).

tual, e, no campo da administração burocrática, um modelo racional ocidental irredutível à "ecologia" – em outras palavras, ao que quer que seja específico a uma cultura em particular (p. ex., RIGGS, 1962: 19)[19].

Há, entretanto, uma tremenda ironia em tudo isso, porque a própria ideia de transcendência é altamente contingente. E truculentamente política. "Um sistema de pensamento que se apresenta em termos de libertação universal mediante a racionalidade é difícil de refutar" – e aqueles que parecem não compreendê-lo "se tornam os modernos bárbaros vivendo nas trevas" (TSOUCALAS, 1991). A sua especificidade cultural torna-se aparente na medida em que é transformada em modos muito diferentes de fazer as coisas nesses locais politicamente marginais. Se ele permitiu que instituições locais desfrutassem da aura do Iluminismo europeu, também serviu como um parâmetro através do qual nações mais antigas e poderosas puderam desdenhar daqueles imitadores grosseiros nas margens da Europa.

A ideia de transcendência é de utilidade óbvia para o nacional-estatismo europeu e os seus funcionários[20]. Como filtro da verdade eterna a partir do circunstancial e do contingente, ela é a base da autoridade em virtualmente todas as ideologias de Estado: representa o poder estatal como algo natural ou divinamente ordenado, dependendo da teologia disponível. Tal é a fundação retórica para a visão de Marx da burocracia, resumida por Mouzelis (1968: 9-10) como se segue: "a sua principal tarefa é manter o *status quo* e os privilégios de seus mestres" mediante "a criação, por parte do burocrata, de mitos e símbolos especiais que santificam e mistificam ainda mais a sua posição".

O Estado, como construto retórico, é logicamente oposto à agência individual[21]. Nos oportunos termos de Kapferer (1988), as lendas do povo debilitam os mitos do Estado. Seja qual for o sistema de governo predominante, a possibilidade de reinterpretar pronunciamentos oficiais em termos da experiência social imediata deve sempre ameaçá-lo. Isso é reproduzido em uma escala mais cósmica,

---

19. Isso não decorre necessariamente do pensamento de Weber, que parece nunca ter duvidado de que "o tipo de pessoal administrativo que se espera encontrar em dado sistema político varia conforme a autoridade legítima reivindicada e aceita naquela sociedade" (DIAMANT, 1962: 82 – o comentário é especificamente dirigido à obra de autores como Presthus sobre a Turquia). Mas, enquanto Diamant (1962: 82) nota "haver hoje um consenso geral sobre o quão pouco rentável é tratar como 'irracionais' os desvios do modelo burocrático legal-racional", tal percepção não se mostrou influente o bastante para solapar, tanto o estereótipo da racionalidade ocidental quanto o seu uso como arma retórica dentro e contra as burocracias de países supostamente não ocidentais.

20. Evitei ao longo do livro o termo mais simples "estatismo", tal como é usado por cientistas políticos no sentido muito preciso de políticas sociais que requerem forte intervenção burocrática.

21. O nacional-estatismo europeu endossa o "individualismo", mas esta é uma doutrina reducionista que formaliza a agência. Sobre o Estado como construto retórico, Delaney (s.d.), em um argumento próximo ao meu, mostra como mudanças no manejo retórico das metáforas de parentesco contribuem substancialmente para a consolidação da ideologia nacionalista.

quando, na obra de Darwin (cf. GREENWOOD, 1984), a ideia de uma ordem imutável do mundo natural responsável por apenas um tipo de classificação deu lugar, pela primeira vez, a uma teoria segundo a qual as características físicas são contingentes, acidentais, infinita e interativamente mutáveis. Essa nova visão de mundo contradiz todas as noções de "pureza" nacional – uma confusão nebulosa entre raça e cultura que continua a afetar o manejo burocrático da identidade. É pouco surpreendente que os burocratas, especialmente os funcionários de baixo escalão, sucumbam a esse modo de pensar, sobretudo se levamos em conta que os cientistas sociais não são menos inclinados a ele. Em 1904, o próprio Max Weber (1976: 30) ainda suspeitava que o pretenso abismo fundamental entre a racionalidade ocidental e o pensamento oriental fosse, ao menos parcialmente, hereditário na origem[22]. Mesmo uma forma tão atenuada de determinismo biológico, em si mesmo fatalista, deveria fazer-nos cautelosos em relação a qualquer distinção brusca entre a visão calvinista da predestinação e o suposto fatalismo dos povos do Oriente Médio. Retornaremos a esse ponto mais à frente.

Argumentos do sangue

A biologia certamente ofereceu um modelo persuasivo de destino para o racionalismo científico do século XIX. A antiga classificação humoral das raças humanas persistiu, não apenas na teoria científica, mas também, e especialmente, na esfera da política e do preconceito étnicos. Esses dois fios unem-se dramaticamente nos escritos do eugenista Francis Galton, uma grande influência sobre as políticas de imigração dos países anglo-saxônicos (cf. LEWOTIN; ROSE & KAMIN, 1984: 27, 88). Greenwood (1984: 84) resume ironicamente a visão de Galton a respeito de uma organização racial da humanidade essencialmente imutável: "parece que as raças são como são porque foram como foram". Uma classificação fundada na natureza imutável, que Greenwood, na esteira de Ernst Mayr (1982), chama de "essencialista", também provê implícita ou explicitamente a racionalização para os argumentos essencialistas do nacionalismo (cf. GEERTZ, 1973: 240-241) e um modelo para o raciocínio tautológico que subjaz ao manejo burocrático da identidade.

A visão de Weber de que a diferença cultural pudesse ser hereditária é uma excelente ilustração do quão fácil tem sido fundir dois tipos de essencialismo, o

---

22. O potencial constrangimento de tal determinismo genético no pensamento de Weber talvez ofereça também um viés alternativo à benevolente avaliação de Diamant (1962: 86) segundo a qual "Weber estava convencido da fundamental variabilidade das instituições sociais, e não considerava as instituições ocidentais como modelos 'naturais' para todas as outras sociedades". Muito depende do que Weber queria dizer com "fundamental", e a sua modesta incerteza sobre o papel efetivo da hereditariedade na determinação da diferença cultural faz com que seja virtualmente impossível chegar a alguma conclusão clara. Diamant (1962: 71) evita sabiamente especulações sobre qual teria sido a reação de Weber frente ao nazismo.

biológico e o cultural. Um essencialismo que torna o sangue em destino – aquilo que Caro Baroja (1970) chamou de "o mito do caráter nacional" – é, ele mesmo, uma doutrina de predestinação, e, tanto quanto a retórica do destino nas aldeias gregas e entre os calvinistas de Weber, depende de leituras *ex post facto* dos eventos. Parafraseando o Galton de Greenwood: uma nação é o que é porque se destina a ser o que está fadada a ser. Possivelmente a palavra mais perigosa em todo o vocabulário do racismo, do nacionalismo e do nacional-estatismo seja "é". Nós mal notamos a sua corrosão da contingência histórica.

O sistema humoral de classificação, no qual o sangue servia de ponto de partida para um código moral ordenando povos inteiros de acordo com a sua força física, agilidade mental e coragem moral, explicava todas as formas de troca transcategorial como aberrações temporárias em um estado inevitável de graça categorial. Ele organizava, no sentido exato de Douglas (1966), uma ideologia da pureza. A miscigenação física significava poluição moral – precisamente a poluição que os eugenistas e os seus sucessores pretendiam erradicar. Ela fornecia a metáfora ordenadora para a fusão entre identidade e moralidade, e especialmente entre os valores burgueses e os nacionais. "O nacionalismo e a respeitabilidade designam a cada um o seu lugar na vida: homem e mulher, normal e anormal, nativo e estrangeiro; qualquer confusão entre essas categorias arrisca trazer o caos e a perda de controle" (MOSSE, 1985: 16). Como bem nota Greenwood (1984: 40), esse pensamento tem constituído a base dos estereótipos étnicos até os nossos dias. Com a invenção da tipagem sanguínea, um sistema quadripartite que apresenta uma conveniente semelhança formal com o modelo humoral, alguns eugenistas propuseram efetivamente o seu uso como base para permitir ou rejeitar novos imigrantes (SCHNEIDER, W., 1990: 93-94).

Tais ideias ainda persistem na fusão dos valores do Iluminismo com o simbolismo do sangue. Para alguns direitistas franceses, "apenas a adesão a valores universais como o pertencimento a um povo, a democracia e a Revolução Francesa podem definir a nacionalidade francesa. Aqueles que advogam a convivência a despeito das diferenças estão, portanto, desafiando os princípios da política de comunidade unitária sobre a qual o sistema francês foi construído. O *ius solis* [direito baseado na residência] é, destarte, considerado menos autêntico do que o *ius sanguinis* [direito baseado no sangue]" (BOTTOMLEY & LECHTE, 1990: 54). A lei, a ciência e o discurso popular podem todos invocar o ubíquo símbolo do sangue comum, transubstanciando-o no caráter nacional e naquilo que os canadenses francófonos chamam de *patrimoine* (HANDLER, 1988) – ou, novamente nos termos da esclarecedora distinção de Kapferer, convertendo a lenda popular em um mito para o Estado-nação.

A solidariedade de sangue é, como observou David Schneider (1984: 174), "uma parte integral da ideologia da cultura europeia". Tão fundamental era ela, de fato, que os europeus, confrontados com várias formas de parentesco fictício em outras sociedades, tiveram dificuldade para não dotá-las de sua própria imagética de sangue. Dos vários relatos célebres a respeito da "irmandade de sangue" entre os índios norte-americanos, por exemplo, nenhum é inequivocamente indígena (TEGNAEUS, 1952: 42), ao passo que entre certos grupos das Planícies, "é provável que o reconhecimento consciente do sangue como símbolo de parentesco seja um desenvolvimento relativamente recente, justificado por uma etimologia popular", que bem pode, por sua vez, ter surgido da influência de ideias euro-americanas (DeMALLIE, s.d.: 12).

Na própria Europa, o sangue tornou-se, no começo do século XIX, o elixir que converteria relações sociais locais em cultura nacional. Arthur de Gobineau, visto por muitos como precursor intelectual da "ciência da raça" dos nazistas, e certamente um velho proponente da tese de que a "raça ariana" dera à luz a civilização, achava que a inventividade das nações europeias superiores vinha da presença em suas veias do "sangue teutônico", sem o qual "a nossa civilização não pode florescer" (1984 [1856]: 280) – uma visão claramente similar, em sua fraseologia, às mais extremas expressões do arianismo, de Fichte a Hitler (POLIAKOV, 1981: 77). Essa busca pela herança germânica do sangue, vigorosamente formulada na Espanha pela monarquia castelhana, e diretamente ligada à sua política de discriminação ativa contra os "cristãos novos" (convertidos de origem judaica e muçulmana), foi também elaborada pela nobreza francesa ao tempo de Luís XIV como meio de afirmar o seu próprio direito ao poder contra os cada vez mais poderosos reis Bourbon (POLIAKOV, 1968: 144-145; POLIAKOV, 1987 [1971]: 24-27; POLIAKOV; DELACAMPAGNE & GIRARD, 1976: 69-70). A tese de Gobineau deve ser lida nesse contexto mais amplo. Era a visão de um aristocrata francês: ele desconfiava profundamente da tese, representada por seu contemporâneo François Guizot, segundo a qual a parte mais importante da herança francesa era latina ("gálica"). Guizot, como veremos em breve, favorecia a mistura de "raças", ao passo que Gobineau se opunha fortemente a ela, não obstante percebendo-a inevitável e amplamente avançada. Há, pois, uma forte correlação na França do século XIX entre a ideologia racial e a posição social, e devemos ter a cautela de ler a tese de Gobineau como uma elaboração tardia de noções aristocráticas e patrilineares de considerável antiguidade. De fato, como notou Guillaumin (1981: 57-58), a "raça" ela mesma aparece na França como uma designação para famílias aristocráticas ou, de algum modo, proeminentes – as quais, dado o uso de sobrenomes familiares transmitidos via homens, significam, na prática, "patrilinhagens". Em um dos mais conhecidos dentre os escritos ficcionais de Gobineau, ambientado na ilha grega de Naxos, temos a "raça" usada precisamente no sentido de uma patrilinhagem cuja nobreza reside em parte na sua ancestralidade francesa (GOBINEAU, 1872: 63), e cuja idealizada representante feminina deve ser próxima às antigas virtudes, esplendidamente alheia à passagem corruptora do tempo (cf. ANDRÉ, 1987: 301-302; GOBINEAU, 1936: 117-118).

O surgimento da civilização ocidental, argumentou Gobineau, deu-se a partir da mistura da disposição prática ou "utilitarista" que esse sangue acrescentou à psicologia "especulativa" das raças "orientais" e "do sul" que formaram o grosso das populações mundiais. Tal agrupamento do "sangue" com disposições morais e psicológicas, outrossim tão fundamental ao argumento humoral, situa a natureza humana na moldura da eternidade. Também torna o tempo irrelevante, o que é extremamente útil para historiografias nacionalistas. Gobineau mostrava-se explicitamente horrorizado com o passar do tempo, que solapava progressivamente o seu Éden de pureza racial (SMITH, 1984: 211-212). O desejo de obliterar a mácula de poluição gerada pela contingência histórica repousa sobre um simbolismo consistente do sangue puro.

Para Gobineau, tais ideais sobre o sangue estavam replicadas nas leis naturais – particularmente em uma "lei da repulsão" a garantir que pessoas de diferentes "sangue" ou "raça" não desejariam, em condições normais, casar entre si: a repulsa da essência física reproduz a aversão moral (SMITH, 1984: 179-180). Algumas "raças" foram forçadas a misturar o seu sangue ao de outras graças à proximidade ou à escravidão, e Gobineau via nisso a raiz do desastre. É instrutivo, se nos inclinamos a rejeitar tais ideais como simples metáforas, considerar o modo altamente literal com que elas ressurgiram na ciência racista após a descoberta dos tipos sanguíneos – ao ponto de um eugenista francês ter podido escrever: "se duas gotas de sangue de pessoas de raças diferentes sobre uma lâmina de vidro são postas em contato, nota-se que as gotas não se fundem, surgindo um aglomerado" (CHATEAU, 1938, apud SCHNEIDER, W. 1983: 561). Esta é claramente uma elaboração simbólica da "lei da repulsão" de Gobineau, mas – como tantos outros de seus ecos – ela substitui a apavorante visão gobineauniana do declínio racial por uma condição irreversível da natureza. Para Gobineau, a lei da repulsão estava fadada a ceder lugar para uma igualmente persuasiva "lei da atração", mediante a qual a raça ariana poderia absorver elementos "inferiores" (POLIAKOV, 1987 [1971]: 266). Tais prognósticos de declínio tornaram-se inaceitáveis para ideólogos racistas posteriores, muitos dos quais, não obstante, insistindo em reivindicar Gobineau como fonte de inspiração.

O sangue, na visão de Gobineau (1984 [1856]: 272-274), é a fonte do caráter moral de uma nação. Essa associação baseia-se numa imagética presente, ao nível local, em toda a Europa, especialmente na constelação de ideais glosadas comumente como "honra". Blok (1981) sugeriu que, nas nações industrializadas do norte da Europa, o Estado monopolizou tal moralidade[23]. A honra tornou-se

---

23. Não é preciso aceitar a glosa "honra" como um código pan-mediterrâneo, tal qual Blok propõe que façamos, para apreciar a utilidade de sua identificação do conjunto de conceitos assim traduzidos

a marca registrada tanto do nacionalismo quanto da identidade europeia: a política deliberada de ocidentalização que os kemalistas implementaram na Turquia nos anos de 1920, por exemplo, incluía a substituição de contumazes juramentos nacionalistas, do tipo "eu juro por minha honra enquanto turco", por juramentos religiosos (SPENCER, 1958: 645).

Tais conceitos são fundamentais para a definição de pessoa em muitas culturas europeias. Eles foram generalizados como "caráter nacional" nas ideologias do nacionalismo romântico do século XIX (CARO BAROJA, 1970). Processos similares ramificaram-se por toda a vida política. Na sólida autorreflexão dos comunistas italianos, que se seguiu ao fracasso do comunismo de Estado no Leste Europeu nos anos de 1989-1990, aqueles que optaram por abandonar os velhos foice e martelo, além do rótulo partidário "comunista", defrontaram-se com uma crença generalizada de que o "nome" do partido fazia par com uma inconfundível fisionomia (KERTZER, 1991); isto surge, claramente, de uma forma popular de inatismo, baseado nos conceitos gêmeos de sangue e nome como os principais componentes da identidade familiar (DI BELLA, 1980, 1981), segundo a qual é genética a base de todo o caráter. Embora alguns desses usos nem sempre deixem explícito o símbolo do sangue – aqui, por exemplo, são ideais de nome e aparência física que desempenham o papel central –, eles parecem se encaixar em uma ideologia social mais ampla, expressa, como veremos, mediante imagens de partilha e troca de sangue, e presente em quase toda a Europa e alhures.

Símbolos persistentes, sentidos em fluxo

Seria por demais simplista rejeitar a retórica do sangue por uniforme em seu significado político apenas porque ela partilha um idioma comum também reconhecido por nós como aquele do racismo moderno. Pelo contrário, é vital para o argumento por mim avançado notar que o simbolismo do sangue é, em parte, um recipiente semântico vazio, capaz de ser preenchido com uma variedade de mensagens ideológicas[24]. É precisamente porque as ideais sobre o sangue são tão comuns e tão frouxamente definidas, e porque a radical distinção entre herança biológica e cultural na qual insiste a antropologia não é, definitivamente, parte do conhecimento adquirido, que os símbolos podem servir a ideologias tão divergentes.

---

em uma variedade de ideologias estado-nacionalistas. A transformação da honra enquanto valor de nível familiar em valor de nível estatal reflete a apropriação e a formalização mais gerais dos idiomas de parentesco, processos gêmeos que eu discuto em vários momentos ao longo deste trabalho. Esses processos são, talvez, aplicáveis mais obviamente ao simbolismo do sangue nos efeitos que eles exercem sobre os direitos de vingança e concessão de perdão por homicídios. Cf. Dupont-Bouchat e Rousseaux, 1988: 55-57.

24. Kuper (1988: 9) nota que a ideia de sociedade primitiva, baseada no sangue e no solo, sustenta não apenas o imperialismo e o nacionalismo, mas também o grosso do marxismo.

O registro histórico torna clara essa instabilidade semântica. Greenwood (1984: 109-126), por exemplo, observou que os usos da imagética humoral na Espanha medieval e renascentista podiam produzir, mesmo nas diferentes situações de Castela e do país basco, ideologias sociais vividamente contrastantes: em Castela, uma hierarquia de nobreza que podia ser estendida para todas as outras regiões da Espanha mediante um *fiat* real; entre os bascos, um severo e exclusivo igualitarismo que tratava todos os bascos como essencialmente nobres e os demais como de mesma origem via nascimento. Tal combinação entre singularidade e superioridade no sangue basco reaparece, em disfarce científico, no moderno nacionalismo basco, sob o argumento, que ecoa outros já por nós ouvidos, de que a pesada preponderância de fator RH negativo separa a população basca de todos os seus vizinhos (CONNOR, 1991: 10).

O simbolismo do sangue é exclusivo; apenas os seus referentes específicos variam de acordo com determinada situação do ideólogo. Assim, Gobineau achava que o efeito do sangue teutônico era induzir um poderoso senso de diferenciação política entre as nações europeias superiores, com o resultado de que elas não recaíssem facilmente em autossatisfação indolente; seu rival, o conservador Guizot (1856: 32-37), afirmava, ao contrário, que a diferenciação política era perigosa, mas que as diferenças de classe e variedade cultural dos europeus preservá-los-ia do declínio mediante o casamento e a consequente mistura de sangue. Guizot via na mistura racial entre conquistado e conquistador, que Gobineau (apud TOCQUEVILLE, 1989: 256-257) considerava o grande perigo a confrontar qualquer poder imperial expansionista, a fonte da força que tornara a França superior a todos os seus vizinhos (POLIAKOV; DELACAMPAGNE & GIRARD, 1976: 70). A despeito das respectivas posições, o arcabouço conceitual, parece, era invariavelmente aquele que os antropólogos sociais reconhecem imediatamente como o da endogamia e exogamia: a mistura interna era aceitável, a miscigenação – quer como fosse definida –, inequivocamente errada.

A contenda entre Gobineau e Guizot, tal como o contraste entre os usos castelhano e basco da classificação humoral, mostra que as exclusões suportadas pelo simbolismo do sangue podem variar enormemente. Como sugeriu Kapferer (1988), tanto as ideologias hierárquicas quanto as igualitárias podem facilmente tornar-se instrumentos de extrema intolerância. Enquanto a hierarquia pode engendrar desconfiança entre classes ou castas, ou (como em Sri Lanka) rejeitar a pretensa ameaça à ordem trazida por estrangeiros, um igualitarismo de conterrâneos legitima facilmente formas solidárias de racismo dentro do grupo cultural ou étnico dominante. Em ambos, a moralidade torna-se o meio e a razão para a exclusão e a violência. De modo similar, não foi muito longa a distância entre o desespero aristocrático de Gobineau e a determinada brutalidade nazista. A questão não é que tais teorias fossem, em algum sentido, as mesmas, mas o quão mutável era o sentido de seus símbolos compartilhados.

A ambiguidade prática do simbolismo político tem duas grandes consequências. Em primeiro lugar, ela indica que um simbolismo formalmente consistente pode ser usado para justificar uma variedade de posições: eis a importância do formalismo para o exercício do poder. Em segundo lugar, ela é capaz de fornecer um arsenal inteiro de retórica autojustificadora para decisões burocráticas ferozmente inconsistentes: o aliado de hoje pode, de acordo com a conveniência, tornar-se o antagonista de amanhã. Enquanto a forma retórica permanece constante, a aplicação pode ser assaz caprichosa. A sua constância é, de fato, a condição de possibilidade para a licença interpretativa. Como aponta Handelman (1983: 5), a máscara das possibilidades finitas permite a aceitação tácita de uma considerável variedade de interpretações concretas. Assim como a história nacional, que ele reproduz em incontáveis e insignificantes sanções, o procedimento burocrático não pode se dar ao luxo de alterar suas formas se os seus praticantes desejam mudar os seus significados.

Sangue e autoevidência

A associação entre sangue, guerra e intelecto constitui o fundamento conceitual das ideias de identidade que encontramos abrigadas na maioria das classificações europeias das pessoas. Destilada e intensificada mediante o filtro seletivo de um sistema nacional de educação, como mostrou Loizos (1988: 648) para as matanças intercomunais entre gregos e turcos no Chipre, ela racionaliza ações brutais. Nos termos de Loizos, ela dá sentido a um comportamento que, "normalmente" – isto é, quando as vítimas são vistas como conterrâneas antes que como forasteiras –, seria julgado ultrajante ou mesmo psicopático. Confere lógica a feitos violentos, tal como Simic (1982: 215), na esteira de Djilas (1958), parece sugerir para os assassinatos mútuos, aparentemente desapaixonados, entre cristãos e muçulmanos na Iugoslávia (cf. tb. BOEHM, 1984: 60-62). Responde pela facilidade com a qual os líderes nazistas podiam harmonizar o assassinato em massa com uma visão de si mesmos como homens de família decentes (MOSSE, 1978: 226) – uma ênfase que, novamente, sublinha a importância das metáforas familiares para a indiferença sistemática àqueles que são diferentes.

O sangue, a metáfora do parentesco biológico, é especialmente associado a buscas masculinas de violência. Nas terras altas de Creta, onde são saudadas com aprovação as mortes nas quais um vingador tenha "tomado o sangue de volta" (HERZFELD, 1985: 157; cf. tb. DU BOULAY, 1982: 550-553; LOIZOS, 1988: 648), os vigorosos pastores das montanhas dizem que beber vinho tinto perpetua o sangue, garantindo uma desejável proliferação de nascituros do sexo masculino. Essa visão talvez revele um antigo simbolismo de sacrifício, no qual o vinho servia de substituto para o sangue, o sêmen e os fluidos, formadores da pessoa, situados na cabeça (cf. ONIANS, 1951: 218). No registro etnográfico contemporâneo, tais distinções finas parecem ter sido todas subsumidas na figura central do sangue. Escrevendo a respeito de várias culturas mediterrâneas, por exemplo, Wilson (1988: 529, n. 222) sugeriu uma conexão entre o sangue derramado nas guerras de vingança e o sangue da procriação e da virgindade que uma noiva entrega ao seu marido (e, por extensão, também aos seus parentes agnatos) no casamento; os paralelos entre as guerras intestinas e o incesto (literalmente "mistura de sangue" em grego e outras línguas) oferecem uma notável ilustração complementar.

O sangue é a base da *ratsa*, ou patrilinhagem, grega, um cognato óbvio de "raça" que também glosa o espanhol *raza* (que vai de uma noção vagamente agnática de identidade coletiva até o conceito de todos os povos hispânicos) e o italiano *razza*. O sangue é o meio para a troca e o resgate cultural. A sua importância parece derivar em parte de uma antiga ideologia indo-europeia. Naquele sistema simbólico, a distinção entre o sangue "dentro" do corpo e o sangue "fora" do corpo servia como uma discriminação simbólica entre consanguíneos e afins (LINKE, 1985: 357-361) – em outras palavras, entre os membros de uma patrilinhagem e aqueles que se casavam com eles. Tal preferência pela previsibilidade da descendência unilinear em detrimento da imprevisibilidade da aliança matrimonial parece necessária para a emergência dos sistemas estatais centralizados; portanto, como observou Hamayon (1990: 739-774; s.d.), sistemas religiosos tais como o xamanismo, ao favorecer a aliança sobre a descendência linear, e a ambiguidade sobre a certeza, não encorajam a centralização do poder. A descendência patrilinear, por outro lado, serve prontamente como um veículo metafórico para a transformação de grupos sociais em entidades nacionais. A elaboração do sangue como meio para essa conversão pode assumir uma forma vívida. No começo dos séculos XIX e XX, por exemplo, artistas húngaros frequentemente representavam cenas do lendário contrato de sangue mediante o qual chefes locais submetiam voluntariamente a sua autoridade e interesses especiais a um único líder nacional (SINKÓ, 1989: 76-77): a mistura física do sangue da descendência no caldeirão cultural da unidade nacional ilustra dramaticamente o processo através do qual o Estado se apropria da linguagem e substância do parentesco para os seus próprios fins.

Também no século XIX, a distinção fundamental entre consanguíneos patrilineares e afins aparecia por vezes como uma genealogia das nações na qual, pretensamente, algumas "raças" exibiam qualidades masculinas e ativas, enquanto outras, femininas e passivas. Tais ideais reproduzem completamente a lógica do parentesco patrilinear: o princípio masculino encompassando e absorvendo o feminino (cf. BIDDISS, 1970: 110; HORSMAN, 1981: 76). No pensamento de Gobineau, reciprocamente, a raça verdadeira é sempre aristocrática e masculina; a necessidade de sua dependência em face da procriação feminina é a fonte de sua inevitável corrupção por raças "femininas" (ANDRÉ, 1987: 32). Embora algumas vezes utilizado para justificar a miscigenação como meio de conquista, um programa fundamentalmente contrário aos temores sombrios de Gobineau frente à corrupção, e absolutamente rejeitado na prática por doutrinas como o nazismo e o *apartheid*, o simbolismo de uma linhagem sanguínea masculina serviu, pois, de condutor através do qual antigos conceitos locais de superioridade social puderam transformar-se progressivamente, nesses desenvolvimentos posteriores, no idioma da repressão brutal.

Tal imputabilidade semântica traz inevitavelmente consequências irônicas. Por exemplo, hoje é fácil esquecer que Gobineau exibia uma admiração assumidamente complexa e nuançada pelos judeus, que ele considerava uma população relativamente não misturada cujo espírito competitivo e autoisolado impulsionaria a cultura europeia para cumes ainda mais altos, enquanto desprezava a população da Alemanha moderna – o exato país onde as suas ideias adquiririam o estatuto de dogma político – como racialmente misturada (BIDDISS, 1970: 254-259; POLIAKOV; DELACAMPAGNE & GIRARD, 1976: 76). O simbolismo externo do sangue e da patrilinhagem manteve-se constante, mas, por isso mesmo, pôde sustentar significados e aplicações amplamente divergentes, servindo de solo comum para o Iluminismo, o nacionalismo romântico e o fascismo. Similarmente, em um nível mais doméstico, descobrimos na ambiguidade desse idioma algumas respostas sugestivas à nossa perplexidade inicial diante da coexistência, em uma mesma cultura, da hospitalidade generosa e da trivialidade burocrática. O simbolismo compartilhado pode disfarçar as transformações mais chocantes de intenção, tanto ao longo do tempo quanto dentro de um espaço cultural.

Destarte, os nazistas fizeram amplo uso do simbolismo do sangue, ao mesmo tempo familiar e familial, para investir as suas práticas mais brutais com a força do senso comum. Uma de suas formas já estava presente no notório "libelo de sangue" contra os judeus, utilizado pelos nazistas – como, antes deles, havia sido usado por séculos – para fornecer o pretexto para a vingança coletiva (cf. MOSSE, 1978)[25]. Outros usos do mesmo simbolismo, embora talvez mais triviais em aparência, não eram, na prática, sem consequência. Tal qual o compositor Richard Wagner, por ele muito admirado, Hitler era um vegetariano que acusava os judeus de corromper o mundo mediante o seu consumo de carne

---

25. Tal ideia outrora comum, segundo a qual o pretenso uso judeu do sangue de crianças cristãs em rituais era utilizado como justificativa para matar judeus, revela a estrutura e a imagética da troca de sangue de uma forma particularmente cruel. Sobre o simbolismo nazista do sangue, cf. tb. Linke, 1986. Sobre as raízes e a prática das explorações nazistas do folclore, cf. Gajek, 1990; Kamenetsky, 1977, 1984; Linke, 1990.

(POLIAKOV, 1968: 458-459), de modo que, em certo sentido, o ato de exterminá-los poderia ser visto como uma vingança da natureza como um todo. Novamente, a instabilidade semântica surge como condição de possibilidade para o que aparenta ser amplamente inconsistente, o vegetariano preparado para cometer genocídio: aqui, o simbolismo da vingança familial é acionado em uma escala universal. Mais genericamente, o uso nazista do simbolismo do sangue segue padrões antropologicamente bem conhecidos de exclusão, e especialmente a associação entre diferença e impureza (DOUGLAS, 1966). Assim, eles defendiam o derramamento de sangue judeu sob o argumento de que ele estava contaminado por anomalias categoriais tais como doença venérea e incesto (cf. LINKE, 1985; 1986: 246-256)[26].

Tais metáforas unem sociedades inteiras na busca pela violência. A lógica do nacionalismo trata a nação como uma família. Novos Estados são especialmente propensos a desenvolver tais instrumentos mediante os seus sistemas educacionais, podendo evitar ou cooptar o afeto familiar para fins de solidariedade nacional (cf. HANDELMAN & SHAMGAR-HANDELMAN, 1990, sobre Israel). Em compensação, alianças políticas são retratadas na linguagem do parentesco e da afinidade, sendo frequentemente criadas por meio da "fusão de sangue" em alianças dinásticas.

O parentesco e suas extensões fornecem uma retórica de poluição política. Assim, os antagonistas de um certo político grego cipriota representam-no como o "cunhado" (marido da irmã da esposa) do líder da comunidade turco-cipriota (em outras palavras, o inimigo) porque a sua mulher era indiana e, portanto, estrangeira. Esse "raciocínio silogístico" (LOIZOS, 1975: 284), que, em tempos de grande tensão política, converte-se em "sentimento" plenamente literal, aciona a linguagem do sangue, uma linguagem tão inflexível em suas distinções categóricas que não pode admitir a possibilidade de casamento entre cristãos e muçulmanos.

É uma ironia da história que uma lógica similar, ecoando a "teoria racial" nazista e, para além dela, as ideias de Gobineau, tenha outrora marcado a percepção das alianças políticas no Sri Lanka: o mito do arianismo custou a morrer no sul da Ásia, especialmente por ser uma das poucas ferramentas mitológicas para a aquisição do autorrespeito que os colonizadores britânicos, com a sua erudição sânscrita, estavam dispostos a oferecer aos seus mais educados súditos locais (cf.

---

26. "Incesto" é "mistura de sangue" em várias línguas, incluindo o grego. Na tentativa de justificar o genocídio como punição pela prática "não ariana" de comer carne, o pressuposto histórico básico deriva, presumivelmente, da literatura sânscrita. Hoje, mesmo entre aqueles europeus que comem carne – certamente a grande maioria –, encontramos a mesma repugnância frente à noção de consumir criaturas outrora vivas, ainda que os símbolos relevantes sejam acionados diferentemente: poderosas barreiras categoriais separam a "carne" do "animal", a "morte" do "abate", e tais disjunções simbólicas são reproduzidas na separação física entre os abatedouros e os centros urbanos que eles servem (VIALLES, 1987: 23-25, 137-139).

KAPFERER, 1988: 91-92). Talvez possa ser visto dentro da mesma moldura o recente relato de um jornal soviético segundo o qual Saddam Hussein era filho de Josef Stalin![27]

Acusações de filiação ou afinidade política ilegítima evocam a taxonomia essencialista do sangue (cf. SCHNEIDER, D., 1968, 1974). Outras metáforas podem carecer do simbolismo específico do sangue, mas são sempre baseadas em ideais acerca da pessoa corporificada e sua relação com questões cosmológicas mais amplas sobre responsabilidade, intenção e caráter inato. Estas incluem os incontáveis domínios da vida social onde reina a indiferença, onde a mesquinharia dos tiranos – protegidos contra inspeção pela própria banalidade e trivialidade do seu poder – é capaz de infligir uma dose de sofrimento não menos significativa apenas porque menos dramaticamente visível. Aqui também, na cidadela de razão que constitui o tipo ideal de burocracia, o sofrimento pode surgir de uma devoção livresca à palavra escrita. Se a sala escolar é onde a criança primeiro aprende a estender o afeto e a raiva familiares à lealdade nacional, é frequentemente por meio das letras miúdas que um burocrata inescrupuloso ou racista pode fazer "o Estado" parecer um instrumento inelutavelmente indiferente ou empedernido.

A nossa tarefa é explorar essa frequentemente inadvertida sanção da indiferença: a indiferença que permite e até encoraja tacitamente o genocídio e a matança intracomunal, certamente, mas que também perpetua as versões mais mesquinhas e menos sensacionais da mesma lógica. Expressa compactamente, como eu já aludi anteriormente, a indiferença é uma rejeição dos que são diferentes, tolerável aos de dentro porque apresentada em termos ao mesmo tempo familiares e familiais. A indiferença é arbitrariamente seletiva. Tal qual a "negligência benigna", que é uma de suas variantes, ela fornece um álibi moral para a inação. Alguém deve estar sempre disposto a ativar essa desculpa, e um dos meus objetivos aqui é mostrar por que é tão fácil, para indivíduos e organizações, fazê-lo.

Os compromissos políticos dos antropólogos frequentemente os têm levado ao estudo crítico da violência e do preconceito. Eles também têm se interessado recorrentemente por questões de violação categorial – os modos pelos quais são ameaçadas ou enfraquecidas as ideias que as pessoas têm sobre ordem. É muito mais raro encontrar antropólogos interessados na tradução de uma para outra, embora o recente estudo de Peter Loizos sobre matanças intracomunais no Chipre, brevemente mencionado acima, tenha dado um importante passo adiante ao mostrar que os indivíduos podem traduzir as formas mais virulentas de retórica nacionalista em extrema violência contra os forasteiros categoriais. Leach (1965), há muito, argumentou que o ato de matar era, ele próprio, uma forma de classificação, dado que indicava as fronteiras entre amigos e inimigos. A vio-

---

27. Reportado em *Newsweek*, 21/01/1991, p. 6.

lência, como toda taxonomia (DOUGLAS, 1975), pode tornar-se autoevidente, aparecendo, pois, como uma necessidade. Do mesmo modo, a inação rotinizada e destrutiva pode converter-se em uma dimensão aparentemente inevitável da experiência social cotidiana.

Gellner (1988: 234), em uma provável evocação da definição de Weber (1968: 16) de disciplina como habituação à autoridade, nota com aparente surpresa que as democracias liberais modernas provaram-se muito mais invasivas na vida de seus cidadãos do que as mais tenazes tiranias do passado. Em parte, essa é uma questão de tecnologia. Pode-se imaginar a exaustão intelectual advinda de qualquer tentativa de desafiar até mesmo uma parte infinitesimal das arbitrárias diretrizes que chegam até nós em cada momento de (no mínimo) nossas vidas despertas. A moderna mídia de massa intensificou poderosamente essa capacidade de inculcar hábitos (cf. BOURDIEU, 1977). Handelman (1990: 269) sugeriu que tais diretrizes funcionam sob condições de intimidade doméstica que inibem a ação: elas são "afetivas mais que efetivas". Mas isso não significa que sejam desimportantes. Pelo contrário, elas são instrumentos ideais para transformar modelos de ação em consumo passivo. A produção em massa de formas oficiais funciona basicamente da mesma maneira, e as convenções de queixas sobre a burocracia servem apenas para reforçar o efeito de uma onipresente familiaridade[28].

Teleologia/tautologia

No pensamento antropológico convencional, simbolismo implica religião. O nacionalismo certamente exibe uma enorme capacidade de cultuar a si mesmo sob a forma de um código: linguagem, modos, vestuário, arte, moral. Festivais de folclore nacional contêm, não raro, essa religiosidade autopromovida, ainda que, como Kligman (1981: 139-151) argumentou a respeito do festival estatal de Calus, sob o regime de Ceausescu na Romênia, eles possam incorporar também, ao mesmo tempo, a persistência de lealdades mais localizadas.

O famoso argumento de Durkheim (1915) sobre a religião ser a sociedade adorando a si própria parece, pois, apropriado ao nacionalismo, como notou Gellner (1986: 56-57) – e como parece ter reconhecido o próprio Durkheim (1899: 20). Com efeito, ele parece funcionar melhor para o nacionalismo do que para a religião. Aplicado à religião ordinária, a tese de Durkheim é falha sob vários pontos de vista, sendo que o modo como reifica a sociedade é um dos

---

28. Weber (1946), julgando que a persistência do afeto simbólico era fortalecida antes que enfraquecida pelo processo de rotinização, descreveu a burocracia como sendo "daquelas estruturas sociais mais difíceis de destruir". A rotinização do simbolismo, assim como a habituação à disciplina que Weber via como característica de quem trabalha com burocracia, faz com que ele pareça ordinário do mesmo modo que certas metáforas cotidianas ("o *pé* da mesa", p. ex.) vieram a parecer literais. Sobre a morte e renascimento de metáforas, cf. Ardener, 1971: 224-225; Bolinger, 1975: 423-424.

principais. Essa limitação mesma, no entanto, é o que faz a tese de Durkheim tão aplicável ao nacional-estatismo. A sua visão da ordem moral chegou a fornecer a um país em processo autoconsciente de ocidentalização, a Turquia, os argumentos para sacralizar a sociedade nacional como uma entidade homogênea (SPENCER, 1958: 653)[29]. Nos estados-nação modernos, é relativamente fácil traçar o desenvolvimento histórico da autorreverência do Estado e os interesses especiais que o infundem.

Uma visão durkheimiana do nacional-estatismo permite-nos tratar a racionalidade da gestão burocrática da identidade como uma refração da ordem nacional sacralizada[30]. Uma vez criada, a identidade nacional é tanto um fato moral quanto uma representação coletiva, no mais límpido sentido durkheimiano. Ela também subordina identidades menores – grupo de parentesco, aldeia, região – ao bem coletivo englobante. Ao substituí-las, entretanto, deve apelar a elas para sua nutrição simbólica, pois elas fornecem a linguagem que as pessoas compreendem melhor – tanto quanto a Igreja cristã primitiva, em antiga torrente de universalização, cooptou muitos rituais e espaços sagrados pagãos (cf. tb. KERTZER, 1988: 45).

Os cientistas sociais têm frequentemente negligenciado as implicações dessa relação histórica entre o nacional e o local, e o papel orgânico desempenhado pelos símbolos na criação da nova ordem a partir da velha[31]. Têm tratado formas de

---

29. Spencer diferencia o caso turco de formas mais totalitárias de nacionalismo. Mesmo os mais cuidadosos arquitetos da ideologia, entretanto, nunca podem ter plena certeza quanto aos novos significados que serão entrevistos em suas doutrinas formais. O arquiteto durkheimiano da ideologia nacionalista turca, Ziya Gökalp, era curdo (SPENCER, 1958: 648); essa minoria, desde sempre, tem sido conceitualmente assimilada à visão nacionalista como "turcos montanheses". Fallers (1974: 71), que reconhece o interesse de Gökalp na base étnica do nacionalismo, ignora não obstante a inspiração especificamente durkheimiana do pensamento de Gökalp, e também não lhe confere o papel central que Spencer lhe atribui. Ao lidar com a conexão entre teoria social e biografia, devemos notar também a preocupação evidente de Durkheim, enquanto judeu secular, em "elaborar o solo legitimador para estruturas de Estado liberais" (BOYARIN, 1991: 16), assim como a suprema ironia de sua admiração pelo que ele considerava ser uma capacidade alemã inata para o pensamento e a ação coletivos (cf. MITCHELL, 1931: 98).

30. Tal é o inverso do processo descrito por Bauman (1983: 91-92), no qual o ritual requeria propriedades metafóricas em primeiro plano, provando-se não persuasivo como meio de converter ou angariar admiradores quando lido literalmente. Bauman está interessado, como eu aqui, na relevância do conceito weberiano de rotinização para o entendimento da retórica e de seus efeitos. Cf. a útil discussão de Kertzer (1988: 65-67) sobre a visão durkheimiana de "religião civil" na política americana e suas extensões para outras sociedades. Enquanto Kertzer está certo em criticar a desatenção ao conflito social inerente a esses modelos, podemos novamente enfrentar tal objeção com a matização de que ela descreve, ao menos, os efeitos pretendidos do nacionalismo: os formuladores das constituições dos estado-nacionais designam a retórica da unidade especificamente para realizar o trabalho autogratificante da teleologia.

31. Cf., no entanto, Kertzer (1988: 114-119), para um incisivo registro da resposta do Partido Comunista Italiano ao simbolismo cristão, e Kertzer 1991 para evidências de penetrantes valores tradicionais na "leitura" que as pessoas faziam da insígnia oficial do partido.

interesse paroquiais ou baseadas em parentesco como "amorais" (BANFIELD, 1958) e o simbolismo como irracional. No entanto, se, em vez disso, interpretamos as maquinações dos aldeões italianos como defesas morais de interesses familiares, e as conjurações simbólicas de suplicantes em santuários e escritórios de burocracia como manifestações *faute de mieux* de conhecimento prático, chegamos bem mais perto da crítica ao racionalismo etnocêntrico que é, como Tambiah (1990: 50) sugeriu convincentemente, o ponto crucial da posição de Durkheim. Podemos, então, assumir uma postura mais crítica perante a efetiva cooptação da sociologia durkheimiana pelo nacionalismo, que modela o seu argumento racionalista com base no exercício de poder tanto no domínio da ciência quanto no da religião (TAMBIAH, 1990: 31).

Como já deve estar claro a esta altura, o estudo da burocracia nacional é substancialmente iluminado pelo apelo de Kapferer a tratar o nacionalismo como uma forma de religião. Ele argumenta não se tratar simplesmente de um questão do Estado assumindo os ornamentos da religião, embora exemplos bem documentados disto – como, por exemplo, na União Soviética (BINNS, 1979-1980; cf. KERTZER, 1988: 42-46 sobre outros casos) – claramente existam. Para Kapferer, o nacionalismo é ele próprio uma religião, porque, como qualquer religião, demanda a reificação de uma entidade imanente e englobante como o único objeto de veneração última. Mas Kapferer não cai naquilo que muitos viram como o erro de Durkheim de presumir que tais sistemas vêm a existir sem o auxílio de agentes humanos interessados. Ao contrário, ele demonstra a incessante interação entre motivos políticos e reificação cultural. Não é necessário argumentar haver um caráter nacional *ruritânio*[32] essencial para notar que os burocratas ruritânios estariam perdidos se não pudessem brandir a ideia como a pedra de toque da autenticidade pessoal. É para isso que, dentre muitos outros pedaços de papel, servem os passaportes.

Possa ou não a religião ser descrita significativamente como a autoadoração da sociedade, o nacionalismo certamente o pode. Ironicamente, o que faz o nacionalismo diferente da religião, por mais "moderno", é a sua congruência bem mais nítida com o modelo durkheimiano de religião. Trata-se de uma ideologia intencionalmente criada, ostensivamente autotélica e amplamente autorreferenciada. Ao reconhecer a sua capacidade de reverenciar a si próprio, sobretudo, não pressupomos necessariamente que seja bem-sucedido em controlar os corações e mentes de seus cidadãos, ou que seja inevitavelmente um monstro maligno. Não obstante, o nacionalismo de fato controla as atitudes públicas e impõe um

---

32. Gentílico da *Ruritânia*, país fictício que serve de cenário para diversas obras do romancista britânico Anthony Hope [N.T.].

grau de conformidade a estas na vida cotidiana[33]. Toda ação burocrática afirma a teleologia básica do Estado.

Assim como o nacionalismo pode ser visto como religião, as ações burocráticas são os seus rituais mais corriqueiros. Há outros destes rituais cotidianos: Hegel via a leitura do jornal matinal como um substituto secular da oração – um ponto que Anderson (1983: 47-49) relacionou interessantemente ao papel do "capitalismo editorial" em generalizar o modelo social à cultura nacional. Alguns dos rituais públicos do nacionalismo são óbvios o bastante, das coroações (CANNADINE & PRICE, 1987) até a pesada marcha das ogivas na Praça Vermelha (cf. BINNS, 1979-1980). A centralidade do ritual público para a legitimação política já foi amplamente discutida (COHEN, 1974; KERTZER, 1988). Mas as religiões raramente se satisfazem apenas com rituais públicos, e a burocracia requer, de modo similar, rituais de comprometimento pessoal – práticas que são, por vezes, menos obviamente ritualísticas[34].

As religiões demandam atos de devoção privados ou em pequenos grupos, tais como a reza, a confissão e a penitência. Estes fornecem um padrão moral em relação ao qual atores mais poderosos forçam os menos poderosos a calibrar suas ações. De modo assaz parecido, os burocratas cobram a sua própria coleção de práticas punitivas, suplicantes e autoexoneratórias. Tais práticas, que alinham ostensivamente a identidade pessoal com a autoridade estatal, e sempre afetam o jogo dos eus de algum modo, transbordam dos confrontos efetivos entre burocratas e seus clientes para momentos os mais íntimos. Onde quer que os cidadãos culpem a burocracia por alguma humilhação constrangedora, eles reafirmam a própria teleologia do Estado.

As práticas mais triviais da burocracia são frequentemente tão cíclicas, e até mesmo tão conformes ao calendário, quanto qualquer rito sazonal de passagem – restituir o imposto de renda de alguém, por exemplo. Concomitantemente, elas reafirmam a submissão requerida das pessoas a códigos de leis claramente definidos, sugerindo ao mesmo tempo a necessidade de aplacar os seus cobradores locais. Aqueles que desobedecem "são tratados como lixo". Eles são, para evocar uma bem-conhecida definição antropológica de poluição

---

33. A defesa que Douglas (1986: 18-19) faz de Durkheim contra a acusação de que ele representava as instituições como seres conscientes e autônomos segue uma linha similar de raciocínio, embora ela dê uma maior ênfase ao papel da cognição e pareça encontrar pouca dificuldade em reestender o ponto de Durkheim de volta à religião.

34. Blau (1963: 166), p. ex., considera a festa de escritório como um ritual, vendo-a como um rito de solidariedade análogo às danças dos ilhéus de Andaman. Também Blau (1963: 233), seguindo Merton (1957: 199-200; cf. tb. HANDELMAN, 1978: 8), trata a excessiva atenção prestada por alguns burocratas à formalidade como "ritualismo", criando ineficiência ao nível prático. Formulações desse tipo, no entanto, obscurecem o significado do ritualismo como uma estratégia retórica nas mãos de atores habilidosos em ambos os lados da mesa.

simbólica (DOUGLAS, 1966), "matéria fora do lugar"[35]. Para os autoapontados guardiões da pureza moral, funcional e conceitual, os intrusos devem ser purgados ou erradicados; apenas a "nossa gente" está "no lugar certo", imune à corrupção. Assim, um estridente puritanismo político pode habitar logicamente o mesmo espaço retórico das mais flagrantes quebras de decoro.

A menção ao sólido argumento de Douglas, ele próprio, em parte, de inspiração durkheimiana, reforça o apelo ao uso de métodos elaborados para o estudo do ritual em sociedades de pequena escala a fim de examinar as triviais regularidades da burocracia em um Estado-nação moderno. A tese de Douglas é sobre ordem, um conceito com implicações profundamente arraigadas em todas as línguas indo-europeias que emergem no confronto moderno com a mais avançada alta tecnologia (cf. ZONABEND, 1989: 189). Até mesmo o mais centralizado e burocrático Estado-nação baseia-se em um modelo de organização social que encapsula lealdades concêntricas, e também essa ideia, junto com o simbolismo do sangue discutido anteriormente, deita longas raízes na história conceitual indo-europeia (cf. SAHLINS, 1989: 110). A ordem estatal, além disso, é talvez o sistema simbólico mais maciçamente organizado e sistematicamente controlado que o mundo já conheceu, e parece fornecer o modelo para os idiomas emergentes em nossos dias acerca de uma ordem mais transnacional. O uso em língua inglesa do termo "ordem" (tanto um estado perfeito de obediência quanto o ato de comandá-lo) sugere o quanto a ideologia e a prática reproduzem e reforçam constantemente uma à outra.

Em muito da recente, e parcialmente justificável, crítica à antropologia enquanto disciplina exotizante, houve uma tendência a se jogar fora o bebê junto com a água do banho. Reconhecemos que a disciplina, nascida do colonialismo e dos apelos europeus à superioridade mundial, possui laços conceituais e históricos embaraçosamente próximos com o nacionalismo europeu. Se isso pode conduzir a uma penetrante crítica dos métodos que usamos para estudar sociedades de pequena escala, também pode, de maneira não menos convincente, fortalecer o argumento em favor de aplicar tais métodos aos Estados-nação burocráticos, especialmente os da Europa. Se continuamos a admitir a possibilidade de tratar o nacionalismo como uma forma de religião, devemos certamente esperar obter *insights* úteis de uma tradição analítica forjada a partir das mesmas ideias-chave do nacionalismo europeu.

Podemos abordar o tema desde um outro ângulo relacionado. Muito da burocracia parece consistir no manejo de taxonomias (cf. esp. DOUGLAS, 1986;

---

35. Note-se novamente as intimações de "corrupção" – a acusação dirigida aos que conseguem adentrar no sistema; a sua própria visão é muito mais provável de ser representada como "oferta de dádiva" (o grego *dhorodhokia* significa "suborno") ou "reciprocidade".

HANDELMAN, 1976, 1978, 1981, 1990). Como nota Handelman (s.d.: 2): "A burocracia não é menos o construto da cosmologia cultural do que os usuais objetos do trabalho antropológico". Mas também é importante encaixar essa compreensão em um interesse mais amplo pela representação simbólica da autoridade por parte daqueles sobre os quais ela é exercida. Tratar a prática burocrática à parte das reações populares a ela – a teodiceia secular na qual estou interessado aqui – é aceitar implicitamente a retórica desincorporada do oficialismo.

Parte do problema parece, decerto, consistir nas maneiras pelas quais os antropólogos pensam habitualmente sobre a sua disciplina. A classificação simbólica pertence ao domínio do exótico[36], a burocracia, ao do moderno e mundano. Tal divisão reflete uma certa divisão de trabalho na disciplina: enquanto muitos estudantes do simbolismo (tais como AHERN, 1979; STRECKER, 1988; TAMBIAH, 1968) lidaram com a questão da eficácia – como o simbolismo realmente funciona? –, o interesse, em larga medida, foi pouco recíproco por parte daqueles cujo trabalho é estudar os aspectos "mecânicos" da vida política, incluindo a burocracia. Ironicamente, a oposição binária "duro-brando" em nosso próprio pensamento reforçou essa divisão de trabalho, deixando a análise simbólica da burocracia relativamente marginal dentro da disciplina. O estudo antropológico das formas políticas modernas corre o risco de reproduzir a própria ideologia da Modernidade, com suas dicotomias duro-brando. É hora de reverter esse argumento tendencioso prestando atenção às formas e usos da teodiceia secular.

A burocracia entre o Ocidente e o Oriente: o caso grego

A etnografia da Grécia provê uma rica fonte de informação para a nossa investigação. É uma terra de espetacular hospitalidade e interação social intensamente pessoal, um lugar onde aceitar comida é uma declaração de afeto, e recusá-la motiva a queixa: "Você não nos ama". É também um país no qual os próprios habitantes reclamam amargamente da indiferença e hostilidade dos burocratas. Duas imagens, aparentemente antagônicas: mas ambas falam de laços sociais.

Ambas as imagens são aspectos de autoestereótipos nacionais, a primeira tão lisonjeira quanto a segunda é crítica. Ambas, sobretudo, incorporam estereótipos nacionais, naquilo que o anfitrião generoso e o burocrata inflexível podem evocar da autoridade das leis e valores nacionais para "explicar e até mesmo exaltar suas

---

36. Se é verdade que termos tais como "culto" são realmente glosas colonialistas de uma realidade local muito diferentemente organizada (KAPLAN, 1990), podemos nos beneficiar muito virando tal formulação de cabeça para baixo e examinando as atividades seculares do Estado-nação como "cultos" e "rituais". Talvez, ao fazê-lo, violemos as ideias "nativas" dessa "tribo" de políticos (cf. ABÉLÈS, 1989) e funcionários; mas isso não é pior, e pode, com razão, provar-se muito mais revelador do que o uso similar de termos etnocêntricos para povos exóticos ao longo de toda a história da antropologia.

respectivas ações. Mais importante de tudo, ambas são explicitamente discutidas, por gregos e outros, em termos da oposição altamente carregada entre "a Europa" e "o Oriente".

A Grécia entretém uma relação histórica extraordinariamente ambígua e complexa com a própria ideia de Europa e, mais genericamente, com a entidade estereotipada que chamamos de cultura "ocidental" (HERZFELD, 1987a). A Grécia ocupa uma posição peculiar nas fronteiras conceituais, no tempo e no espaço, entre as imagens polares da "democracia ocidental" e do "despotismo oriental" – um jogo de estereótipos antitéticos que põe em relevo a identificação convencional da "racionalidade" com o "Ocidente". A maioria das discussões sobre burocracia tratam o Ocidente e o Terceiro Mundo como entidades contrastadas, caracterizadas, respectivamente, pela racionalidade burocrática e pela lealdade familiar (PETERS, 1989: 42)[37]. Ao notar o jogo desses estereótipos na Grécia, não estou tentando argumentar contra ou a favor de qualquer uma das caracterizações: com efeito, tal postura trabalharia contra o argumento teórico deste livro. Os estereótipos são consequentes de um modo inteiramente distinto. Eles são tanto instrumento quanto efeito das circunstâncias peculiares sob as quais a Grécia se tornou um moderno e independente Estado-nação. A sua utilidade para nós aqui repousa no fato de que, na qualidade de representações culturais, eles conectam disparidades locais de poder com eventos políticos globais.

A Grécia tem sido um campo de batalha ideológico para estereótipos fortemente contrastados. Os modelos burocráticos formais do país foram importados da Europa Ocidental: o primeiro rei, que chegou de Munique em 1833, trouxe um bando de administradores bávaros, todos eles versados no Código Napoleônico. Esses forasteiros encontraram uma poderosa tradição, firmemente arraigada durante os séculos de governo otomano, de compadrio e troca de favores. Os acalorados debates nacionais giravam em torno de quais modelos culturais invocar na explicação dos problemas do país: devemos culpar o Ocidente intrujão ou o Oriente corrupto, ou ambos? Eis a questão central a respeito da teodiceia da vida política grega.

O problema era composto graças a um certo conhecimento de que os gregos instruídos haviam, de fato, desempenhado um papel assaz proeminente na administração otomana. Enquanto a burocracia foi introduzida no inexperiente Esta-

---

37. Diamant (1962, 1966) foi, desde o início, uma voz solitária a alertar sabiamente contra tão rígida polarização das culturas políticas do mundo. Em geral, o hábito de pensar nesses termos está por demais consolidado na ciência social europeia, assim como na maioria dos sistemas burocráticos, para recuar facilmente. Ele também provocou reações proporcionais. Em um mundo até aqui dominado pelos interesses políticos e econômicos do Ocidente, os estereótipos servem como armas retóricas, não apenas na corrida rumo ao "desenvolvimento", mas também agora, contrariamente, como um modo de manter o "grande satã" e a sua maligna tecnologia a distância.

do grego a partir de um modelo "ocidental", ela chegou, além disso, com uma imagem já manchada. Já no século XVII, certos nobres franceses insatisfeitos haviam descrito a burocracia monárquica em seu país como despotismo "turco"! (JACOBY, 1973: 43). Quase exatamente um século depois, Adamantios Koraes, um dos líderes do movimento pela independência da Grécia, testemunhou a Revolução Francesa em Paris, quedando-se entusiasmado com a sua mensagem de libertação mediante o exercício da razão pura. Como mostra Tsoucalas (1991), os conceitos do Iluminismo foram tão transformados na Grécia que "ainda hoje, a 'corrupção' tem sido julgada não apenas funcional, mas também socialmente necessária para a 'modernização'". A falta de ajuste entre a idealizada universalidade ocidental e os interesses especiais aos quais ela foi calibrada na Grécia ressalta a especificidade ideológica e cultural de tais conceitos, levando-nos eventualmente a questionar o que é, afinal, esse tal "Ocidente".

Também a Grécia, e por razões correlatas, parece exemplificar de modo extremo alguns dos traços mais comuns do nacionalismo europeu do século XIX. Acima de tudo, como Just (1989) notou recentemente, o "sangue" é, para os gregos, mais nitidamente a metáfora condutora da identidade nacional do que em outros nacionalismos: o idioma mais penetrante das relações particulares aparece em sua forma extrema ali onde o idealismo universalista do Iluminismo sofreu as maiores transformações locais. Tenham ou não os gregos outros conceitos em torno dos quais mobilizar a sua identidade étnica, como pretende Just (1989: 77), eles indubitavelmente veem na metáfora do sangue um meio de unir o simbolismo folclórico local com o argumento racial do eurocentrismo. Nos termos de Schneider (1968), os gregos não distinguem claramente entre as respectivas metáforas de substância ("sangue") e código ("parentesco"). Tal fusão, que pode ser mais geral do que Schneider reconheceu originalmente (cf. BÉTEILLE, 1990), permitiu a fácil transformação de termos familiais em nacionais: irrigada por um único sangue, a nação é um imenso grupo de parentesco (*singenia*) ou "patrilinhagem" (em grego moderno, *yenos*, em grego clássico, *genos*) definidos por seu "nascimento" (em grego clássico, *genesis*; compare-se com o *natio* latino) comum. Nessa transformação, o sangue – que, como portador do parentesco, está sujeito à progressiva diluição – é assimilado ao sangue de Cristo, cuja santidade e inexaurível[38]. O martírio dos heróis nacionais expressa tal fusão religiosa até o último grau.

A ênfase patrilinear, que soa tão exótica no contexto europeu, gozou ali de um considerável tempo de vida, mesmo em décadas recentes, como sugerem a utopia romena de Ceausescu e as suas transformações subsequentes (KLIGMAN, 1991), e talvez também os conceitos de "patrimônio" cultural e até político (HANDLER, 1986; KERTZER, 1991). Na Turquia, Atatürk adaptou sím-

---

38. Iossifides (1991: 144, 151) provê suporte etnográfico para essas equações simbólicas.

bolos otomanos para investir com poderosa força retórica os pares "Estado pai" e "terra materna" (DELANEY, s.d.). Na Grécia, a transubstanciação da sociedade patrilinear em cultura nacional, da hereditariedade em herança, é conduzida mediante a dramatização dos primeiros proponentes intelectuais da independência grega como "Os professores do *Genos*" – a mente dirigindo o sangue. Tais exemplos tornam explícito aquilo que, alhures, é frequentemente omitido: que a base da cultura nacional é uma sociedade definida, em muitas instâncias, por sua continuidade agnática.

Talvez, a fonte da relativa visibilidade do simbolismo do sangue na retórica nacionalista grega seja a mesma da disjunção entre o racionalismo iluminista e a prática política e administrativa cotidiana. A Grécia não desenvolveu uma burocracia tão livre do compadrio quanto alguns de seus vizinhos mais ricos e industrializados na Europa. As razões para esse estado de coisas estão entranhadas na progressiva dependência econômica grega e no suporte que os interesses externos sempre forneceram para as privilegiadas elites internas[39]. Como indicou Peter Sahlins (1989: 29) acerca das contrastantes condições percebidas na Catalunha francesa e espanhola, o localismo se nutre da negligência ou repressão das autoridades centrais. Quando a eficiência estatal falha em se materializar no nível local, ou é debilitada por poderosos interesses intermediários que protegem solidariedades locais, o emotivo simbolismo do sangue, do corpo e da patrilinhagem pode aparecer com mais força. Ele oculta em uma mesma retórica as diferenças e tensões muito reais que separam o Estado de entidades sociais mais íntimas[40].

A Grécia apresenta-se como um caso de estudo excepcionalmente bom em virtude do enorme corpo de materiais relevantes ora publicados. O simbolismo corporal e familial grego é retratado em uma extraordinária série de estudos históricos e folclóricos que o vinculam à milenar tradição literária do país. A literatura religiosa, cristã e pré-cristã, é especialmente rica. Outros escritores já apontaram que o simbolismo religioso penetra até mesmo os domínios mais agressivamente seculares da vida grega (HIRSCHON, 1989), e que a doutrina formal é reciprocamente informada pela própria "religião folclórica" que os seus praticantes condenam tão frequentemente como supersticiosa ou herética (STEWART, 1991). Um rico folclore, a maior parte do qual registrado para apoiar o objetivo dos nacionalistas de demonstrar continuidade com o passado distante, permite-nos identificar relações entre as formas simbólicas do ritual e da

---

39. Não me proponho aqui a discutir o tema a fundo, mas, para uma boa coleção de abordagens, cf. especialmente o acima mencionado artigo de Tsoucalas; Couloumbis, Petropulos e Psomiades, 1976; Mouzelis, 1978.

40. Não é coincidência que a Grécia tenha suscitado uma literatura tão rica sobre o papel da honra e do compadrio, a começar pela ligação seminal de Campbell (1964) entre essas dimensões gêmeas da vida política e social, dado especialmente que o sangue é o meio simbólico para a restituição da honra.

religião e algumas das práticas associadas à burocracia moderna. Aqui e alhures na Europa mediterrânea, os antropólogos já perceberam paralelos entre as relações patrão-cliente e a prática de regatear com os santos por sua intercessão junto a Deus (CAMPBELL, 1964: 342; BOISSEVAIN, 1969: 78). Os sustentáculos simbólicos da vida política moderna são bastante mais ramificados do que esse único paralelo pode sugerir, no entanto, e o padrão de conexões entre a cosmologia e a prática social é, pretensamente, mais acessível aqui do que em qualquer outro lugar da Europa.

O foco na Grécia é, pois, uma escolha ditada por considerações históricas específicas, mas eu também devo usar exemplos de outros países europeus. Meus objetivos aqui são, ao mesmo tempo, mais genéricos e mais particulares do que o estudo de um único sistema em sua totalidade. São mais genéricos na medida em que eu sustento que as raízes simbólicas da interação burocrática são, com ligeiras modificações, comuns à maior parte do mundo europeu e, através dele, à maioria dos países industrializados e em processo de industrialização. Destarte, os dados gregos oferecem-nos a base de um modelo que poderá ser examinado em outros contextos. Os meus objetivos são mais particulares porque pretendo concentrar-me em um conjunto particular de metáforas e imagens que os burocratas e os seus clientes ativam frequentemente ao lidar uns com os outros: sangue e parentesco, a mão que escreve o destino e a divisão do território.

A etnografia da Grécia serve aqui como um meio para um fim mais amplo: o intenso foco que ela oferece sobre o estereótipo da sociedade "ocidental" que perpassa a prática da burocracia. Se, por vezes, a indiferença ou interesse dos burocratas gregos podem parecer mais dramáticos do que ocorreria em outras partes da Europa, eu sugiro que isso não é consequência de algum traço inato do caráter grego, um argumento que apenas reproduziria o preconceito essencialista que eu estou tentando dissecar. Eu prefiro vê-los como o corolário de circunstâncias históricas específicas, principalmente da desigualdade política e econômica que subsiste tanto dentro do país quanto em suas relações com os poderes internacionais dos quais a sua sobrevivência como Estado sempre dependeu. Essas circunstâncias ressaltaram dramaticamente as contradições internas do nacional-estatismo europeu em um país considerando tanto o ancestral idealizado quanto um subalterno dependente e politicamente marginal do Ocidente. A Grécia não é o foco principal deste livro, mas os materiais gregos podem ajudar a expor alguns dos traços comuns da interação burocrática que resta mais profundamente submersa alhures.

Estereótipos e estratégias

Ao recolher a maior parte do material para este estudo da etnografia da Grécia moderna, estarei lidando com uma cultura e uma sociedade nas quais o eurocêntrico e o "nativo" tornaram-se, ambos, estratégias locais. Eles são parte da realidade experiencial de todos os cidadãos gregos. São os tijolos para as explorações gregas da identidade. Eles servem também para sublinhar a principal característica das discriminações comuns entre os europeus e os outros.

A lógica estatal tende usualmente a tornar eternos e invioláveis certos princípios de soberania nacional que evitam tocar na sempre instável questão de quem somos "nós". O essencialismo nacionalista diz respeito a isso. Mas ele não é menos resultado de processos de estereotipização do que o próprio Estado-nação. Atacar "o Estado" e "a burocracia" (frequentemente reificada ainda como "o sistema") é uma tática da vida social, não uma estratégia analítica. Falhar em reconhecê-lo é essencializar o essencialismo. Etnograficamente, levar-nos-ia a ignorar a multiplicidade de pecados coberta pelos monolíticos estereótipos da "burocracia" e do "Estado".

As categorias podem ser desafiadas, as classificações, rompidas. (Na religião, também, heresias cismáticas e rejeições blasfemas da ordem divina são parte da experiência humana.) Podemos novamente recordar o dizer de Mary Douglas segundo o qual "a sujeira é matéria fora do lugar". Mesmo essa feliz formulação foi muito frequente e facilmente tratada como uma espécie de axioma estático, fazendo-nos esquecer que as fronteiras de lugar são, elas próprias, contestáveis. Aqueles que, de fato, fazem o trabalho de delinear os contornos e dimensões do lugar também acabam por dizer o que é sujo, o que é sagrado, e o que é confortável e familiarmente limpo. São eles, não a natureza, quem definem o ordinário; e, assim como todos os atores humanos, eles podem ter de defender a sua escolha.

Assim, a antropologia, com a sua propensão a enfocar o exótico e o memorável, ignorou amplamente as práticas da burocracia (cf., entretanto, BRITAN & COHEN, 1980). Além do mais, esse silêncio é, como observou Handelman, uma notável omissão. E também é sugestivo. Atores talentosos que são, os burocratas impõem uma faceta de neutralidade desapaixonada a cada uma de suas ações. É apenas quando se faz um esforço consciente para contrastar as suas práticas com aquelas da socialidade cotidiana que a extravagância sistemática daquilo que fazem começa a aparecer com alguma clareza.

Handelman já sugeriu que a burocracia exibe características taxonômicas sensíveis à análise da antropologia social. Mais ainda, ele dirigiu a nossa atenção para a sua semelhança com o ritual e os sistemas simbólicos, embora não tenha elaborado a analogia em detalhes. Tanto ele quanto Jan Brøgger (1989: 145) notaram os paralelos entre as tentativas burocráticas de definir a desordem e o modelo da poluição simbólica de Douglas. Zonabend (1989: 159), também, em seu extraordinário estudo sobre uma remota comunidade normanda atormentada pela construção de uma usina nuclear, notou que a desordem não é menos perturbadora para uma comunidade europeia moderna do que para qualquer outra. Igualmente importante para o nosso presente interesse pela persistência de antigas metáforas é o seu reconhecimento de que o conceito de ordem encontrado nas línguas indo-europeias não definhou sob as condições da Modernidade. A preocupação com a pureza e a poluição – que certamente subjaz aos racismos americano e europeu modernos – pode até ser mais apropriada ao nacionalismo moderno do que os exóticos simbolismos de casuares e pangolins. Um californiano sem carteira de motorista é categoricamente tão anômalo quanto um gêmeo Nuer. Porque os californianos com esse *status* anômalo descobririam ser virtualmente impossível usar cartões de crédito ou passar um cheque, o Estado tem que expedir-lhes uma carteira de motorista para não motoristas: uma divertida e relativamente benigna ilustração do quanto as expectativas culturalmente modeladas sobre a noção de pessoa acabam por determinar a prática oficial.

Tal como a maioria dos sistemas simbólicos, a burocracia oferece algum terreno para disputa, especialmente em questões de interpretação. Clientes insatisfeitos podem lutar em duas frentes ao mesmo tempo. Primeiro, há a arena de fato da disputa acerca de regras e decisões – a área na qual, se a burocracia realmente serve aos interesses dos cidadãos, há uma chance justa de ação corretiva. Além disso, no entanto, todo cliente insatisfeito deve lidar com as ramificações sociais mais amplas do fracasso – um aspecto comumente ignorado por cientistas sociais. Cidadãos que fracassam em obter o que querem podem seriamente perder posição em suas comunidades e lares a não ser que sejam capazes de produzir uma defesa convincente, ou ao menos socialmente irrepreensível, de suas ações.

O estereótipo do burocrata governamental, na maioria dos países europeus e também em muitos outros, é, pois, uma parte importante da realidade existente dentro de um Estado-nação. Isto não é o mesmo que dizer que os estereótipos estão corretos. O que temos, no entanto, é que tanto os burocratas quanto os clientes invocam imagens simplistas de um sistema inexorável e seus servidores sem rosto para fins que têm a ver com autojustificação. Os cidadãos cujo fracasso em extrair alguma vantagem do oficialismo atraem todo o ridículo dos vizinhos são aqueles a acusar a maquinaria estatal de impiedosa e impessoal. Eles salvam o rosto invocando o sem rosto. Pouca atenção é dada usualmente a tais idiomas de autoexoneração. Porque eles evocam muito do mesmo simbolismo da prática burocrática, no entanto, e porque os burocratas também os utilizam de modo a lidar com as queixas de clientes que também podem ser amigos ou parentes, eles são a chave para a compreensão das forças sociais que moderam tanto a racionalidade quanto o capricho dos burocratas.

Mesmo a visão mais racionalista da burocracia deve também reconhecer o seu potencial para o capricho. Nenhum sistema é garantido contra a manipulação autointeressada. Este livro situa-se no espaço conceitual entre a intenção e o uso, naquela zona, no limite incontrolável, onde a própria fixidez da forma simbólica provê um disfarce para as táticas de tomada de poder, humilhação e indiferença. As atitudes em relação à burocracia são, como eu já notei, uma convenção que pode ter pouco a ver com a realidade do funcionamento burocrático. Mas, em um mundo onde os seres humanos fazem a história, como argumentaram Vico e Marx, só é preciso perguntar o que uma burocracia desincorporada poderia de fato ser para tornar a absurdidade de tal noção plenamente aparente. A burocracia, como reconheceu Weber, é um sistema que exige responsabilidade, e a responsabilidade é um amálgama de ideias, produzido socialmente e culturalmente saturado, sobre pessoa, presença e política. A despeito de seus apelos a uma racionalidade universal, os seus significados são culturalmente específicos, e a sua operação é limitada pelos modos através dos quais os seus operadores e clientes interpretam as suas ações. A sua gestão da identidade pessoal e coletiva não pode romper livremente com a experiência social.

2
As raízes da indiferença

Temas persistentes

O subtítulo deste livro inclui a metáfora "raízes". Isso sugere uma busca por origens. A antropologia, no entanto, distanciou-se tanto das formas originais quanto das questões referentes à pura identidade. Mesmo no estudo da Grécia antiga, como Humphreys (1990: 536) bem observou em um outro contexto, podemos hoje ver claramente que "as categorias usadas nos estudos do século XIX sobre a religião grega – nativo/estrangeiro, civilizado/primitivo, racional/irracional – foram desenvolvidas pelos próprios gregos em suas reflexões sobre a crença e a prática religiosas do século VI a.C. em diante".

Por que, então, em um estudo ostensivamente devotado à vida social da Modernidade, eu retorno subitamente ao que parece ser uma busca por traços de cosmologias passadas? Qual o propósito de buscar remanescentes conceituais dos quais os atores sociais modernos provavelmente não têm ciência, e cuja significância parece ter mais em comum com o nacionalismo e o sobrevivencialismo do século XIX? A razão está no desafio que os usos do nacionalismo impuseram à história.

O nacionalismo busca identificar as instituições civis com a forma pura de alguma putativa cultura nacional. Ele aplaina a temporalidade errática da história, fazendo da imprevisível sucessão de eventos uma prova retroativa de uma gloriosa predestinação (cf. tb. ANDERSON, 1983: 19) – o projeto calvinista de Weber escrito, de fato, em letras bem maiúsculas[41]. Em capítulos posteriores, iremos considerar alguns dos modos pelos quais tanto os burocratas, quanto os seus clientes, representam o governo como destino: aqueles, para intimidar, estes, para dar satisfação. Ao rejeitar o sobrevivencialismo de Tylor, como mostra Tambiah (1990: 46), podemos ainda fazer uso do reconhecimento, por parte do

---

41. Sob certos aspectos, esse projeto é complementar àquele da antropologia vitoriana sobrevivencialista, que afirmava uma espécie de destino manifesto para a civilização ocidental, usando tal pressuposto para justificar a aventura colonial.

antropólogo vitoriano, de que o fracasso em conduzir um ato instrumental pode ser justificado mediante algum tipo de racionalização pós-fato. Uma vez que percebemos, com Weber, que todas as ações racionais "derivam a sua legitimidade de decisões de valor cuja base é anterior às decisões instrumentais" (TAMBIAH, 1990: 163), podemos examinar logicamente as ações dos burocratas e de seus detratores dentro de uma mesma moldura. Os importantes *insights* de Austin (1971) sobre a construção de desculpas provar-se-ão úteis aqui[42]. A arte de dar boas desculpas implica converter a racionalização dos erros no argumento de que tais erros estavam predestinados a ocorrer o tempo todo – seja graças ao destino, às regras do jogo social, ou a uma lógica transcendente.

A fundamentação social da prática burocrática é crucial aqui. Formas oficiais reivindicam origens históricas; o meu ponto aqui é, em vez disso, demonstrar os seus usos sociais[43]. Anderson (1983: 15) mostra-se obviamente desconfortável com a visão de Gellner (1986) segundo a qual o nacionalismo é "inventado" desde cima, assim como eu, em relação à opinião estranhamente comparável de Hobsbawm e Ranger (1983) sobre a "invenção da tradição". Ambas as abordagens criticadas aqui falham em reconhecer o papel da pessoa ordinária ao tomar as grandes imagens apresentadas pela liderança e reformulá-las em termos mais familiares da experiência local, influenciando a sua evolução pública em contrapartida. Por essa razão, descrever a identidade e a herança nacional como mera ficção é, em si mesmo, um modo de essencialismo.

Logo, em busca das "raízes simbólicas", eu espero demonstrar uma relação íntima e de mão dupla entre manifestações de poder estatal e os numerosos estágios em que um senso de comunidade local é percebido. Assim como foi recentemente argumentado acerca da religião "folclórica" e "oficial" (STEWART, 1991), eu sustento que, se podemos decerto apontar as atitudes políticas oficiais e subversivas como tipos ideais, qualquer sugestão de que estas conformem universos separados pode turvar seriamente a questão. As raízes da intolerância e indiferença oficiais restam em atitudes populares, sobre as quais o discurso oficial é construído de acordo com seus interesses. O genocídio seria presumivelmente inconcebível não houvesse, de antemão, algum modelo conceitual disponível, talvez menos violento, mas certamente não mais tolerante em relação a diferença sociais ou culturais. Reconhecer o fato não constitui o tipo de determinismo cultural que citaria valores culturais em defesa do genocídio. Ao contrário, devemos examinar criticamente como aqueles que estão no

---

42. A relevância do trabalho de Austin para compreender as desculpas dentro de seu contexto cultural será discutida com mais detalhes no cap. 5.

43. De novo, isso é consistente com uma perspectiva austiniana, ou, mais genericamente, com uma perspectiva derivada da teoria dos atos de fala, acerca da dimensão expressiva da vida social.

poder usam os símbolos e a retórica existentes para produzir determinismos tão perniciosos.

A tarefa é, pois, identificar os materiais com os quais cada Estado constrói suas próprias origens, traçando os modos pelos quais poderosos interesses – ou atores mesquinhos – cooptam esses materiais a fim de criar a sua própria autoridade. É também nos mesmos materiais que os cidadãos encontram as fontes que precisam para lutar contra oficiais inoportunos, que alegam estar cumprindo ordens "do Estado". Assim como o sentimento anticlerical usa frequentemente a retórica da religião, também os ideais do Estado podem ser usados para denunciar a venalidade de seus representantes; em alguns países, incluindo a Grécia, Jesus – vítima dos fariseus – é por vezes representado como o arquétipo mesmo da resistência tanto à Igreja quanto ao Estado. A indiferença burocrática e a teodiceia secular que busca justificá-la são cosidas a partir do mesmo tecido retórico.

Para começar a descompactar essas triviais complexidades, descobrindo algo de seu relacionamento com a experiência histórica, basear-me-ei bastante aqui em três recentes estudos etnográficos. Dois deles são etnografias europeístas, apresentadas assaz explicitamente como tentativas de teorizar a etnografia da Europa assim como contribuir para essa literatura: *Desencantamentos culturais* (1989), de Douglas Holmes e *Europeus pré-burocráticos* (s.d. [completado em 1989]), de Jan Brøgger. Ambos exploram o esforço de modernização com base em uma moldura analítica pós-weberiana, embora as suas interpretações sejam significativamente divergentes. O terceiro trabalho é *Lendas do povo, mitos do Estado* (1988), de Bruce Kapferer. Este não é um estudo ostensivamente europeísta. É uma comparação entre os nacionalismos cingalês e australiano. Enquanto tal, entretanto, ele introduz um desafio ao pressuposto comum segundo o qual o nacionalismo moderno é necessária e invariavelmente construído sobre um modelo europeu, mostrando como até mesmo esse modelo pode ser alterado mediante transporte – seja ou não no sentido histórico bem específico que os australianos conferem ao termo.

Brøgger e Holmes trilham o difícil caminho entre a visão sobrevivencialista das formas tradicionais já descartada aqui e a análise da tenacidade cultural como resistência e estratégia. Os resultados dos seus esforços, veremos, estão em destacado contraste um perante o outro. O livro de Kapferer levanta questões importantes sobre a relação entre o igualitarismo e a hierarquia que equilibram os pressupostos dos dois trabalhos europeístas. Talvez o mais revelador de tudo, ele encontra na experiência australiana de combater os turcos em Galípoli uma curiosa reedição das batalhas renascentistas entre turcos e cristãos, além de uma fonte de reavaliação do lugar ocupado por gregos e turcos no esquema global das coisas. Kapferer relembra-nos, pois, em tempo oportuno, que esses povos da interface entre a Europa e o Oriente são sujeitos a imperativos taxonômicos mesmo quando estes tenham se deslocado para o extremo oposto do planeta – que eles podem servir a torto e a direito, como soldados indo ao encontro da morte nos campos de batalha ou caricaturas zombeteiras nas salas de aula, como títeres nas guerras terceirizadas por potências ocidentais, e como portadores ou vítimas de estereótipos colonialistas e racistas justificando a sua própria humilhação.

Está claro que os mais modernos Estados-nação do "Ocidente" compartilham um simbolismo complexo e difuso. Antigos símbolos e valores persistem, não como resíduos de "atraso" estrangeiro, mas como estrutura organizacional, tanto de uma velha ordem, quanto daquela que pretende substituí-la. O novo nunca escapa totalmente das tramas do antigo. A discussão seguinte dos três trabalhos, que conduz a um exame mais amplo da persistência da forma simbólica através de condições políticas e sociais cambiantes, deverá mostrar ser mais valioso retraçar o processo de transformação sobre uma cosmologia duradoura do que buscar uma confrontação maniqueísta entre a poluição da velha ordem e a pureza da nova.

Os nazarenos encantados

O relato de Jan Brøgger sobre Nazaré, uma aldeia portuguesa de pescadores, apresenta-nos uma comunidade encerrada, por sua estrutura matrifocal de parentesco altamente incomum, no que o autor considera um estado de cultura tipicamente medieval. Crença no sobrenatural, confiança em laços estreitos de parentesco, uma compreensão pré-burguesa das relações maritais, e o gozo e celebração abertos da sexualidade marcam um cosmos que resistiu com sucesso, na visão de Brøgger, aos efeitos combinados da racionalização burocrática e de sua contraparte sociocultural, a respeitabilidade burguesa. Brøgger faz um esforço surpreendente para nos convencer de que essa comunidade atlântica pode ser vista proveitosamente dentro do contexto dos valores "mediterrâneos". Por esse motivo, ele demonstra surpresa ao encontrar mulheres divertindo-se abertamente com piadas de cunho sexual, e argumenta que a sua falta de melindre representa uma fase inicial contida do que Elias (1978) chamou de "processo civilizador". Em verdade, já não parece ser tão evidente que todas as sociedades mediterrâneas exibam o mesmo senso de constrangimento sexual (cf. CLARK, 1982). Em Portugal, estudos etnográficos – nenhum dos quais citados por Brøgger – já notaram uma alta incidência tanto de bastardia (BRETTELL, 1986; O'NEILL, 1987) quanto de sexo pré-marital (CUTILEIRO, 1971). Mas o retrato feito por Brøgger de uma aldeia portuguesa de pescadores aciona as convenções discursivas do "mediterranismo", ainda que Nazaré não esteja localizada no litoral mediterrâneo, de modo a descobrir ali um modelo fixo de vida social que o autor pode contrastar com uma plena incorporação ao Estado-nação moderno.

A análise de Brøgger toca diretamente em um tema que eu já abordei anteriormente: a associação oficial do desincorporamento com a prática burocrática.

Ele argumenta, inequívoca e interessantemente, que o ocultamento das funções corporais representa uma intrusão de restrições categóricas, assim como faz a imposição da ordem burocrática. Essa importante proposição aponta para o processo de separação entre o sensório e o sensível – que subjaz ao formalismo da civilidade sancionada pelo Estado. A dificuldade com o tratamento que Brøgger dá à questão resta na maneira extremamente literal com que ele lê as formas de ordem categórica tal como aparecem em sociedades plenamente industrializadas e burocraticamente organizadas. Ele pressupõe que a aceitação externa da burocracia e do "formalismo" cultural representa uma ruptura radical com o passado orientado para a *Gemeinschaft* [comunidade][44].

O argumento de Brøgger tem origem nas implicações progressivistas da sociologia histórica dos costumes de Elias, e em uma leitura literal de Weber e Tönnies: "O estabelecimento de uma quantidade de novas categorias sociais com a emergência da moderna *Gesellschaft* [sociedade] criou um igual número de possibilidades de transgressão" (s.d.: 145; cf. TÖNNIES, 1957). Apesar do sensato alerta de Douglas (1986) de que a escala é amplamente irrelevante para a complexidade dos fenômenos sociais, escala e complexidade são facilmente confundidas[45]. Destarte, para a "pré-burocrática" de Brøgger, leia-se "simples". Para uma tese já comprometida por seus pressupostos mediterranistas, Brøgger acrescenta aqui uma variedade de sobrevivencialismo que recorda o modelo de Banfield (1958) do "familismo amoral". Este atribui uma moralidade baseada na racionalidade do interesse comum à sociedade "moderna". Ele exclui necessariamente a possibilidade de lealdades alternativas – uma possibilidade contemplada, de fato, pela classificação de Weber dos tipos ideais.

Em um aspecto importante, no entanto, o argumento de Brøgger antecipa muito claramente o meu próprio. A semelhança está no reconhecimento de que as respostas burocráticas à desordem podem ser vistas como modos de lidar com

---

44. Mouzelis (1978: 134-136) discute o paralelismo entre os formalismos administrativo e cultural, alegando que eles servem para proteger interesses da elite. Riggs (1962: 21) define o formalismo como "o grau... de discrepância entre o formalmente prescrito e o efetivamente praticado". Tsoucalas (1991) sugere que o rótulo formalismo descreve mal situações culturais como a da Grécia, onde a ética pública "objetiva" é transformada mediante o prisma de valores sociais mais particulares; o seu argumento é historicamente mais persuasivo que o de Brøgger porque, em lugar de apelar a uma evolução unilinear de um tipo de sociedade para outro, ele sugere a transformação de um conjunto de valores como resultado de sua refração através da experiência social de uma cultura diferente. Em geral, atribuições de formalismo ou de sua ausência são sujeitas a debate em bases históricas específicas. Portanto, no caso da análise de Brøgger, a evidência histórica sugere que comunidades como Nazaré foram sujeitas a um pesado controle burocrático desde a era das primeiras expedições portuguesas ao Novo Mundo (PINA-CABRAL, 1991) – uma circunstância que levanta suspeitas sobre as implicações sobrevivencialistas do rótulo "pré-burocrático".

45. Retornaremos ao problema da escala no cap. 4 quando discutirmos o modelo de Anderson das "comunidades imaginadas". Cf. tb. a breve discussão sobre escala mais à frente neste capítulo.

a poluição simbólica. Ele apela aos *insights* de Douglas sobre a base social da classificação para sugerir haver, na prática, um contínuo entre os tabus de uma sociedade "pré-burocrática" e aqueles do Estado moderno. O ponto fraco do seu argumento específico deriva de sua relutância em abandonar a alienante dicotomia antes e depois. Como resultado, ele consegue insinuar que essas pessoas vivem de fato em um mundo diferente, mundo no qual as suas percepções são tão radicalmente distintas das nossas que chegam a pertencer a uma outra era – uma clássica estratégia de exotização (cf. FABIAN, 1983). Assim, por exemplo, ele claramente vê o reconhecimento da sorte e da bruxaria como característico do modo pré-burocrático de pensar – um caso de mediterranismo ao qual, em verdade, ele pode ter sido inadvertidamente levado pela própria Douglas (1979: 40). Embora ele esteja certo em ver nas análises de Douglas sobre classificação simbólica um modo de vencer a distância entre as sociedades de pequena escala e as sociedades modernas e industrializadas, e ainda que ele certamente reconheça, naquelas, o jogo retórico da fala sobre sorte e habilidade (s.d.: 124), ele estraga esses importantes *insights* ao opor burocracia e sorte, ao invés de reconhecer a burocracia como herdeira do manto simbólico – e relevante – da sorte. Ele parece não aceitar que, mesmo nas sociedades mais "modernas", as pessoas podem não aceitar a racionalidade da ação burocrática porque sabem que – assim como em qualquer aldeia de pequena escala – os seus portadores são seres humanos como eles próprios, e porque veem "o sistema" como algo não menos caprichoso do que o mais demoníaco destino. Ele falha, em suma, em atentar para o problema da teodiceia política.

Essa observação permite-nos identificar um dos principais problemas do conceito de racionalidade burocrática tal como tem sido frequentemente tão mal compreendido. Weber aparentemente reconhecia que os seus argumentos estavam inevitavelmente atrelados a formações sociais particulares. Nesse sentido, trata-se de um fenômeno retórico: ele anuncia as bases sobre as quais será visto "funcionar" e proceder, de maneira circular, para incluir ou excluir todas as ações de acordo com a sua pretensa conformidade àquelas bases. Mesmo em sua forma mais universalista, a sua aparente transcendência em relação a particularidades culturais depende das regras de um jogo lógico que não resta fora da cultura.

Brøgger, no entanto, optou por interpretar a evolução da sociedade moderna de uma maneira muito literal. A associação do protestantismo com uma visão universalizante de como funcionam causa e efeito, uma ideia que deriva diretamente da sociologia weberiana, segue *pari passu* com a emergência dos ideais burgueses de respeitabilidade (cf. MOSSE, 1985). Tal como Gellner (1988), que vê no surgimento da alfabetização a racionalização e literalização do pensamento antes que a causa primária de mais confusão e incompreensão ramificadas, Brøgger aceita o literalismo da burocracia por seu valor de face. Por esse motivo, ele precisa buscar um modo de explicar a aparente imunidade dos aldeões à racionalidade da burocracia estatal. Ele o encontra em uma estrutura familiar que, em sua visão, não encoraja a cooperação extensiva – essencialmente o argumento de Banfield, transposto para um modo de parentesco algo diferente.

Os nazarenos de Brøgger podem, de fato, ter resistido à intrusão do Estado burocrático em muitas áreas de suas vidas. Não se segue daí, entretanto, que a agora irresistível nova ordem irá necessariamente impor-lhes suas próprias interpretações dos eventos, embora eles vão, indubitavelmente, tirar vantagem de sua retórica a fim de sobreviver. Qualquer burocracia estatal depende de uma leitura literal de todas as formas linguísticas. Essa máscara de uniformidade é precisamente o que, frequentemente, permite aos cidadãos individuais reinterpretar. O erro de Brøgger aqui é o mesmo de Gellner: ambos dão pouca atenção à recepção, em contraste à interpretação pretendida, do que se supõe serem mensagens não ambíguas. Essa relutância em reconhecer o papel reconstitutivo dos atores sociais, além do mais, dá azo a um cândido, porém infeliz, determinismo social: "De modo a transformar a gente da praia [comunidade pesqueira] em racionalistas modernos, seria necessária nada menos que uma mudança básica na organização social dos relacionamentos. É provável que isso aconteça apenas quando a *Gemeinschaft* tradicional for superada pelo Estado burocrático, os nazarenos integrados em uma economia industrial de mercado, e a sua dependência das linhagens [sic[46]] e das relações pessoais tornar-se menos importante do que sua dependência de segurança social, bancos e emprego assalariado" (BRØGGER, s.d.: 126). A essa altura, presumivelmente, os últimos vestígios do pensamento da *Gemeinschaft* tornar-se-ão relíquias folclóricas, já não tendo nada a ver com as formas de interação burocrática moderna – exatamente o projeto que levou tantos nacionalismos europeus a desenvolver a "ciência" de um folclore cuidadosamente editado.

Tal visão, ademais, presume que o desengajamento das funções pessoal e funcional efetivamente ocorreu: que, em outros termos, a racionalidade substituiu o compadrio. Certamente, a centralização funcional é o que o Estado alega estar fazendo. Essa retórica, todavia, pode mascarar a intensificação, não o desaparecimento, de laços políticos que dependem de relações pessoais. Como demonstrou recentemente um estudioso da burocracia universitária italiana (SHORE, 1989; cf. tb. DAVIS, 1973: 152), o pressuposto de que a burocracia é racional e, portanto, dificilmente o lócus de um vasto compadrio é um *non sequitur*: a busca de vantagem pessoal pode, de fato, alimentar-se das próprias instituições da burocracia supostamente destinadas a suplantá-la, e ser tão racional e calculista

---

46. "Linhagem" é um termo algo equívoco; "clã" talvez fosse mais apropriado para a baixa profundidade genealógica aqui pretendida.

nos termos do nível social que lhe importa quanto a racionalidade da ação burocrática o é em seu próprio nível de organização.

Isso é, de fato, o que a etnografia pós-weberiana de Holmes, também ambientada em um contexto italiano, tão bem articula historicamente (1989: 212-213). A mudança está na retórica – as formas culturais pelas quais o literalismo burocrático se confunde com a organização social. Outras coisas também mudam, é claro: a escala das operações, em primeiro lugar. Mas as pessoas desenvolvem meios sutis de criar novos tipos de laços afetivos a partir dos mais inauspiciosos materiais. Todos os burocratas, assim como os seus clientes, são *bricoleurs* potenciais, operando tanto dentro quanto por cima do "sistema".

A congruência moral entre níveis diferentes permite a efetiva transferência de atitudes de um a outro quando a escala de interação social muda, como na mudança de questões locais para nacionais. Há, com efeito, alguma evidência disso nas cuidadosas descrições de Brøgger das tensões e rupturas dentro da comunidade nazarena. Ele mostra-nos os seus membros mais marginais como verdadeiros párias, excluídos das principais formas de contato com outros aldeões, e especialmente do casamento com eles. Ele argumenta que esse abrangente ostracismo ocorre "porque os membros de uma *Gemeinschaft*... não podem arriscar o ódio da contaminação que um relacionamento normal com pessoas marginais implica" (BRØGGER, s.d.: 78). A implicação da poluição simbólica está clara, e faz muito sentido.

Muito mais difícil de aceitar, no entanto, é a aparente opinião de Brøgger de que esse idioma da exclusão simbólica enfraquece e morre com a chegada da *Gesellschaft* – que a poluição interessa menos respeito às burocracias racionais do que à pequena comunidade local. De fato, dá-se o inverso. Os conceitos de poluição podem ser refocalizados ou redefinidos; mas eles persistem. Durante o meu trabalho de campo urbano em Creta, por exemplo, um sindicalista conservador alertou-me para que eu evitasse confraternização com um conhecido comunista local, por temor dos efeitos que tal relacionamento pudesse exercer sobre os meus demais contatos na cidade. É certo que os efeitos de tais alertas em um (reconhecidamente pequeno) cenário urbano foram menos assustadores do que poderiam ter sido pouco mais de uma década antes, mas isso apenas porque a atual disposição política na Grécia removeu o velho rótulo de "antigrego" (que, na verdade, corresponde exatamente ao macarthista "não americano") dos comunistas de hoje, um rótulo, sobretudo, pensado e aplicado por autoridades nacionais, e veiculado na imprensa nacional, desde a época da Guerra Civil (1944-1949) até a queda da junta militar (1974). A tentativa de evocar essa outrora feroz forma de ostracismo não tinha como funcionar tão bem quanto no passado, mas isso foi resultado de mudanças ocorridas ao nível nacional; certamente, não é uma prática que distingue sem ambiguidades as políticas local e nacional. Ao contrário, ela mostra os efeitos da política nacional sobre as percepções locais tanto quanto o inverso. Esse é um simbolismo de inclusão e exclusão, pureza e poluição – uma linguagem que os comunistas locais também usam. A efetividade das taxonomias burocráticas europeias está exatamente onde a posição "racionalista" menos esperaria encontrá-la: em sua capacidade de evocar as categorias mais tradicionais de sangue, família, linhagem e reciprocidade – categorias que os alegados inimigos do Estado também partilham[47].

A despeito dos problemas que eu elenquei aqui, Brøgger forneceu-nos um detalhado registro etnográfico de uma sociedade quase certamente às vésperas de uma mudança radical. As minhas discordâncias com o seu argumento não dizem respeito à probabilidade ou magnitude de tal mudança, mas onde ela estará localizada. Ele prevê que os valores e crenças tradicionais logo desaparecerão, tendo servido a algum propósito adaptativo útil durante as fases iniciais da intrusão industrial e burocrática em direção ao Estado (BRØGGER, s.d.: 136). Ele pode estar certo a respeito de algumas formas específicas. Mas outras irão provavelmente persistir, se não como formas simbólicas externas, como estruturas de pensamento que continuarão a fornecer uma moldura organizacional para que as pessoas lidem com a mudança, e que irão permear as reações dos próprios burocratas. O que as burocracias fazem é, nesse sentido, não muito diferente do que impõem todas as tentativas de consolidar o poder. Elas nutrem-se de um vocabulário cultural já existente. As pessoas – burocratas tanto quanto clientes –, então, fazem suas acomodações respectivas a essa nova ordem. Ao fazê-lo, elas não estão necessariamente aceitando tal ordem. Podem estar fazendo justo o contrário, jogando a letra da lei nacional contra as suas intenções.

Desencantamentos dos enfeitiçados

Para explorar a fundo esses assuntos, voltamo-nos agora para uma obra que invoca Weber de uma maneira muito diferente e, do meu ponto de vista, mais produtiva. Douglas Holmes apresenta explicitamente o seu estudo dos trabalhadores rurais de Friuli (norte da Itália) como uma contribuição à elaboração teorética da etnologia europeia. Ao contrário de Brøgger, para quem o "desencantamento do mundo" descrito por Weber é um processo perturbador, Holmes documenta um processo cultural gradual que reage à infiltração do trabalho assalariado entre camponeses economicamente falidos. Ele sugere – em contraste a Brøgger[48] – que os aspectos não racionais desse mundo talvez nunca venham

---

47. Kertzer (1991) descreveu um exemplo do tipo de confusão que pode resultar da ideologia política racionalista: o comunismo doutrinário italiano, que renuncia formalmente à emoção na vida política e, não obstante, recorreu a ela como o único meio efetivo de manter o nome e o emblema do partido em face das mudanças no Leste Europeu nos anos de 1989-1990.

48. Mas Holmes está aparentemente de acordo com Weber. Cf. Diamant 1962: 83.

a desaparecer, ainda que, na esfera da religião, a interferência burocrática das autoridades eclesiais destituiu, há muito, as formas "não oficiais" de religião da maior parte de sua significância e razão interna. No relato de Holmes, as pessoas voltam às fontes simbólicas já disponíveis de modo a conferir sentido a novas circunstâncias. Aqueles cujas raízes deitavam firmemente nas tradições camponesas locais tiveram dificuldade em se organizar politicamente a fim de resistir à implacável dominação de latifundiários e donos de indústria. A princípio, apenas os forasteiros marginais das cidades – aparentemente ao contrário dos párias de Nazaré – puderam lançar mão de um canal efetivo para a mudança externamente motivada. A regulação burocrática, longe de substituir antigos valores por uma eficiente racionalidade, apenas mascarou a patronagem interna – a exploração sexual das mulheres de fábrica mais atraentes (*favoritas*), por exemplo – com a sua fria e inquestionável autoridade. Tal dominação, além do mais, teve sucesso em larga medida porque a Igreja Católica já havia conseguido infiltrar-se no sistema de valores local e empregar as formas simbólicas desse sistema em benefício próprio. Relembre-se aqui a coexistência de intensa patronagem e um forte simbolismo da comunidade de sangue nacional na Grécia. Em ambos os casos, um simbolismo amplamente aceito pode nutrir persistentes rupturas entre ideologias, políticas ou religiosas, otimistas e os verdadeiros horrores da experiência social – condições que clamam pela teodiceia.

Holmes documenta vários séculos de mudança nas vidas dos habitantes de Friuli, uma mudança que Brøgger nos assegura logo chegará até os nazarenos. Talvez porque as conclusões de Holmes sejam amplamente empíricas, enquanto as de Brøgger são mais especulativas, elas pareçam menos atreladas ao vicário fatalismo da burocracia. Os seus atores sociais parecem ter tido uma experiência mais variada de dominação burocrática, embora o autor deixe bem claro que, sob um aspecto, a burocracia permaneceu constante: geração após geração de senhores de terra e donos de indústria usaram a precisão conceitual dos métodos de contabilidade para exercer um crescente grau de repressão e controle.

Há um domínio, em especial, no qual Brøgger e Holmes tratam materiais relacionados de modo instrutivamente diverso. Brøgger questiona como os nazarenos interpretam a propriedade de seus lares sob leis segundo as quais a posse é inflexivelmente contratual. A sua visão parece ser a de que não há conexão entre as duas modalidades de propriedade: os aldeãos apenas reinterpretam os contratos nos termos de seus próprios modelos de interdependência doméstica e espiritual. A imagem que ele evoca requer aquilo de que, como eu sugeri, a sua abordagem mais carece: a capacidade da população local de reinterpretar as formas oficiais e investi-las com significados radicalmente diferentes dos da letra da lei. Holmes, ao contrário, sugere que as mudanças crescentes que ele nos faz acompanhar na determinação da propriedade da casa e da terra representam uma gradual invasão da versão capitalista da racionalidade aos conceitos preexistentes de propriedade, que então se alastram pela percepção local do que está acontecendo. É inteiramente possível, até mesmo provável, que os trabalhadores rurais por ele descritos não percebessem completamente o que lhes acontecia, mas o longo intervalo de tempo em que o autor examina a evidência documental permite-nos, ao menos, ver o processo antes como uma luta por poder levada a cabo mediante um idioma retórico comum do que como uma súbita substituição de um sistema discreto por outro.

Assim como Brøgger, e trabalhando na mesma tradição weberiana, Holmes deixa explícita a conexão entre as mudanças religiosa e social. Ele enxerga na relegação da religiosidade local ao domínio da superstição um produto da rotinização eclesiástica análogo, e relacionado, à rotinização burocrática das relações transacionais. Ele mostra que um rol de imagens religiosas pode carregar conjuntos de sentidos muito divergentes, e que tal divergência reproduz e espelha uma divisão similar entre a teoria e a prática das relações contratuais. Como eu notei no capítulo 1, é mais útil, tanto no domínio administrativo quanto no religioso, focar no choque entre teoria e prática do que separar o mundo oficial do mundo das "pessoas". O mundo oficial é ele próprio feito de pessoas.

O estudo de Holmes sugere que, em Friuli, as estruturas da "crença popular" – em oposição às suas formas simbólicas – foram fatalmente enfraquecidas pelas intrusões do Estado e da Igreja. Em outras palavras, não vemos em sua descrição do presente estado de coisas qualquer evidência que possa sugerir que os friulanos confrontem a burocracia com uma armadura conceitual talhada conforme os velhos modos de ver o mundo. Pelo contrário, as crenças populares parecem haver se tornado mais um refúgio perante os horrores opressivos da Modernidade do que um modelo estrutural para confrontá-los. Aqui, no entanto, Holmes está claramente falando sobre formas simbólicas – as *benandanti* (bruxas benevolentes), por exemplo, cujo nome ainda sobrevive em um cognato etimológico próximo (HOLMES, 1989: 154). As pessoas refugiam-se nessas ideias para escapar do presente? Ou elas usam as estruturas conceituais que articulam tais formas simbólicas para lidar ativamente com esse mesmo presente? A evidência de Holmes sugeriria que a resposta para a segunda questão é negativa. Como ele indica, eram apenas os marginais, os trabalhadores sem terra, que forneciam a base inicial para a mobilização política. Todavia, pareceria ser justo perguntar, agora que eles finalmente começaram a interagir mais agressivamente com o Estado e suas agências, se os friulanos não modelam tal interação com base no seu repertório "encantado" de forças demoníacas e santificadas, como Stewart (1991) sugere para o caso dos naxianos que lidam com os males da Modernidade.

Há uma área na qual os pesquisadores que têm o sul da Europa como objeto sugeriram tal desenvolvimento, como eu já notei, e ela está no uso do modelo das relações de compadrio no protótipo da intercessão de santos. Nessas analogias entre relações patronais e santas, não é inteiramente claro quem serve de modelo a quem, e é provavelmente mais fácil assumir que ambas representam uma particular concepção da pessoa que está entre, e depende de, poderes esmagadoramente dominantes. O estudo de Holmes sobre a patronagem não tenta estabelecer conexões desse tipo.

A sua cuidadosa atenção ao processo histórico, por outro lado, permite-nos retraçar a objetificação retórica dos laços sociais "tradicionais". Isso é extremamente importante, porque questões sobre autenticidade cultural, vitais aos argumentos essencialistas de virtualmente todas as ideologias nacionalistas conhecidas, não são menos cruciais às reproduções rotineiras do nacionalismo que nós chamamos de interação burocrática. Este ponto, ao qual voltaremos repetidamente em capítulos futuros, merece aqui um esclarecimento.

As relações sociais da *Gemeinschaft* eram supostamente baseadas na reciprocidade. A desigualdade não abole a retórica da reciprocidade, mas enfraquece a sua substância. Assim, em muitas partes do mundo, as desigualdades da patronagem são marcadas pela parafernália da reciprocidade, e Friuli não costumava ser exceção. Na Friuli feudal, de fato, dádivas (*onoranze*) eram oferecidas pelo arrendatário ao senhor de terra como uma afirmação ritual de seu vínculo mútuo, mas assimétrico. O senhor, em contrapartida, concedia uma série de benefícios ao seu arrendatário. Como demonstra Holmes (1989: 98), entretanto, a crescente burocratização da relação senhor-arrendatário levou à insistência unilateral por parte do senhor à manutenção exclusiva do *onoranze* – uma afirmação mesquinha de seus direitos, que caiu como um fardo especialmente torpe sobre um arrendatário já em estado de penúria. Portanto, mesmo a instituição da reciprocidade feudal, na qual o arrendatário gozava de algum grau de segurança em troca de sua lealdade, deu lugar, sob as pressões da "racionalização" burocrática, a uma crescente ruptura entre as formas simbólicas retóricas e a realidade social. Note-se, também, ser o aspecto ritual que fica firme no lugar. Contrariamente ao que pode nos levar a esperar o modelo da burocracia como um sistema racional, temos uma majorada ênfase sobre os atos ritualísticos.

Além disso, a retórica da reciprocidade e da dádiva permanece firme. Não seria extravagante, sugiro, comparar essa situação com a simulação de hospitalidade característica do turismo moderno. A hospitalidade é parte de um cenário recíproco, e marca uma definição contextual de posição relativa: o anfitrião é sempre superior, ao menos em um sentido simbólico e contingente, ao hóspede. Sugeri alhures (HERZFELD, 1987b) que a inferioridade cumulativa do hóspede não reciprocante atinge o seu extremo no turista insensível e egoísta, que acha "os nativos amigáveis", sem compreender que tal amigabilidade mascara um contínuo desprezo. Tanto nas "dádivas" contratuais de Friuli quanto na "generosidade" dos anfitriões comprada pelo turista, notamos o mesmo mascaramento de atitudes silenciosas, e a mesma imposição de uma autenticidade construída e cada vez mais ritualizada. É o apelo à autenticidade que permite ao burocrata justificar uma postura intransigente. Inversamente, apenas a evocação de uma fonte alternativa de autenticidade – seja mediante o apelo a um relacionamento fictício ou a alguma moralidade mais elevada que a do próprio Estado – dá ao cliente uma chance de ruptura.

No relato de Holmes sobre a histórica contratual friulana, somos capazes de acompanhar um gradual afastamento entre a retórica das relações sociais e as experiências cada vez mais inflexíveis dos atores principais. À medida que avança esse afastamento, a autenticidade torna-se mais e mais um assunto explícito e autônomo. O significado do desencantamento cultural resta nesse processo. A autenticidade substitui o carisma e as relações sociais como base da autoridade e objetivo da representação.

Isso tem algumas consequências importantes. Acima de tudo, a validação cultural da autoridade parece agora ser mais importante do que a confirmação repetitiva e ritualística do vínculo social entre senhor de terra e arrendatário, assim como os rituais propiciatórios de uma época anterior funcionam agora para confirmar o poder do sacerdócio mais do que apenas a relação entre o suplicante e o santo. A dádiva torna-se não a marca de alguma relação social real, mas o fetiche por meio do qual o senhor reifica – objetiva – o caráter unilateral de seu poder sobre o arrendatário. Esta observação antecipa um argumento que deverei elaborar em capítulos futuros, a saber: que o procedimento burocrático tipicamente objetifica a sociedade como um modelo feito a partir da linguagem, e então realiza certas operações sobre esse modelo. A autenticidade é um sistema ritualístico que serve para garantir um lugar no cosmos.

Soa como bruxaria. A analogia, eu sugiro, não é extravagante. Os burocratas operam sobre as categorias da existência social basicamente do mesmo modo pelo qual se imagina que os feiticeiros trabalhem com o cabelo ou os pedaços de unha de suas vítimas. A sua religião é o nacionalismo, e as suas ações, assim como as da maioria dos praticantes de um ritual, almejam pragmaticamente atrair os poderes do cosmos reificado para a busca de objetivos imediatos. Como notou Tambiah (1990: 24) sobre a artificial distinção entre magia e religião, "uma medida limitada de 'racionalidade' ignora os aspectos retóricos e ilocutórios das *performances* rituais". Ou, para refrasear essa notável reflexão nos termos imediatamente relevantes à nossa discussão, uma distinção limitada entre estados do mundo pré-burocráticos e desencantados negligencia o caráter retórico dos muitos modos pelos quais os funcionários estatais invocam, e convocam, a própria noção de "racionalidade". É portanto apropriado, agora, voltarmo-nos para um estudo em que o trabalho conceitual da bruxaria é posto em explícita justaposição às práticas do nacionalismo.

Feitiços burocráticos e nacionalistas

Lendas do povo, mitos do Estado, de Bruce Kapferer, é uma incursão exemplar pela comparação etnográfica e o estudo da diferença. Contrastando os nacionalismos cingalês e australiano como, respectivamente, hierárquico e igualitário, Kapferer mostra como ambas as ideologias contêm em si mesmas os pré-requisitos lógicos para a intolerância violenta. Há muita coisa nesse argumento relevante para os meus interesses presentes, particularmente as suas ideias acerca da labilidade dos símbolos e até mesmo da ideologia exterior, e sobre o relacionamento entre nacionalismo e religião.

Kapferer apresenta o nacionalismo cingalês dentro de uma moldura dumontiana mais ampla (cf. esp. DUMONT, 1966, 1977, 1980), sugerindo que, para os cingaleses, o Estado subsume e encompassa o indivíduo. Ela baseia-se fortemente em textos mitológicos e práticas rituais para mostrar que a unidade é moralmente boa, devendo abarcar a expressão de sentimentos e identidades individuais; estes, se deixados soberanos, tornam-se a fonte do mal. Assim, para os budistas cingaleses, em períodos de estresse interno, os "outros" tâmis, antigos amigos e vizinhos, representam a ameaça de fragmentação e podem ser legitimamente atacados quando esta torna-se manifesta. O Estado subsume a pessoa; portanto, no raciocínio silogístico do nacionalismo sob estresse, a diferenciação de pessoas (ou grupos étnicos) é um ataque moral ao Estado, e convida à retaliação.

Kapferer contrasta essa hierarquização entre unidade e pluralidade com a ideologia igualitarista dos anglo-australianos. Estes, diz ele, opõem a nação (povo) ao Estado (um instrumento potencial de repressão). Especialmente em cerimônias como o Dia Anzac, que celebra a contribuição australiana ao esforço de guerra dos Aliados em Galípoli, tal oposição assume formas explícitas em confrontos com a autoridade. É de se imaginar que uma ideologia de igualitarismo e desprezo pela autoridade e pela classe gerasse apenas tolerância. Como mostra Kapferer, todavia, este não é o caso. Ao contrário, os anglo-australianos rejeitam a formação de enclaves étnicos dentro da nação como uma forma inaceitável de separatismo que justifica represálias contra esses grupos. Estou aqui simplificando demais o seu sutil argumento, mas os princípios fundamentais, cruamente delineados, podem mostrar ainda mais claramente que a hierarquia e o igualitarismo partilham um núcleo comum de potencial intolerância à diferença. Eles localizam a diferença em aspectos divergentes das relações culturais e sociais, mas podem recorrer a retóricas similares (como veremos) e voltar-se para o princípio de uma unidade que, como reconhece Kapferer, deve admitir algum grau de diferenciação interna. Como eu notei no capítulo 1, uma elaboração simbólica do parentesco não necessariamente exclui significados radicalmente divergentes. Pelas mesmas razões, hierarquia e igualitarismo, como mostra Kapferer, podem ser igualmente solidários com a intolerância.

O outro aspecto-chave do estudo de Kapferer para o meu propósito atual é a sua prefiguração, pelo menos em sentido implícito, da presente discussão acerca do manejo estereotípico dos conceitos da identidade europeia. Tal prefiguração diz respeito ao papel que turcos (o inimigo em Galípoli) e gregos (uma das maiores minorias étnicas da Austrália) desempenham no debate sobre a identidade australiana. Kapferer argumenta que a luta contra os turcos muçulmanos reproduz as grandes batalhas medievais e renascentistas da Cristandade, nas quais o "turco" era sempre o inimigo estereotípico. A despeito do feroz combate, os Anzacs passaram a tratar os seus rivais turcos como figuras heroicas. Em contrapartida, eles demonstram um grande ressentimento para com a minoria grega dentro da Austrália, apesar – ou talvez, às vezes, por causa – do fato de os grego-australianos reivindicarem acesso privilegiado à identidade democrática e europeia. Forasteiros só são aceitos se, para evocar novamente a linguagem da pureza e poluição, "souberem o seu lugar".

A discussão de Kapferer torna-se especialmente útil a esta análise, no entanto, quando ele se volta às relações entre patrão e cliente. A principal diferença entre o caso cingalês e o padrão normativo da Europa é, ele alega (KAPFERER, 1988: 110-112), que o cliente busca ser "corporificado" e "incorporado" ao patrão no Sri Lanka, antes que meramente "conectado" à parte mais forte. Destarte, o cliente recorrerá à bruxaria para forçar a entrada para dentro dessa entidade maior, mais poderosa e englobante, identificando problemas pessoais com a identidade e o sofrimento coletivos daquela: "Um santuário de bruxaria em Colombo deixa isso explícito em sua arquitetura. Os suplicantes devem introduzir os seus pedidos através das mandíbulas de um leão [que é]... o leão do Estado" (KAPFERER, 1988: 111).

É precisamente porque, insiste Kapferer, os princípios do budismo cingalês são organizados de maneira diferente do que os do cristianismo europeu que podemos perceber alguns princípios estruturais comuns em funcionamento. Em ambos os casos, o Estado utiliza os símbolos e rituais de algo que está "além" da nação de modo a transformar-se naquela verdade cosmológica última. Porque o Estado ocidental fez do abandono da irracionalidade a base de sua autoridade, assim como os políticos fazem da rejeição da retórica a base de sua retórica, as suas ações parecem ser nada menos que a pura implementação da lógica. Isso dota todo o arco das relações patrão-cliente com um acesso diferencial à razão, de modo não muito diverso da distinção anterior entre aqueles com maior ou menor acesso à intervenção divina. Na apresentação dos *onoranze*, os arrendatários friulanos de Holmes perdem poder porque uma prática que marcava a autoridade local fora transformada em uma estrutura de autenticidade. Não devemos nos deixar cegar por essa luminosa reificação das relações sociais como verdades culturais. É a alquimia peculiar do Estado-nação ocidental, mas não menos cosmológica do que a ordem cingalesa sobre a qual se sustenta o Estado cingalês moderno, e não menos cosmológica do que o mundo encantado cujos símbolos ela usurpou de modo tanto a censurar os seus sentidos quanto articulá-los para novos arranjos de poder. Além do mais, o fato de que o mundo moderno apareça desencantado em relação aos seus antepassados supostamente reverentes não deve nos levar a aceitar os seus pleitos racionalistas de maneira muito literal. Estes também restam sobre fundações cosmológicas e utópicas. Na medida em que se tornam desacreditados, nota Tambiah (1989: 347), e que sua retórica é desnudada pela explosão de ódios étnicos, um novo desencantamento se estabelece, contestando a autoridade que os governos nacionais buscaram santificar com o simbolismo do Estado.

Retórica, burocracia e classificação

A racionalidade do Estado-nação emerge sob este foco, como o faz sob a pressão do novo desencantamento, como uma construção retórica. Isso não a torna irrelevante, mas faz dela um tipo de fenômeno muito diferente do que ela alega ser. Em lugar de uma ordem mundial fundada sobre a ciência pura, confrontamo-nos agora com uma ordem culturalmente específica fundada sobre os seus próprios traços reconhecíveis. Há uma considerável ironia nessa situação. Apelos essencialistas por parte do Estado à autenticidade cultural funcionam apenas na medida em que sejam capazes de ignorar as raízes culturais que os tornam retoricamente plausíveis.

Em sendo assim, um Estado-nação precisa estabelecer um reforço onipresente de sua lógica culturalmente construída em cada aspecto da vida cotidiana. A estrutura principal consiste em um conjunto de categorias nacionais: aquelas que definem quem pertence e quem não pertence. Tais categorias são relativamente simples, poucas em número, e rígidas. Elas suprimem a relatividade de todas as categorias sociais no uso diário, para que já não se possa reivindicar diferentes identidades em diferentes situações. A identidade, outrora negociável e sujeita a considerações de contexto, torna-se agora um rótulo absoluto. Essa transformação, uma conversão alquímica do latão popular no outro oficial, é crucial para a invenção e sobrevivência das identidades nacionais burocráticas de todas as espécies. A conversão do *foranus* (latim), alguém que seja tido por "forasteiro" por qualquer grupo em dado contexto, na categoria implacavelmente não ambígua do "estrangeiro" é uma verdadeira conversão da autoridade política em autenticidade do Estado-nação[49].

Essa discriminação básica cria um modelo para todo tipo de classificação estatal, todas elas igualmente reivindicando um sentido absolutamente fixo e ine-

---

49. Note-se também a progressiva conversão política e semântica do *paganus* (latim), ou "caipira", no estrangeiro categorial em face dos membros de um grupo religioso.

gociável. Devemos a Don Handelman uma série de tentativas de mostrar como as análises antropológicas da classificação poderiam iluminar a significância e a operação da burocracia. Os interesses de Handelman focaram-se predominantemente no que ele chama de aspecto "sistêmico" da classificação burocrática (esp. 1990: 78). Isso não o impediu de reconhecer, no entanto, as propriedades simbólicas do fenômeno. Na seção final deste capítulo, eu gostaria de utilizar algumas de suas sugestões para os propósitos da minha própria análise.

Handelman mostrou como a classificação burocrática surgiu na Europa Ocidental em conjunção com novas formas de organização administrativa (1981; cf. tb. LINCOLN, 1989: 6-12, n. 197). Em um argumento derivado amplamente de sua leitura de Foucault, Handelman mostra como essas taxonomias não eram necessariamente mais lógicas do que suas antecessoras. Elas eram, todavia, calibradas às necessidades de certas estruturas institucionais, e tornaram-se instrumentos de poder e fiscalização que podiam ser usados de modo assaz variável por atores diversamente posicionados.

Tais taxonomias, como eu já notei, também envolvem a arrogação da violência estatal para os seus próprios agentes. Não importa o que se pense sobre essas generalizações psicológicas sobre o tema, Edmund Leach (1965) estava certo em estabelecer uma conexão entre a violência em pequena escala, a violação categorial e a maior violência da guerra. Embora possamos não querer concordar com a sua tentativa de mostrar que a guerra era uma forma de sublimação sexual e sacrifício humano, a guerra como exemplo do tratamento da "matéria fora de lugar" apenas oferece um caso-limite daquilo que a burocracia faz o tempo todo. É uma resistência aos perigosos poderes que emergem das ambiguidades categoriais. Aqui é onde começamos a descobrir o nexo conceitual entre os de dentro que não são exatamente "dos nossos", as vítimas usuais da burocracia, e os forasteiros que devem ser tratados como se pudessem virar "dos nossos", e que, portanto, devem ser vítimas – se é que a expressão não é forte demais – da hospitalidade opressiva. Forçar atos de hospitalidade ao extremo sempre acarreta o risco de ódio e guerra.

Brøgger, Holmes e Handelman evocam todos, como eu fiz, a visão estruturalista da poluição como um meio de compreender a peculiar tirania das classificações burocráticas. A anomalia, a matéria fora de lugar, depende do poder do classificador, não de alguma propriedade intrínseca ("essencialista") (LINCOLN, 1989: 165). O interesse de Handelman volta-se fortemente para as propriedades sistêmicas da burocracia, ainda que, em um novo e ainda inédito artigo sobre a burocracia imperial chinesa, ele enfatize especialmente uma diferença em relação à cosmologia de tipo tradicional – que "o trabalho taxonômico da burocracia é sempre compreendido como estando sob a invenção, controle e implementação consciente da agência humana" (HANDELMAN, s.d.: 2; cf. tb. 18). Este, mais uma vez, é o melhor argumento para a aplicação da visão durkheimiana da religião ao nacionalismo: nas sociedades dos Estados-nação, podemos discernir a autoria das teleologias oficiais e situá-las no contexto histórico.

Ao lidar com as bases simbólicas das práticas burocráticas modernas, devemos pôr essa acessibilidade histórica em confronto com a visão de Weber do mundo moderno como "desencantado". Na medida em que a burocracia é eficiente, ela é também desumana (cf. JACOBY, 1973: 148-151). Entretanto, as suas bases permanecem sendo as da crença – crença, agora, na racionalidade e na eficiência, antes que em um mundo administrado por forças espirituais identificáveis. Mais do que isso, trata-se de uma marca de identidade. Assim como a Europa é vista como o lar da razão, ser burocrático significa, em vários sentidos, ser europeu. Para Weber, sobretudo, a emergência da burocracia fez-se acompanhar pelo crescimento da virtude quintessencialmente europeia, o individualismo.

No estudo da própria Mary Douglas sobre a burocracia moderna, intitulado *Como as instituições pensam* (1986), encontramos uma visão da ação institucional algo similar ao que esbocei aqui. Em sua opinião, a atenção devotada por Durkheim ao processo de sacralização, de colocar certos aspectos da vida social para além da crítica ou da análise, é precisamente o que caracteriza a operação das estruturas institucionais no presente. Rejeitando a visão convencional de Durkheim como um pensador doutrinário que se recusava a responder pelo papel da agência individual na vida social, ela mostra claramente como os sistemas taxonômicos parecem distanciar-se mais e mais da realidade concreta em direção a uma abstração intensa. Os nomes dos vinhedos dos grandes produtores de vinho, por exemplo, dão lugar a nomes formais de "tipos" compartilhados por um grande número de produtores. Ela presta menor atenção, no entanto, aos modos pelos quais esses sistemas podem continuar a ser manipulados por atores perspicazes – os usos para os quais uma série de rótulos aparentemente fixos podem ser dados. Ao estudar instituições, estudamos reificação, e tentamos obter acesso aos motivos e aquisições daqueles que fazem a reificação. O trabalho sobre as formas externas de classificação não deve obscurecer a sua labilidade, mas ilustrá-lo como um aspecto da prática social.

Douglas (1986: 21) argumenta que a escala não é particularmente relevante para a centralidade da classificação simbólica, exceto talvez nos casos em que a vastidão de escala possa obscurecer os aspectos simbólicos da experiência social – uma observação que faz todo o sentido aqui. Ela demonstra convincentemente que os constrangimentos institucionais sobre a cognição não desaparecem quando as instituições, elas mesmas, são maiores, apesar de uma tendência comum a se associar organização administrativa de larga escala com a modernidade e a racionalidade, e, consequentemente, com a ausência de simbolismo. Há, todavia, uma correlação a ser traçada com o tamanho, a qual eu já notei brevemente em conexão com a análise de Brøgger sobre a mudança cultural. Trata-se da mudança de um idioma social para um idioma cultural, sendo, em larga medida, o corolário da emergência do nacionalismo europeu. Quanto maior se torna a entidade, mais "esgarçada" é a noção de laços de parentesco; de fato, como sugeriram Fabian (1983: 75-76) e Kuper (1988) sob diferentes perspectivas, a ausência de parentesco parece ser uma das características definidoras da visão que o Ocidente tem de si próprio. Os idiomas familiares perdem o seu sentido literal e passam a ser correspondentemente mais metafóricos, menos "reais". Com efeito, era logicamente necessário que a ideia de parentesco recuasse até as névoas da metáfora para que os governos modernos reivindicassem a realidade e a razão como o núcleo do Estado-nação. Isso não torna o idioma menos persuasivo – longe disso –, mas o protege da inspeção crítica. Sob regimes racionalistas, todo simbolismo e toda metáfora tornam-se "meros"[50].

Carol Cohn (1987) deu-nos uma convincente ilustração desse processo em sua descrição da retórica dos intelectuais do ramo de defesa, pessoas responsáveis por racionalizar o impensável (guerra nuclear) e conferir-lhe uma forma aceitável. O seu relato ilustra o argumento de Tambiah (1990: 24) de que a racionalidade é mais bem-compreendida como um processo, como racionalização. Em um mundo de pensamento aparentemente científico, os símbolos produzem o que devem ser relatos surreais se julgados com a lógica de seus próprios usuários: armas tornam-se humanizadas, enquanto seres humanos são descartáveis, e todo o horror é obtido mediante a conversão simbólica do morticínio em massa no "nascimento" gerado pelo macho – as metáforas da invenção na indústria de armamento nuclear. Em suma, a alquimia ocorre: no crisol da ciência estatal, entidades são transformadas em seus contrários – precisamente a capacidade de simbolismo que fornece o principal argumento deste livro. Tais transformações são extraordinariamente tentadoras. Mesmo para uma feminista filosoficamente alerta, a retórica androcêntrica revela-se perigosamente sedutora (COHN, 1987: 690, 716-717). Homens dos quais ela realmente gostava, e a quem ela estava disposta a ver como seres humanos decentes e interessantes, já estavam inextricavelmente engajados na mesma retórica. Seria difícil melhorar o seu relato do processo pessoal mediante o qual o "mero" simbolismo é levado a realizar o trabalho de persuasão para invisíveis gestores do poder.

---

50. Lloyd (1990: 25-38) argumenta que a distinção entre o literal e o metafórico era, na Grécia antiga, majoritariamente retórica e política, fundada em práticas sociais agonísticas: metáfora e mito eram o que os outros faziam, enquanto a "nossa" própria lógica era literal e factual. (Compare-se com os notavelmente similares usos do destino e do caráter como explicações dos sucessos e fracassos próprios e alheios, discutidos no cap. 5.) Se a análise de Lloyd remete-nos, de fato, à Grécia antiga como a fonte cultural da racionalidade "ocidental", não devemos nos surpreender, por extensão, ao encontrar o simbolismo e a metáfora reforçando os discursos mais agressivamente racionalistas da Modernidade.

Uma consequência da relegação do simbolismo ao reino do "mero" é que o papel dos atores de efetivamente dar forma aos seus significados torna-se altamente inacessível. O simbolismo adquire a pátina da permanência. Todavia, na prática, o simbolismo nunca é inerte; os seus significados emergem nas interações sociais, as refrações locais de processos maiores de mudança. A retórica não é apenas a pura arte da classificação. É a prática da ação simbólica – um processo no qual a forma fixa é frequentemente não apenas a máscara, mas até mesmo a condição de possibilidade, do sentido lábil. A ciência social pós-weberiana não lidou adequadamente com o papel da retórica na produção da experiência social (cf. BAUMAN, 1983). Esta é uma falha especialmente séria quando tentamos analisar sistemas cujos operadores os reificaram ("essencializaram"). Em particular, ela nos ilude a procurar por falhas ou "disfunções" mecânicas mais do que pelas relações sociais que possibilitam a um ator considerar fracassada uma interação, bem-sucedida uma outra.

Ao nível da forma de superfície, um idioma de pertencimento e exclusão difuso e sistemático é usado tanto por burocratas quanto por cidadãos. Trata-se de um idioma em que o próprio nome "burocrata" carrega um considerável peso de comentário moral – em larga medida, de censura. Funcionários públicos apressam-se em garantir ao público que não são "burocratas", e que "o sistema" os força a fazer coisas que boas pessoas prefeririam evitar – maneiras velhacas, mas muito comuns, de reificar e demonizar as fontes invisíveis de autoridade como um inimigo comum. Por que tais estratégias persistem? Seriam as pessoas tão crédulas a ponto de aceitá-las por seu valor de face? Ou aquelas são representações mais ou menos estereotipadas, expressões de algo mais do que uma causa racional? Qual a sua relação com a teodiceia secular da vida burocrática? Para tentar responder a estas questões, ainda que provisoriamente, devemos agora voltarmo-nos para os estereótipos, não como categorias sociais fixas, mas como imagens retóricas sempre em uso, como representações das incansavelmente cambiantes relações políticas.

3
A criatividade dos estereótipos

Estereótipos e tipos burocráticos

Até o momento, temos nos concentrado principalmente na construção simbólica da racionalidade burocrática. Isso nos deu uma ideia de alguns dos processos envolvidos na conversão dos estereótipos em uma supostamente objetiva descrição da realidade. O presente capítulo lida mais especificamente com aqueles processos e com os modos pelos quais as imediaticidades da interação social reproduzem e remodelam os estereótipos produzidos desde cima. Pois não somente há uma relação estreita entre os estereótipos populares e a classificação burocrática, como o funcionamento efetivo das burocracias fluem, não raro, como era de se esperar, por canais definidos em termos dessa convergência.

Os próprios burocratas são frequentemente objeto de tal estereotipização. Em acréscimo ao retrato comum (e usualmente desfavorável) do burocrata típico, certas expectativas sobre o comportamento burocrático são canalizadas por estereótipos nacionais. Isso não é menos verdade para a discussão acadêmica do que para a vida cotidiana; muito da literatura sobre burocracia busca formular uma taxonomia de tipos de personalidade. Ironicamente, tais taxonomias procedem justamente daquela espécie de "inatismo" – o pressuposto de que as pessoas se enquadram "naturalmente" em tipos particulares de personalidade – que os burocratas usam para classificar o resto do mundo. Como sugere Kathy Ferguson (1984: 99-101), essas tipologias contornam as lutas pessoais que enquadram os indivíduos em um ou outro "tipo de personalidade", criando os padrões de dominação que ela chama de "feminização" – uma adequada metáfora no contexto da androcêntrica imagética do Estado. Do mesmo modo, tentativas de classificar os sistemas burocráticos de acordo com os critérios de caráter nacional, tais como se vê nas conclusões de Crozier (1964: 208-314; 1965: 201-206) e Peter (1989: 40-69) a respeito dos fatores "culturais" que afetam a burocracia, sofrem do mesmo tipo de raciocínio essencialista.

Muitas das características que esses autores atribuem a burocratas de nações particulares são bem reais. Não porque os franceses, os alemães ou os britânicos possuam as características inatas a eles atribuídas, mas porque, em toda a parte, as pessoas adotam estratégias retóricas com base em um presumido "caráter nacional". A sua eficácia não está no reconhecimento de alguma realidade imutável, mas no seu apelo às convenções da autorrepresentação coletiva. Um burocrata alemão pode aparentar demonstrar "eficiência" sob pressão, um britânico, exibir impaciência com a "burocracia excessiva", um funcionário público francês, argumentar no idioma da "racionalidade".

Há boas razões para se insistir na centralidade da retórica aqui. Para que propósitos esses estereótipos são usados? Mesmo Peters (1989: 41), cuidadoso ao distinguir entre estereótipo e realidade social, não discute o papel ativo dos estereótipos nas burocracias nacionais – o quanto as pessoas se sentem pressionadas a se conformar aos estereótipos. Como o autor reconhece implicitamente, tal conformidade não nos diria nada sobre o quanto as pessoas realmente se conformam a esses caráteres nacionais presumidos em suas vidas privadas. Aparentemente, no entanto, não raro eles despendem um esforço considerável em reproduzi-los. Qual é o ponto em fazê-lo? Está claro que os estereótipos nacionais podem tornar-se um meio de forçar a conformidade e a obediência. A pertinente observação de Ferguson acerca da "feminização" dos subordinados recorda-nos que os burocratas estão, frequentemente, tão conscientes do poder de seus superiores sobre eles quanto de sua própria autoridade nominal. Os estereótipos também são, como veremos neste capítulo, o meio pelo qual os clientes ou os novos burocratas podem tentar reverter a relação de poder, embora quase sempre nos termos daqueles que comandam – uma outra marca da "feminização".

Os estereótipos são recorrentes na vida social. Eles representam preconceitos e exclusões há muito estabelecidos, e, tal qual a própria ideologia nacionalista, empregam os termos da vida social para excluir terceiros com base em questões culturais. Eles tornam íntima, e por vezes ameaçadora, a abstração da alteridade. São, portanto, os tijolos com que se constrói o nacionalismo prático. A sua peculiar combinação entre imediacidade e generalização colocam-nos na interface entre a violência de rua e o fervor patriótico, entre a irascível arraia-miúda do funcionalismo e o piedoso palavrório que serve para justificar as restrições à imigração e as leis de comércio. Eles são a chave para a compreensão da capacidade que têm os Estados-nação para evidenciar a paixão destrutiva a despeito de sua ordem de magnitude assustadoramente impessoal e grandiosa – um fenômeno extraordinário que assume facilmente a aparência de autoevidente.

O que eu sugiro aqui não contradiz as explanações de Kapferer sobre violência e intolerância. Ao contrário, o meu argumento, tal como o dele, busca os modelos culturalmente específicos que tornam possíveis tais coisas. O presente foco, entretanto, deve complementar o seu modo de análise mostrando como, mediante a retórica dos estereótipos, os funcionários do Estado gerenciam os lugares-comuns da vida cotidiana, e como os atores sociais, de maneira similar, usam a lógica do Estado para fins autointeressados. Estereótipos são, acima de tudo, o idioma através do qual as exclusões social e cultural tornam-se mutuamente convertíveis – o meio, em suma, mediante o qual a ideologia nacionalista pode apresentar-se como uma solidariedade familiar acossada por inimigos igualmente familiares, enquanto os atores locais podem justificar as suas mesquinhas tiranias como defesas de valor cultural. Atribuir alguma perversa falha de caráter a outra família não é, exceto em termos de escala, significativamente diverso de atribuí-la a um grupo étnico ou nação vizinha.

Os estereótipos retratam os caráteres nacionais como fixos, simples e inequívocos. Mascaram, assim, a sua imensa capacidade própria para a interpretação múltipla. Ao obviar à necessidade de refletir sobre se um preconceito é ou não justificado, eles também desviam a atenção de sobre a sua semântica instável. Significados não são inerentes aos símbolos; o caráter não é inerente às nações; mas os estereótipos geram certeza em apoio aos preconceitos aparentando ser inequívocos e semanticamente estáveis – uma ferramenta de modelagem com grande potencial danoso. Em algum nível – e este é um ponto ao qual retornaremos no próximo capítulo –, a tendência de todo discurso oficial a tratar os significados como absolutos e imutáveis fornece um modelo discursivo para o essencialismo do "caráter nacional": sendo que as letras da lei representam a verdade eterna, o gênio essencial do povo permanece para sempre inalterado. A falta de qualquer vínculo necessário entre palavra e significado, símbolo e valor, ou corpo e caráter, dá azo a processos de atribuição arbitrária. Podemos recordar, de uma discussão anterior, que o simbolismo do sangue é capaz de suportar um sem-número de formas variáveis de intolerância. Em um sentido mais amplo, os vários instrumentos simbólicos partilhados por burocratas e seus clientes admitem uma grande variedade de interpretações. O conflito entre essas leituras formam a matéria de que os encontros burocráticos são feitos.

O trabalho dos estereótipos: a sociedade como natureza

A forma ideal de nacionalismo é frequentemente hostil a qualquer coisa que cheire a interesse pessoal ou de pequenos grupos. Weber sugeriu que a burocracia encoraja um poderoso individualismo porque não tolera quaisquer níveis de agrupamento social que pudesse se interpor entre o indivíduo e o Estado. O individualismo é a coisa mais próxima do que Gellner argumenta caracterizar todos os nacionalismos europeus, notadamente, as suas similaridades entre uns e outros, porque era um princípio de virtualmente todos eles que a única coisa a unir todos os europeus era a sua capacidade de serem altamente diferenciados e individualistas[51]. Tal pressuposto fornecia uma base legalista para a visão, especialmente popular entre liberais de língua inglesa, de que a administração pública era necessariamente racional e, portanto, imune à "corrupção" (POLLIS, 1987: 588; TSOUCALAS, 1991). Em um mundo de indivíduos trabalhando juntos no cuidado paternal do Estado, quem precisa de mediadores e poderosos-chefões?

É claro que muitos, de fato, sentem tal necessidade. Embora os atores sociais possam criar uma cortina de fumaça de virtude pública, na medida em que podem reconhecer também um sotaque de classe ou região, ou notar detalhes de vestimenta e maneirismos, são simultaneamente capazes tanto de criar novos laços sociais quanto de imaginar as entidades culturais maiores que eles alegam subscrever. O nacionalismo, é certo, explora um vasto campo de imaginação, mas só pode fazê-lo porque os tijolos de construção já são familiares, tornando assaz indolor e "óbvia" a conversão implícita de laços sociais em laços culturais. A maior parte da retórica de Estado possui um tom fortemente familiar, muito embora trate a realização concreta de interesses familiares ou locais como anátema aos nobres interesses da nação.

São as lealdades sociais intermediárias que fornecem algumas das metáforas, familiares e novas, mediante as quais os cidadãos podem tornar compreensível a de outro modo exótica e até mesmo obscura noção de Estado. Como alegou Fernandez (1986: 35), a metáfora opera glosando um assunto "incipiente" com alguma imagem ou signo mais compreensível; e que signos estão mais imediatamente disponíveis do que o corpo, o eu e a família? A história dos nacionalismos europeus é um conto sobre esses esforços coletivos para persuadir as pessoas de que, dali em diante, elas seriam também cidadãs.

Uma consequência desse foco sobre a identidade, entretanto, é uma criação concomitante de alteridade (BOTTOMLEY & LECHTE, 1990). Detentores do poder têm à sua disposição um vasto vocabulário de intimidade que pode se converter no meio mesmo de gerar indiferença ao outro ser humano, até o ponto – no contexto da estratégia nuclear moderna – em que "a imagética que domestica, que humaniza armas inanimadas pode servir também, paradoxalmente, com que seja aceitável ignorar corpos humanos animados, vidas humanas... São armas, não corpos, que são 'mortas'. O 'fratricídio' ocorre quando uma de suas ogivas 'mata' outra de suas próprias ogivas" (COHN, 1987: 699)[52]. O parentes-

---

51. Desenvolvi esse argumento em detalhes alhures (HERZFELD, 1987: 77-94). A qualidade do individualismo podia ser negada a um outro grupo, como quando escritores do século XIX contrastavam o individualismo grego com o pretenso comunalismo eslavo (cf. HERZFELD, 1982a: 57), ou, mais recentemente, quando oficiais canadenses na Segunda Guerra, estando além-mar, preferiam os poloneses aos russos como imigrantes porque os primeiros – presumivelmente em bases políticas correntes – eram ditos serem mais individualistas (ABELLA & TROOPER, 1982-1983: 226).

52. Note-se também a ironia inconsciente de ser morto por "fogo amigo", como ocorreu na guerra do Golfo Pérsico nos anos de 1990-1991.

co agnático provê claramente o contexto moral para o traçar das linhas entre a preocupação e a indiferença, a humanidade intragrupal e a inumanidade coletiva.

As formas efetivas desse simbolismo de base parental variam conforme a época e o lugar. O papel das imagens nesse processo retórico faz com que seja especialmente provável, como sugeriu Kapferer em outras bases, que o nacionalismo e a burocracia assumam formas culturalmente específicas, embora muitas dessas possam sofrer revisão no contexto de um mundo moderno em que isolados culturais não podem sobreviver. As imagens fornecem a base evidencial para reivindicações de exclusividade tanto quanto de comunalidade. Como sublinha Mosse (1985: 16), "a autorrepresentação visual da nação foi tão importante quanto a muito citada literatura do nacionalismo". Por serem os signos menos obviamente arbitrários, sendo aparentemente baseados na realidade e na natureza, imagens visuais e materiais são mais bem-equipadas do que conceitos abstratos para servir às necessidades das ideologias nacionalistas. Tais ideologias suprimem as diferenças criadas pelo tempo, fundem a identidade social com a homogeneidade cultural, e mascaram a história contingente da qual surgiram. Imagens predicadas em similaridade são ideais para a propaganda por parecerem "naturais", fornecendo a fundação de todo um discurso sobre o que é natural, normal e nacional (HERZFELD, 1986).

Signos icônicos – baseados na semelhança – são tão limitados por condicionantes culturais da percepção quanto quaisquer outros, mas pretendem reproduzir a ordem natural de um jeito que seria difícil no caso de símbolos obviamente artificiais tais como a bandeira e o brasão. Toda forma burocrática é ícone de algum decreto, cada carimbo, de uma chancela estatal. Essa difundida reprodutibilidade dá a cada burocrata uma retórica do senso comum, sustentada pela autoridade da lei, que desafia e desencoraja um exame mais atento. É também o que faz com que os níveis local e nacional de identidade pareçam mutuamente conversíveis – a característica central dos estereótipos.

A reprodutibilidade é também algo que todas as ideologias nacionalistas têm em comum. É a base formal para o seus frequentes apelos à continuidade cultural (e racial), a uma linguagem comum e costumes compartilhados, à retórica da patologia social e da normalidade. Externamente, o resultado é um *front* unido. Dentro do contexto mais íntimo da vida social, no entanto, os funcionários públicos enfrentam as reais necessidades dos clientes em um nexo definido pela adoção de relações e retórica de tipo parental. Os "poderosos chefões" da tradição mafiosa são um exemplo particular dos usos do parentesco espiritual (ou fictício) para promover o compadrio (cf. CAMPBELL, 1964; BOISSEVAIN, 1969). Assim, o recíproco da cooptação pelo Estado do idioma da solidariedade social para definir uma unidade cultural é o pressuposto, igualmente seletivo, do cidadão que imagina que o parentesco fictício possa subverter aquele senso formal de identidade comum. Tais instrumentos desafiam efetivamente a cooptação por parte do Estado do parentesco como cultura. No lugar da harmonia e homogeneidade oficiais, eles sugerem uma leitura mais conflituosa da experiência social e cultural; no lugar do individualismo como caráter nacional, eles servem ao autointeresse e a coalizões pragmáticas.

O modelo idealizado de parentesco sustenta a unidade reivindicada por todos os Estados-nação europeus. O parentesco é, em outras palavras, o principal veículo daquilo que Anderson conceitualizou como "o imaginar" da grande comunidade nacional. É a ponte entre o corpo e o governo, o lócus dessa espetacular conversão que todos os nacionalismos bem-sucedidos efetuam entre "sangue" e "cultura". As ideologias nacionalistas abusam dos jogos com uma variedade de metáforas relevantes – sangue, linhagem, família, mátria/pátria – de modo a legitimar a reificação da cultura.

Os burocratas são forçados a desenvolver um entendimento prático dessas metáforas. As suas ações são tentativas de negar e reafirmar o parentesco ao mesmo tempo. Daí por que, eu sugiro, as muitas tentativas de contornar os canais formais evoquem conceitos próximos aos do parentesco, tais como apadrinhamento ou paternalismo, que não se referem explicitamente ao parentesco "real". Em Creta, disseram-me uma vez que a posição de compadre era mais íntima, porque mais sagrada, que a de irmão. Tais realocações do afeto para longe do Estado-como-família e da família-enquanto-fundação permitem uma considerável flexibilidade na negociação das relações pessoais e domésticas com o próprio Estado. Os burocratas, assim como alguns cientistas sociais, representam os usos políticos do parentesco e suas formas "alternativas" como "corruptos". O familismo, obviamente um conceito moral do ponto de vista de qualquer um situado dentro da comunidade, aparece como "amoral" para quem julga de fora. O uso do parentesco para fins práticos cria um contexto moral no qual tanto a lei formal quanto a sua dita "corrupção" podem florescer.

Em todo o caso, a corrupção é principalmente uma questão de onde o observador está situado em relação aos eventos, sendo, destarte, um conceito-chave na teodiceia das relações políticas. Apelos genéricos a uma administração mais limpa – comuns na Grécia, por exemplo (CARETSOS, 1976: 105-106) – não reconhecem a experiência social, embora possam estar fundados nela. Cada lado representa os seus oponentes como "sujos", e os seus próprios raciocínios como baseados na pura lógica e honestidade – um aspecto social da racionalidade que, como estamos começando a perceber, pode ser remetido historicamente à própria invenção do racionalismo europeu na Grécia clássica (cf. LLOYD, 1990: 23). O ponto capital de tal retórica é a racionalização retroativa dos eventos. Assim, em uma ilustração esclarecedora, Zonabend (1989: 66-67) mostra como pessoas escolhem trabalhar em uma usina nuclear por já possuírem laços íntimos de parentesco ali dentro, enquanto as que não conseguem o emprego queixam-se de "nepotismo"; mas mesmo esses habitantes descontentes relutam em protestar contra a presença da usina nos arredores por medo de pôr em risco os empregos de terceiros. Os estereótipos da burocracia e do Estado não existem em um vácuo social. Eles emergem das relações dos atores com as fontes de poder: a teodiceia é relativa às circunstâncias.

Na tentativa de compreender os usos táticos dos estereótipos na vida civil, podemos notar agora que eles dependem tanto da moralidade do parentesco quanto da capacidade de, na acepção de Anderson, "imaginar" o parentesco para além da comunidade local – não, todavia, como faz Anderson, simplesmente como a base do apelo do nacionalismo, mas, adicional e complementarmente, como a fonte de desafios constantes à autoridade central do Estado-nação, e argumento para a exclusão de estrangeiros[53].

Se as pessoas são capazes de imaginar uma comunidade de indivíduos que pensam parecido, todos dedicados à cultura comum, também podem imaginar grupos seletos capazes de descobrir vantagem mútua na incapacidade do Estado de suprimir o valor do parentesco sem ameaçar de maneira fatal os seus próprios interesses. O nacionalismo e o compadrio, pois, estão não apenas longe de serem mutuamente incompatíveis; eles são talhados com o mesmo tecido. A "pureza" nacional seria tanto impraticável quanto impensável sem a "corrupção" mediadora do compadrio. O compadrio é como um bolso secreto (e não raro muito profundo) costurado no forro do uniforme nacional.

Porque pensamos no parentesco como algo social antes que cultural, geralmente ignoramos as atribuições "culturais" que as pessoas destinam a grupos de parentes. Por exemplo, apelidos dados inicialmente para marcar uma idiossincrasia pessoal tendem a pegar nos descendentes lineares do portador original (cf. HERZFELD, 1985: 234-237). Em sociedades onde há um forte senso de organização unilinear, as pessoas podem generalizar tais tipificações para "todos os membros de tal ou qual linhagem". Tem sido costume tratar essas atribuições de caráter como um epifenômeno da ideologia de parentesco ou, no máximo, ver a sua aplicação a comunidades rivais como extensão da metáfora do parentesco. Alguns poucos autores (p. ex., CAMPBELL, 1964) também notaram algo muito mais fundamental: o modo como esses epítetos definem os limites de uma comunidade moral. Eles convertem-se na base para a ação ou, ao menos, para

---

53. Ao propor esse último argumento, estou pensando especialmente nas críticas que Bottomley e Lechte (1990) dirigem ao argumento de Anderson. Não são apenas funcionários públicos que usam a linguagem nacionalista para excluir outros indesejáveis tais como certas classes de imigrantes; separatistas linguísticos militantes dentro de um Estado multicultural podem, de modo similar, traçar as linhas do parentesco metafórico de modo a excluir outros grupos. Tal é, p. ex., um claro componente da preocupação quebequense com o *patrimoine* (patrimônio).

justificações *ex post facto*. Não há, de fato, uma distância muito grande entre os clamores por vingança de uma patrilinhagem contra os cruéis membros de um clã rival e a caçada sangrenta dos ódios raciais e guerras nacionalistas. Uma distância igualmente curta separa o desprezo que famílias de *status* elevado sentem pelos de sangue supostamente ruim e o desprezo dos burocratas por clientes fracos – a relutância dos funcionários públicos em levar a sério "um homem sem colarinho", como descreveu de modo tão evocativo um dos informantes Sarakatsan de Campbell (1964: 240).

A ênfase patrilinear nunca está distante. Os anúncios dos casamentos gregos antecipam convencionalmente (e por lei) a patrilinhagem da noiva e de sua mãe: mesmo a identidade feminina é acomodada em termos androcêntricos. Em outras palavras, o pai é quase sempre o elo crucial. Ao preencher um formulário para permissão de residência alguns anos atrás, eu manifestei perplexidade acerca das categorias de "nacionalidade" (*ethnikotis*, uma categoria diferente de "cidadania" [*ipikootis*]) e "religião". No espírito bastante literalista do encontro, eu expliquei ser um judeu britânico: como eu deveria incorporar isso, se é que deveria? "O seu pai é o quê?", queria saber o funcionário. Isso era o que realmente importava. Assim foi estabelecida a minha identidade étnica, religiosa e pessoal, mediante laços paternos.

O parentesco é, portanto, uma rica fonte, embora não a única, para o processo de estereotipização ao qual regressamos agora. É uma figura comum na produção da indiferença burocrática: estrangeiros não merecem a nossa atenção, enquanto aqueles de estatuto ambíguo devem ser incorporados ou combatidos. O parentesco, no entanto, é um símbolo com muitos significados. Das relações interpessoais à ideologia estatal, ele pode ser usado tanto para incorporar quanto para excluir; para cooptar inimigos fazendo deles parentes espirituais mediante batismo ou patrocínio de casamento, ou zombar deles por haverem, alhures, conseguido realizar acordos alternativos – e, logo, "corruptos". O que é um vínculo sagrado entre aliados, santificado por ritual religioso, torna-se uma perversão da santidade quando feito por terceiros.

Seguindo os estereótipos: contra o essencialismo

Nas mãos de obstrucionistas, a autoridade burocrática pode tornar-se instrutivamente tautológica: as coisas são como são porque é assim que elas são. Em sua forma extrema, tal é a lógica por meio da qual a burocracia nazista forçou judeus, homossexuais e outros grupos categoricamente "anômalos" a se conformarem aos estereótipos criados para eles pela perversa eugenia nazista. Mosse (1985: 190) fornece o exemplo especialmente odioso do comandante de Auschwitz, que "acusava os judeus do seu campo de agir 'tipicamente como judeu', esquivando-se do trabalho, digladiando-se uns contra os outros em selvagem competição" por confortos que lhes eram negados pelas próprias condições do campo. Em contrapartida, os nazistas reservavam o direito de excluir da categoria dos judeus aqueles que interessava tratar como alemães, tais como o cineasta Fritz Lang. Essas decisões arbitrárias, que Guillaumin (1981: 56) equipara às classificações igualmente oportunistas do *apartheid* sul-africano, indicam claramente o quão contingentes e políticas são as atribuições de "tipicalidade". São nesses casos extremos que notamos o real perigo escondido por trás dos estereótipos; pois cada estereótipo é uma "verdade" categórica e arbitrária que reivindica uma autoridade invencível na "razão", na "natureza", ou em alguma combinação de ambas.

Não são apenas os burocratas que categorizam de modo a justificar as suas ações, no entanto; todos os atores sociais o fazem. Os burocratas não somente são capazes de forçar os outros a criar profecias autorrealizáveis, devendo também lidar com as expectativas do público em relação aos burocratas eles mesmos. A maior parte das pessoas imagina saber o que os burocratas provavelmente farão – daí por que as desculpas acerca da insensibilidade dos burocratas funcionarem como explicações sobre o fracasso pessoal –, pressupondo também que os seus burocratas nacionais possuem certas características que exacerbam os piores traços do "caráter nacional". Um problema que sempre contaminou as tentativas de examinar a base cultural do comportamento burocrático é que os autores de tais análises (CROZIER, 1964; ABERBACH; PUTNAM & ROCKMAN, 1981) subscrevem exatamente essa forma de essencialismo. Eles esperam que os burocratas franceses sejam caxias, os gregos, malandros, e os ingleses, arrogantes e "não burocráticos". Tais rótulos baseiam-se sobre uma perigosa e ilusória aparência de transparência – a marca dos verdadeiros estereótipos. Os analistas caem na armadilha de seu objeto.

O estereótipo mais comumente invocado é, talvez, o da própria burocracia, e são os próprios burocratas quem o invocam frequentemente. Um traço do mundo simbólico que os burocratas partilham com as demais pessoas é o álibi ético do implacável "sistema". Os burocratas costumam apelar para essa imagem a fim de justificar, explicar ou desculpar as suas ações e decisões aparentemente arbitrárias. O ponto é que tal imagem é uma caricatura grosseira dos burocratas. A imagem é uma representação coletiva, sujeita a alguma variação de país a país, e necessária à autodignidade tanto dos burocratas, forçados a cumprir ordens desagradáveis, quanto dos clientes, forçados a aceitar os ditames daqueles.

Funcionários do Estado, assim como cidadãos revoltados, não raro julgam conveniente usar essas caricaturas para alcançar objetivos pessoais ou até mesmo coletivos. Podemos abordar o tópico de maneira mais frutífera, pois, mediante um atalho que muitos dos que escreveram anteriormente sobre burocracia ignoraram: a retórica dos estereótipos. Ao focar em como funcionários medíocres interpretam a sua autoridade de modo a enfiar verdades grandiloquentes na ação cotidiana, e em como os outros racionalizam a humilhação sofrida nas mãos desses funcionários, podemos ver mais facilmente de que modo o seu poder – assim como as humilhações vindas de cima sofridas pelos próprios funcionários – repousa sobre a separação deliberada entre categorias de linguagem e sentido. A linguagem vazia constituiu-se na derradeira muralha defensiva: um sistema estruturado de categorias cuja autoridade parece ser por demais coerente para que possa ser desobedecida.

Novamente, façamos uma pausa para relembrar a força constitutiva da retórica. A retórica não é apenas um epifenômeno de outras fontes de poder. É a chave da produção social da indiferença em burocracias estado-nacionais. Os álibis éticos que oferece a burocratas legalistas e cidadãos insatisfeitos ocultam as contradições entre liberdade e lei, individualismo e identidade coletiva, interesses pessoais e lealdade ao Estado. Os nacionalismos europeus geralmente exaltam o individualismo, mas condenam o autointeresse. Para qual dessas leituras uma ação particular será atribuída é uma questão de retórica.

As caricaturas nacionais provêm o modelo para o "tipo" de burocrata que há "no sangue". Na Grã-Bretanha, por exemplo, um nacionalismo agressivo e grave é usualmente considerado uma violação da autoimagem nacional, embora Margaret Thatcher atacasse com determinação a burocracia "não britânica", que ela julgava estar "invadindo" o país a partir de Bruxelas. Por que Thatcher se importaria em invocar algum hipotético modo de vida britânico não fosse pelo fato de que tal postura dava ao seu governo a chance de impor as suas próprias formas burocráticas? O mesmo aplica-se à retórica do cliente: por que um empresário, desejoso de importar para os Estados Unidos magníficas rãs gigantes da América do Sul, alegaria com tanta fúria que a interdição, por parte da Agência de Alimentos e Drogas, a tal importação fere os seus direitos constitucionais de entreter o público com a sua escolha do tipo de rã senão para alardear a aparente invariância do individualismo americano em benefício próprio? "'Tentarei um *green card* [cartão de residência permanente nos Estados Unidos] se for preciso', disse Koffman [o empresário] domingo à noite. 'Isto é América'" (*Associated Press*, conforme citado no *Herald-Times*, 09/01/1990).

Na prática burocrática de rotina, o estereótipo converte-se em assinatura. Os burocratas tendem a produzir uma série aparentemente infindável de assinaturas virtualmente idênticas. Estas mascaram, ao mesmo tempo em que expressam, o paradoxo do individualismo ideológico. Como vimos, Weber destacou a base individualista da burocracia: os burocratas são recrutados para executar uma tarefa pela qual eles são pessoalmente responsáveis. Ostensivamente, a assinatura de um burocrata é uma garantia daquele comprometimento pessoal. Além disso, é também um ícone no sentido indicado anteriormente. Ela reproduz uma forma generalizada, assim como muitos autoproclamados individualistas concordariam sobre o que os individualiza (direitos de propriedade, posse de um nome pessoal repetido ao longo de várias gerações da mesma família etc.). A ansiedade que essa tautologia institucionalizada induz é a fonte da autoridade burocrática. É a caneta, não a espada ou a arma de fogo, que mantém o poder burocrático, e esse interesse no *status quo* significa que os procedimentos burocráticos se encaixam bem na história imemorial que caracteriza virtualmente todas as ideologias do nacionalismo romântico.

A identidade nacional fornece o molde para a maioria das práticas burocráticas. Alguns modelos de identidade nacional rejeitam ostensivamente as formas mais óbvias de burocratismo. Assim, enquanto o empenho dos gregos para "serem europeus" parece requerer concessões cada vez maiores à grande caneta, os britânicos estabelecem um padrão de liberdade pessoal que reconhece a responsabilidade individual. É essa visão bastante autocongratulatória da liberdade britânica que Thatcher usava como meio de demarcar o seu próprio terreno moral contra Bruxelas. Tal liberdade só poderia pertencer, ao que parece, àqueles que a partilham via herança; ela fez pouco para abrandar os efeitos das políticas de imigração que enviaram contingentes de "não patrícios" de volta às terras que a Grã-Bretanha "lhes" cedera há tão pouco tempo[54].

As táticas de Thatcher não eram menos burocráticas do que aquilo que ela criticava. É, não obstante, discutível que a existência de um modelo nacional de resistência à burocracia, que na Grécia assume a forma de resistência ao governo em geral, opere na Grã-Bretanha ao nível das relações interpessoais (cf. DOUGLAS, 1988: 1.144). Ele reconhece que tanto o burocrata quanto o cliente são atores sociais antes que cifras em uma máquina. Da mesma forma, entretanto, a igualdade tem os seus limites, e a retórica do antiburocratismo pode dissimular alguns de seus piores abusos. Pode ser até mais difícil, em tal sistema, não ser conivente. Recentemente, um ministro britânico

> [...] estava a caminho do almoço [...] quando o seu carro foi parado por um policial. "Você não pode ir por aí, senhor. A comitiva do presidente da Nigéria está para passar".
> "Você não percebe quem eu sou?", balbuciou [o ministro].
> O policial respondeu: "Não vai passar, seja você quem for. A propósito, quem é você?" (*The Observer*, 14/05/1989: 11. Londres).

Notem o modo com o qual o burocrata-policial produz a sua própria versão em miniatura da identidade nacional. Em uma sociedade "britânica" e "democrática", a hierarquia não tem vez com funcionários públicos supostamente incorruptíveis. O policial e o noticiário, por sua vez, reproduziram o estereótipo nacional. Simplesmente não é simpático ser tão formal, mesmo com um ministro

---

54. Note-se mais uma vez a terminologia agnática das novas leis de imigração.

de Estado. Todos fazemos, não obstante; mas, então, podemos nos safar do zelo patriótico zombando de nossa própria inabilidade para viver de acordo com o ideal: "A propósito, quem é você?". Autoironias e eufemismos engraçados são formas características da autoestereotipização britânica: mais uma vez, a linguagem reforça e reproduz o próprio estereótipo.

Compare-se agora, a título de contraste, com uma queixa grega a respeito de um padre que usou a sua vocação religiosa para furar fila em uma agência dos correios. O cidadão ofendido acredita que o padre e o funcionário são igualmente responsáveis, mancomunados de fato, e conclui:

> A coisa mais fácil no nosso país é o desprezo [*katastratiyisi* pelas leis, literalmente "contraestrategiar"] pelas leis. E consideramos isso, infelizmente, como uma "conquista", como "esperteza"! (*Kiriakatiki Eleftherotipia*, 31/07/1988: 20).

Se o "respeito" do burocrata pelo padre evidencia uma atitude "nacional", ele foi reinterpretado como um tipo diferente de identidade nacional – bem menos complementar – pelo queixoso correspondente. Outra vez, os estereótipos nacionais são invocados, imagens do "individualismo" que talvez fossem mais bem glosadas aqui como "autointeresse". O "estrategiar", que seria um ativo no caso de um compatriota tentando contornar alguma regulação particularmente tola, torna-se um atributo negativo no contexto da vida pública. Assim como o sangue, o "individualismo" pode ter um leque considerável de formas e significados.

No fim das contas, talvez não importe que alguém "estrategie" por trás de uma máscara de obediência à autoridade superior ou mediante uma exibição de independência. Em ambos os casos, o estereótipo nacional é parte da estratégia, o que sugere mais uma vez que a combinação nacionalista entre história imemorial e linguagem referencial fornece o modelo legitimador de ação que, não raro, contradiz o próprio modelo. Assim como a retórica frequentemente nega a sua retoricidade, a rotina e a lida burocráticas usualmente negam haver algo para rotinizar e lidar. Esse tipo de retórica traduz interesses específicos nos termos de uma generalidade legitimadora, dispondo dos atributos, por vezes mutuamente contraditórios, do eu nacional e do outro étnico na batalha por uma legitimidade transitória.

Quando as culturas se encontram: um exemplo

Pode ser que diferenças abrangentes nos valores culturais e nas estruturas políticas criem certas diferenças no estilo do confronto cliente-burocrata, mas elas não são necessariamente radicais. Barbara Johnstone (1989: 144) conta a história de uma jovem americana que tentava pegar uma encomenda, enviada a ela aos cuidados de um amigo grego em cuja casa ela estava hospedada, junto a um indolente funcionário grego dos correios. Na primeira vez, a americana tentou o tipo de estratégia de apresentação que Johnstone chama de "quase-lógica" –

uma demonstração de razoabilidade e o uso de apelos ao senso comum. Quando isso falhou, ela voltou à carga em um modo mais agressivo. Em vez de tentar argumentar racionalmente com o funcionário que a encomenda lhe era manifestamente destinada, e não ao seu amigo, ela simplesmente entrou por uma porta dita "privada", apanhou o pacote, e anunciou ao funcionário que aquilo era dela e que levaria consigo. Passando por cima das objeções do sujeito, ela saiu andando com a encomenda.

Johnstone tem o cuidado de não usar essa anedota para argumentar que os americanos raciocinam mais logicamente que os gregos, ou que outras estratégias não teriam funcionado igualmente bem (ou mal). Ela está interessada, sobretudo, em demonstrar que culturas diferentes põem o peso em diversos estilos retóricos. A autora reconhece, todavia, que a cultura não necessariamente sobredetermina o estilo, sendo que membros de culturas diferentes podem, sob circunstâncias adequadas, ser atraídos pelas modalidades retóricas uns dos outros. Por outro lado, ela sugere, quando a discórdia intervém, "uma interação em que a persuasão é o próprio objetivo converte-se em uma interação cujo objetivo é controlar os meios de persuasão" (JOHNSTONE, 1989: 154). Presumivelmente, o funcionário grego – que poderia ter usado um modo "quase-lógico" caso fosse adequado, viu-se derrotado nos termos da tática que havia escolhido usar.

A jovem mulher aparentemente raciocinou que a encomenda lhe pertencia por ter seu nome gravado e porque ela poderia comprovar a sua identidade. Na qualidade de não grega, entretanto, ela estava em uma posição fraca para discutir com o funcionário, que considerou o endereço grego (ou seja, do amigo dela) o destino correto. Ele provavelmente raciocinou, podemos imaginar, que não teria de lidar novamente com a estrangeira, enquanto que um grego lesado poderia significar um problema sério. Seja por qual razão, ele optou por aderir a um sentido fortemente literal de "endereço". A americana contra-atacou eventualmente com uma mudança de temperamento, e isso funcionou, não graças a alguma consolidada falta de lógica mediterrânea, mas porque agora ela se encaixava de modo mais convincente no padrão categorial do cliente, exibindo ao burocrata uma persuasiva *force majeure* [força maior] que o deixou sem ação (o que ele poderia fazer com essa estrangeira irracional?).

Johnstone cuida de não seguir o estereótipo mediterranista; o seu argumento poderia ser usado como base para uma espécie de determinismo cultural não fosse pelo cuidado que ela demonstra ao sugerir o quão facilmente as estratégias culturais imiscuem-se no mundo real. Enfatizo esse ponto porque ele ilustra uma das muitas maneiras pelas quais os estereótipos podem ser institucionalizados. No encontro que ela descreve, cada lado julga o outro cada vez mais incompreensível, até que a visitante sai-se com uma forma de exonerar o funcionário de qualquer possibilidade de culpa – uma consideração importante, como veremos no capítulo 5.

Em contrapartida, a ideia de que os "ocidentais" compreendem melhor a operação da burocracia por serem mais lógicos é tão perniciosa quanto difundida. Na etnografia de Brøgger sobre Nazaré, uma obra que exibe um claro desconforto toda vez que um detalhe escapa do estereótipo mediterranista, podemos ouvir um apelo implícito a esse efeito (BRØGGER, s.d.: 32): "A força da personalidade costuma parecer mais importante que a força do argumento. Tal estilo de interação reflete claramente a falta de uma liderança formal reconhecida na comunidade de pescadores". É esse o tipo de sociedade "pré-burocrática" a ser contrastada com o assim chamado "individualismo" dos modernos Estados burocráticos? Se sim, há uma grande mudança no sentido de "individualismo". Tal deslizamento semântico traz grandes consequências para o jogo de ideias acerca da noção de pessoa nas modernas práticas burocráticas.

A arte do jogo burocrático, seja do cliente para o burocrata ou vice-versa, consiste em essencializar as próprias ações como lógicas sob o argumento fortemente implicado de que repousam sobre direitos eternamente válidos ou autoevidentes. As ações do outro, por contraste, são caprichosas e irracionais, baseadas em falhas pessoais ou culturais, além de equivocadas. Essa é uma retórica que cai facilmente no discurso da antropologia, pois, como sublinha Handler (1986: 4) com uma triste acuidade, "o conceito de 'autenticidade' está profundamente imbricado na teoria antropológica, uma vez que está nas autoconscientes ideologias étnicas de tantos grupos que estudamos". Em nada ajuda a análise aceitar os seus argumentos na retórica que está sendo analisada. Mas é também extremamente difícil evitar de fazê-lo.

Testemunhas ou milenaristas? Tolerância e indiferença

As metáforas do parentesco aplicam-se a uma grande variedade de entidades sociais dentro da moldura do discurso nacionalista: grupo étnico, região, religião, profissão, classe social. Dentro do argumento do nacionalismo, tudo se torna entidade cultural antes que social, embora o seu pertencimento e *status* sejam articulados nos termos da exclusividade social.

Junto ao rico idioma do parentesco como base para a exclusão, encontramos um vasto arsenal de outras ferramentas. Uma característica assaz pertinente da língua grega é o uso de plurais para indicar a incorrigível fragmentação e, portanto, o caráter duvidoso dos outros categoriais, como na frase "os turcos são uma raça vergonhosa (*atimes ratses*)". A pluralização em grego implica sempre a presença do mal e da poluição, presumivelmente por indicar uma falta de fechamento categórico. Assim, enquanto a Santíssima Trindade é em última instância Una, o diabo aparece como uma multidão infinita de demônios (cf. STEWART, 1985). Também é possível negar a legitimidade do Estado mediante o uso da forma negativa, como acontece nas acusações de que "não temos Estado". Um debate já razoavelmente duradouro que reúne esses dois instrumentos diz respeito à questão sobre se as Testemunhas de Jeová (uma categoria convenientemente plural, para começar) "têm" uma religião própria. Enquanto a pluralização é talvez usada mais comumente para sugerir uma fonte de fraqueza moral dentro da comunidade, a forma negativa – que designa a ausência de alguma qualidade considerada boa – caracteriza usualmente os forasteiros: os turcos são "sem Deus" (*athei*) e, portanto, "sem o temor a Deus" (*atheofovi*) característico das nações civilizadas. Embora esses usos raramente apareçam no papel, eles impregnam as categorias manifestas que se impõem com força moralmente negativa. As Testemunhas de Jeová não são plurais apenas no nome, mas também os seus detratores negam que eles tenham uma religião "verdadeira".

Esses usos linguísticos são considerados mais proveitosamente na medida em que formam uma pequena parte dos recursos simbólicos disponíveis para a contestação dos direitos civis. Pessoas diferentes usam esses recursos com objetivos distintos e, não raro, agudamente contrastantes. Na discussão seguinte, veremos que podem surgir rachaduras na plácida superfície da indiferença burocrática, embora os resultados não necessariamente beneficiem os clientes. O próximo caso aborda o *status* das Testemunhas de Jeová em Tessalônica, a segunda maior cidade (e "cocapital") da Grécia. Com o desenrolar do relato baseado nos jornais, vemos que o estereotípico "medo da responsabilidade" dos burocratas gregos serve para proteger funcionários individuais das consequências de uma decisão, aparentemente ilegal, tomada por um alto figurão político, o prefeito da cidade. Os funcionários abordados pelas consternadas Testemunhas refugiam-se em uma combinação de "oficialês" formal e convites descompromissados para uma condenação cúmplice do "sistema".

Antes, porém, é preciso fornecer o contexto. Durante a maior parte da história do Estado grego, a Igreja Ortodoxa Grega tem sido a instituição religiosa oficial do país, opondo-se veementemente à introdução do casamento civil, em 1983; ela também tem combatido duramente qualquer forma de proselitismo por parte de cristãos não ortodoxos. Se a sua postura parece dura, deve-se lembrar que a interpretação otomana da lei religiosa islâmica tornou a pena de morte obrigatória para qualquer tentativa de converter muçulmanos a outras crenças, mas também protegeu os cristãos, na qualidade de "povo do Livro", das consequências mais onerosas de ser não muçulmano. A autonomia das autoridades religiosas para controlar os casamentos era também uma característica da prática administrativa otomana.

Nos tempos modernos, as Testemunhas de Jeová foram perseguidas sob três acusações. Eles não eram um grupo religioso estabelecido com claros vínculos a um território físico – tal como os judeus podiam alegar de Israel, os muçulmanos, da Turquia ou de Meca, ou os católicos, com Roma. Como pacifistas, eles recusam o serviço militar, pondo constantemente em xeque a sua lealdade ao Estado. Por último, o seu fervor evangélico os leva a frequentes e públicas violações das leis contra o proselitismo[55].

A intolerância religiosa que eles têm comumente enfrentado em público não sofre resistência séria por parte das autoridades estatais, atingindo o seu apogeu durante os governos militares totalitários, irredentistas e orientados pela igreja que ocuparam o poder de 1967 a 1974. Em reação à intolerância dos coronéis, todavia, o governo de centro-direita de Karamanlis desmantelou muitas das armadilhas da retórica nacionalista, incluindo a linguagem purista, cujo uso vinha sendo compulsório na educação e nos negócios oficiais, assim como na imprensa. Em 1975, o governo Karamanlis aprovou uma nova lei que concedia às Testemunhas de Jeová pleno reconhecimento como entidade religiosa legítima, e outra ação legislativa naquele ano permitiu que os seus próprios clérigos registrados oficiassem suas cerimônias de casamento. Se o procedimento burocrático houvesse sido uma base sólida de segurança, os seus problemas deveriam ter acabado.

Em 1981, a sua situação pareceu melhorar ainda mais. O governo socialista de Andreas Papandreou chegou ao poder à época determinado a solapar o onipresente poder social da Igreja Ortodoxa. A legislação particularmente destinada a tal objetivo incluía o confisco e redistribuição das terras monásticas, e a legalização do casamento civil. Esses atos afastaram decisivamente a política do governo dos resquícios do sistema otomano *millet*, no qual cada comunidade religiosa administrava os seus próprios assuntos, rumo a um modo mais agressivamente secular e nacional-estatista.

Essas mudanças, por mais promissoras parecessem de início, impuseram novas dificuldades a grupos tradicionalmente perseguidos como as Testemunhas. Tais dificuldades, é claro, não estavam nas intenções do governo, que pretendia libertar aqueles grupos de uma situação na qual não possuíam, como era o caso, existência categorial. Em vez disso, os problemas surgiram do fato de que a nova legislação, uma vez promulgada, privavam as Testemunhas e outras seitas das ambíguas vantagens da clandestinidade sem garantir-lhes suficiente segurança prática. No contexto mais amplo em que teriam agora de defender a sua legitimidade de igual para igual frente a todos os outros grupos, elas enfrentavam burocratas fracos e, pior, políticos ambiciosos capazes de abrir uma poderosa torrente de hostilidade popular contra elas.

O que se segue é uma ilustração excepcionalmente boa do quanto os requisitos formais da lei podem adquirir significados e implicações bem distantes daqueles de seus idealizadores. Ela mostra o quão facilmente a racionalização ao estilo europeu das presentes relações culturais (ou, como no caso, religiosas)

---

55. Sobre essas duas últimas acusações, cf. esp. Pollis, 1987: 609-611.

pode chafurdar no baixio do preconceito popular, do oportunismo político e da relutância em aceitar a responsabilidade de melindrar os poderosos.

Esses fatores reforçam os efeitos da tradição legal predominante, derivada do positivismo e do neokantismo germânico, que fazem da lei "a manifestação de um 'ideal' corporificado no Estado", tratando a oposição ao Estado como hostilidade à própria nação (POLLIS, 1987: 588, 601). Muitos gregos podem ser rápidos em dissociar a "nação" do "estado" ao queixarem-se de seus sofrimentos pessoais nas mãos de burocratas ou políticos, mas são capazes de adotar, com a mesma facilidade, a retórica do autoritarismo oficial quando ela coincide com a sua própria suspeita em relação a outros grupos religiosos e demais forasteiros.

Em 1986, o partido socialista no governo sofreu humilhantes derrotas nas eleições municipais das três maiores cidades. Um novo prefeito de Tessalônica estava entre os conservadores vitoriosos. O partido conservador ("Nova Democracia"), ao qual pertencia o prefeito, e que havia sido fundado por Karamanlis ao fim da derrota dos coronéis, representava uma forma de nacionalismo mais influenciado pela Igreja, e aproveitou cada oportunidade de beneficiar-se da insatisfação popular com o anticlericalismo de Papandreou. Dentre as muitas áreas em que o novo prefeito conseguiu imediatamente reverter as políticas de seu antecessor socialista estava a questão sobre o que fazer com as Testemunhas de Jeová.

Em abril de 1988, a autoridade da Macedônia, nome indicado pelo governo, requereu informações acerca do progresso obtido até então no registro adequado dos "milenaristas" (termo genérico que incluía as Testemunhas). A prefeitura recusou-se a prosseguir com aquilo, argumentando que uma decisão judicial de 1976 em Heraclião (Creta), que negava às Testemunhas o estatuto de entidade religiosa, estava atualmente sob revisão pela Suprema Corte de Atenas. A lógica dessa resposta é cristalina: a municipalidade não pode agir até que o estatuto legal do grupo em questão tenha sido esclarecido pela autoridade superior. Em termos estritamente legais, esse era um argumento plenamente defensável. Ele apelava também ao princípio do *efthinofovia*, ou "medo da responsabilidade", de um modo que tornava extremamente difícil para que as Testemunhas de Jeová se opusessem. Como poderia o prefeito opor-se à majestade do Estado, expressa em uma decisão judicial corrente, como era o caso, em uma cidade ainda localmente comandada pelos socialistas? Aqui, o prefeito emulava a virtude abstrata do Estado contra o crescente constrangimento do governo, que se achava envolvido em uma série de escândalos e uma galopante crise econômica. Na realidade, os apoiadores do prefeito não teriam precisado buscar uma justificativa prática para as suas táticas prorrogativas senão no fato claro – para eles – de que as Testemunhas não praticavam uma religião lícita.

Vale notar que a decisão judicial sob revisão ocorrera em Creta, onde há muitas Testemunhas de Jeová, e onde os preconceitos contra elas são usualmente expressos com grande veemência. O desenvolvimento do problema em Tessalônica foi relatado com algum detalhe em um jornal geralmente simpático ao governo nacional (*Eleftherotipia*, 31/07/1988: 21).

A matéria reproduz fielmente alguns dos putativos estereótipos acerca do comportamento burocrático assim como atitudes para com as Testemunhas, fornecendo, assim, uma fina ilustração etnográfica do discurso público relevante.

O artigo relata as experiências de duas Testemunhas que escreveram para queixar-se de sua situação cada vez mais desesperadora. O repórter tem o cuidado de notar que a sintaxe e a ortografia originais foram mantidas. Esse não é meramente um exemplo da forte preferência pelo discurso literal que caracteriza muito do jornalismo grego (cf. MACKRIDGE, 1985: 348), embora certamente seja isso também. Ele também, talvez um pouco nocivamente, joga o jogo burocrático contra si mesmo, usando uma retórica escolástica para sugerir que os dados utilizados contra o prefeito errante não haviam sido manipulados editorialmente.

A primeira Testemunha relatou haver solicitado ao escrivão municipal que seu registro fosse alterado, a fim de mostrar ser ela agora "um funcionário religioso das Testemunhas Cristãs de Jeová". O escrivão recusou-se: "Embora tenha me garantido haver recebido o documento [uma ordem do governo estadual para prosseguir imediatamente com o registro de todas as Testemunhas de Jeová], ele disse que a visão da administração municipal era diferente e que eles só aceitariam uma ordem [específica] do ministério e do governo estadual para conduzir o registro legalmente requerido".

A Testemunha quis saber, então, se o funcionário estava preparado para interpretar a lei de acordo com as vontades do prefeito da vez ou com o que determinava "o Ministro, a mais alta autoridade". A resposta foi curta e grossa: "Essa, senhor [*kirie*, um termo de tratamento não raro usado ironicamente por burocratas com clientes de presumível baixo *status* social], é uma questão para os meus superiores e [eu farei] o que eles me mandarem".

A tática do escrivão de esquivar-se da responsabilidade pessoal invocando uma autoridade superior foi, então, reproduzida quando a Testemunha tentou uma nova abordagem, desta vez com o vice-prefeito. Este disse:

> "Nós, enquanto municipalidade, vemos a questão de modo diferente". Então eu disse a ele: "Mas como pode ser assim, então a lei e a sua execução são diferentes de município para município? Por que isso não acontece em outros municípios de nossa cidade e país? E por que esse assunto da transferência de registro funcionava normalmente dois meses antes?" "Esta", ele disse, "é uma questão para o assessor jurídico do prefeito". Quando eu lhe perguntei, "por que você não respondeu às solicitações que enviamos à prefeitura em relação a esse assunto?", ele riu e disse: "Bem – o que teria acontecido *então*?"

Por fim, o vice-prefeito disse à aflita Testemunha que o assunto teria de aguardar que o prefeito retornasse de viagem; mas isso, conforme o desenrolar dos fatos, não fez diferença alguma.

A experiência da segunda Testemunha deixou muito clara essa falta de mudança. Regressando com a sua família de um prolongado período morando fora, ela foi à sede da prefeitura para obter o registro de seu novo local de residência. Chegando lá, notou estar faltando um de seus documentos. A funcionária, sem sinal de antipatia, disse-lhe que não se importasse: "'Não perca o seu tempo nos trazendo todos esses documentos. Não podemos fazer nada [por você] porque você é Testemunha de Jeová e o prefeito de Tessalônica não irá assiná-los, e ele não quer Testemunhas de Jeová em seu [sic] município'". Diante dos protestos do cliente – de que não conseguiria obter registro eleitoral, um passaporte e uma carteira de identidade (legalmente compulsória) –, "a mesma funcionária disse-me não poder fazer nada, sugerindo, inclusive, que eu fosse até um município diferente ou vilarejo vizinho onde aceitassem as Testemunhas, porque, simplesmente, 'minha cara senhora, o prefeito não quer a tua gente!'"

Há várias características dignas de atenção nessa triste história. No seu desenrolar, a passagem da batata quente é consistente: a funcionária para os superiores, o escrivão para os superiores, o vice-prefeito para o prefeito, o prefeito para o governador e o ministro. Mas isso não significa que os atores no lado burocrático sejam apenas pobres peões no tabuleiro do poder no qual não participam. A funcionária bem pode ter estado em situação semelhante, tanto que, segundo a Testemunha, demonstrou alguns sinais de empatia. A sugestão de ir a algum outro lugar onde "talvez quisessem as Testemunhas" indica, ao menos, certa disposição para tentar solucionar o caso – não que, fique bem claro, o registro de cidadãos em locais onde não residem de fato seja aceitável nos termos de uma pretensa racionalidade burocrática. Mas os outros atores não pareciam sequer interessados em ajudar. E mesmo o tratamento relativamente gentil dispensado pela funcionária ao referir-se a "tua gente" tem um quê daquela indiferença característica às necessidades individuais de que as Testemunhas, como cidadãos "racionalmente" aptos a receber seu passaporte e outros documentos de pertencimento, têm sido vítimas.

O incidente ilustra também como a rejeição burocrática dos indivíduos coletivamente "diferentes" os priva de sua individualidade. Os três documentos de que a Testemunha necessitava são, todos, índices de pessoalidade oficialmente reconhecida. O passaporte representa a identidade nacional de um grego para o mundo exterior; a posse desse documento não é requerida e, com efeito, era algo frequentemente difícil de obter no passado (no tempo dos coronéis, p. ex.). A carteira de identidade e o título de eleitor, entretanto, são compulsórios. O discurso ordinário transforma o *dhelio taftotitas* oficial ("carteira de identidade") em *taftotita* ("identidade"), destarte igualando o papel à pessoa. A reificação implícita das palavras recorda o uso americano, "duas identidades".

Ao privar as Testemunhas de tais documentos, as autoridades locais negavam-lhes a identidade de gregos e de indivíduos – uma dupla exclusão, que adquire uma força particular quando lembramos da ideologia individualista que subjaz ao nacionalismo europeu. Isso é tautologia em ação: se você não é um verdadeiro grego, você não é uma pessoa de fato; logo, você não é um verdadeiro grego; logo... No presente caso, as Testemunhas viram-se em uma situação impossível, uma vez que estavam agora sendo forçados por lei, em um nível, a violar a lei, em outro – uma "prova" adicional, sempre dentro do mesmo argumento circular, de sua humanidade incompleta. Os burocratas produziram uma indiferença tautológica e autojustificatória a esses gregos simbolicamente excluídos: tautológica porque o argumento para maltratá-los baseou-se nos maus-tratos que já haviam sofrido e que, por sua vez, fundamentavam-se em sua questionável nacionalidade grega; autojustificatória porque a unidade semântica "da lei" – uma autoridade inquebrantável – mascarou uma série de interpretações legalistas em vários níveis da diferenciação administrativa.

O contexto mais amplo de tais eventos confirma as suas implicações óbvias. As estruturas burocráticas com as quais as Testemunhas de Jeová devem operar para conseguir algum nível de identidade autônoma são deturpadas em favor da identificação do fiel ortodoxo com o cidadão grego: "Incluído na barafunda das regulações burocráticas está um procedimento mediante o qual o Ministro da Educação e da Religião consulta a autoridade local da Igreja Ortodoxa antes de conceder permissão para a construção de uma casa de culto por parte dos fiéis de outras religiões" (POLLIS, 1987: 609-610)[56].

Todo o incidente exemplifica a produção social da indiferença – a introjeção da exclusão categorial em uma tautologia autojustificatória. As Testemunhas, parafraseando mais uma vez algo já dito sobre essa discussão, são o que são porque não são o que não são – gregos verdadeiros. A sua experiência mostra, sobretudo, que a atenção aos atores é, pelo menos, tão importante quanto o detalhamento da retórica, já que nenhum faz sentido sem o outro. A aparente indiferença dos burocratas ao pleito das Testemunhas não é apenas um produto do "sistema", por mais conveniente tenha sido àqueles apresentá-la como tal. Ao contrário, em um país onde ideologicamente ser grego significa ser membro da Igreja Ortodoxa, os burocratas têm à mão uma retórica que lhes permite embarcar no que percebem ser o balanço corrente de poder. Caso um prefeito mais liberal estivesse no cargo, os funcionários presumivelmente teriam se apressado para ajeitar a papelada con-

---

56. Note-se também que esse comentário apareceu sob forma impressa seis anos antes que os socialistas, nada simpáticos à hierarquia ortodoxa, chegassem ao poder.

forme a lei, não apelando ao álibi moral das ordens superiores de modo a excluir aquelas pessoas de seus direitos enquanto cidadãos gregos – coisa que, devemos presumir, todos concordam. Mesmo na retórica antiburocrática da matéria do jornal[57], fica claro que ao menos um dos funcionários demonstrou alguma empatia para com as Testemunhas.

O poder burocrático, apoiado pesadamente sobre uma retórica da exatidão e estabilidade semântica (TSOUCALAS, 1991), torna-se assaz difuso quando refratado pelas condições sociais locais. Assim, os funcionários dão usualmente interpretações idiossincráticas do texto manifesto, representando "o sistema" – ou mesmo alguma alta autoridade em particular – em termos compatíveis com os seus próprios interesses. O autor do artigo, ele mesmo um inequívoco ator na cena política, reconheceu claramente o que se passava. Acima de tudo, vemos nitidamente nesse caso a natureza contingente da segmentação: se um prefeito conservador, em oposição ao governo socialista (antes que em concordância com os seus predecessores conservadores), decide tratar as Testemunhas como não cristãos, e portanto não gregos, os burocratas sob o seu comando também irão tratá-las como forasteiros indiferenciados – dignos, em suma, de indiferença e nada mais. Na lógica da competição por recursos, ser "cristão" pode tornar-se uma qualidade altamente relativa e contestável (cf. MAYNARD, 1988). Enquanto uma funcionária relativamente simpática permitiu que uma pequena fissura surgisse nesse muro de indiferença, mesmo a sua postura foi atenuada por apelos à autoridade superior. Com efeito, poder-se-ia argumentar que as suas sugestões foram designadas tanto para aplacar o cliente quanto para empurrar o problema para outro local (um outro município ou vilarejo) – que é exatamente o que fazia o prefeito, em um nível elevado de autoridade, ao condicionar a decisão ao resultado de um julgamento na longínqua Suprema Corte de Atenas.

A relação administrativa entre o governador e o prefeito revela algumas tensões inerentes ao sistema grego de governo municipal. O governador possui autoridade regional para garantir que todos os funcionários com cargos eletivos executem as suas tarefas corretamente. Uma vez que os governadores são indicados pelo governo do turno, há inúmeras possibilidades de desacordo – mas também para a cuidadosa manipulação da responsabilidade. No caso das Testemunhas de Jeová, o prefeito tinha o poder de vetar as instruções do governador apenas invocando o *status sub judice* do seu apelo ao reconhecimento formal. Com o respaldo da poderosa Atenas, os governadores geralmente têm a última palavra.

---

57. A oposição política que o principal jornal pró-governista de Atenas faz ao partido do prefeito provê um contexto em nível nacional dentro do qual se deve ler esses eventos locais.

Ordem e estereótipos

Os exemplos discutidos neste capítulo exibem todos uma propriedade comum: o papel dos estereótipos em "justificar" a indiferença. Seja um funcionário dos correios tentando se esquivar de um estrangeiro insistente, ou uma exausta funcionária da prefeitura feliz apenas por poder culpar o prefeito pela recusa do reconhecimento de todo um grupo religioso, os burocratas podem lançar mão de dois recursos para escapar da responsabilidade pessoal por suas decisões: a autoridade superior e as classificações às quais "o sistema" submete as pessoas.

No próximo capítulo deveremos voltar à questão da alta autoridade e de como ela é concebida. Aqui, eu gostaria de focar brevemente no aspecto classificatório. Claramente, não há nada na lei que justificaria formalmente a exclusão das Testemunhas de Jeová sob o pretexto de que eles seriam menos merecedores de consideração e respeito, e nem o *status* de estrangeira da cliente dos correios conferiria ao funcionário qualquer prerrogativa legal de ser ofensivo ou pouco prestativo. Mas a defesa da lei com base "no que ela realmente diz" é um argumento literalista. Conquanto venha aparecendo com certa recorrência em certos debates – o "constitucionalismo estrito" nos Estados Unidos, por exemplo –, ele é antropologicamente pobre. Baseia-se no pressuposto essencialista que trata a lei como irredutível, antes que na visão pragmática segundo a qual a lei consiste em suas aplicações, sendo que cada uma delas é, por si só, uma interpretação.

O óbvio desconforto da simpática funcionária frente à irritada Testemunha de Jeová desmente tais argumentos literalistas. Mostra que ela, ao menos, estava consciente da latitude que a interpretação pode ter, e do quanto a prevalência de uma ou outra interpretação dependerá do lócus de poder. Esse exemplo também ajuda a forjar o importante elo entre o tipo de essencialismo racista que notamos no capítulo 1 e o exercício de autoridade burocrática de modo geral. A religião parece ser uma questão de associação, e não de "sangue", mas quando o prefeito "não quer a tua gente", o argumento implícito é o de uma diferença qualitativa, e a metáfora do sangue reaparece – sem dúvida reforçada pela recusa das Testemunhas em participar do serviço militar. Há algum suporte a tal interpretação na legislação grega recente, já que a lei agora especifica que aqueles que se negam pegar em armas devem fazer serviço comunitário em jornada dupla – uma discriminação aparentemente destinada a afetar especificamente as Testemunhas[58].

Tecnicamente, as identidades nacional e religiosa são há muito legalmente separadas na Grécia, tanto que, por exemplo, campanhas de mobilização em 1974 tinham de especificar "súditos muçulmanos do Estado grego" em contraste ao

---

58. Pollis (1987: 611) nota que, embora a recusa de pegar em armas já não seja um delito passível de punição, recusar-se a vestir o uniforme nacional o é. Parece claro que o que está em jogo em ambos os caos é a rejeição de uma identidade nacional definida pelo Estado em termos que possuem forte apelo para a população em geral.

uso mais popular, "turcos". Na prática, todavia, há uma considerável distância entre o uso formal-legal e as aplicações práticas. Está bem claro que o prefeito não temia as consequências de sua recusa. Ao contrário, ele invocou "a lei", destarte simultaneamente protegendo os seus funcionários de sanções legais (e talvez também da tentação de simpatizar excessivamente com as Testemunhas) e identificando os seus preconceitos pessoais com "a" posição oficial-legal. O fato de que a lei em questão vinha sendo contestada conferiu-lhe uma base formal para a recusa em agir.

Os estereótipos preenchem um espaço taxonômico aparentemente vazio, e a sua popularidade torna possível o surgimento da indiferença. O funcionário dos correios e a assistente do prefeito podiam, ambos, estar dispostos a agir de maneira prestativa. No primeiro exemplo, a súbita mudança de tática da estrangeira forneceu, ao menos, uma desculpa legítima para o fim da atitude obstrutora: a destemperada estrangeira tirou o caso das "nossas" mãos. No segundo, ordens superiores, somadas ao medo e aversão generalizados em relação às "anômalas" Testemunhas, agiram como impedimentos efetivos para compassivas exibições de simpatia. Indiferença é o que enfrentam aqueles interessados em ingressar no "nosso" grupo, e ela assume a forma de demonstração de que eles "não conhecem as regras". Na Grécia, a "contraestratégia" funciona melhor, porque é o que todos – do defensivo prefeito até o agressivo padre – reconhecem como "essencial" à autoimagem nacional. Isso, eu sugiro, é também o que a estrangeira descobriu nos correios: não que a lógica não funciona na Grécia, mas que agir como se o seu direito houvesse brotado da natureza funciona em toda parte. Deve-se saber, entretanto, o que constitui "natureza" no contexto particular da interação.

As Testemunhas, tendo sido excluídas da categoria cultural de "natural" por um sistema de categorias étnicas e religiosas baseado na retenção e derramamento de sangue, solicitaram muito timidamente os seus direitos legalmente constituídos. É provável, inclusive, que a sua humildade tenha lembrado as autoridades do seu *status* não combatente. Eles não eram "dotados de sangue" sequer no nível em que um "turco", um súdito grego de religião muçulmana, poderia ser. As suas ações encaixavam-se no estereótipo; o estereótipo encaixava-se na lei. Sob essas condições socialmente reconhecidas, o fato de que a lei em si mesma não legitimasse explicitamente o estereótipo era uma questão de indiferença. Para "fazer diferença", as Testemunhas teriam de descobrir um modo de reconverter a sua "alteridade cultural" em "familiaridade". Recusar-se a derramar o seu sangue pelo corpo nacional não era provavelmente um bom jeito de fazê-lo[59].

---

59. Os estereótipos podem estar imersos nas definições burocráticas das maneiras as mais grosseiras. Um casal inglês, desejoso de viver na Grécia e usar a sua caminhonete cabine dupla para transporte, encontraram sérias dificuldades porque tais veículos eram classificados como "agrícolas" e, portanto, não podiam pertencer a estrangeiros, os quais não se espera – entende-se – que sejam fazendei-

No próximo capítulo, voltamo-nos para o pressuposto que faz da "lei" essa fonte tão inquestionável de autoridade: a fusão, grosso modo, entre língua e sangue. Veremos que a língua nacional, da qual a lei é tanto garantidora quanto manifestação original, torna-se um objeto de veneração na prática burocrática. Ela é, por assim dizer, o cerne do projeto essencialista – tão vital para o nacionalismo quanto o sangue é para o racismo. A sua preservação reflete e reproduz a preservação do sangue puro. Ela é a matéria simbólica e ritual que os praticantes da burocracia evocam, convertendo o rebotalho do desconsolo e inconveniência humanos no ouro do poder pessoal.

---

ros. A dificuldade foi superada com a colocação de uma tela cobrindo a traseira da caminhonete, transformando-a em algo mais parecido com um carro comum. Isso não significava, todavia, que os donos podiam levar passageiros atrás, algo proibido em caminhonetes. Eles foram impedidos por sua identidade estrangeira de possuir tal veículo; logo, quando o problema foi eventualmente solucionado como já descrito, o veículo permaneceu sendo agrícola aos olhos de qualquer policial ansioso por apanhar os donos em delito contra as leis de trânsito.

4

O fetiche da linguagem

A linguagem como fetiche: espetando agulhas em efígies verbais

Neste capítulo, deverei examinar o papel da linguagem em traduzir a teoria nacionalista para a prática burocrática. Muitos escritores indicaram o papel da linguagem como cimento do nacionalismo. Outros sugeriram que muito da prática burocrática consiste em aplicar categorias linguísticas à conduta dos negócios cotidianos. Esses dois fenômenos estão relacionados em um sentido extremamente importante, sobretudo dados os paralelos entre os modos pelos quais a linguagem e a lei, ambos sistemas formais, prestam-se à retórica da normatividade que pode ser acionada para fins deveras práticos (cf. esp. BOURDIEU, 1977).

A leitura que Anderson (1983) faz da nação como uma "comunidade imaginada" oferece-nos um excelente ponto de partida. A despeito de seu leve reducionismo psicológico – nunca somos realmente informados de que modo saber como e o que as pessoas imaginam[60] –, a tese de Anderson é poderosa por sugerir o mecanismo mediante o qual as lealdades locais podem ser convertidas na lealdade absoluta demandada pelo Estado. Ela mostra também como as pessoas passam de uma compreensão social para uma compreensão cultural da lealdade; pois, se as diferenças sociais entre os membros de um pequeno segmento tribal podem ser mínimas, elas trazem o mesmo tipo de imperativo moral que as lealdades culturais mais amplas, que restam, como sugeriu Anderson, na imaginação cultivada antes que na imediaticidade social.

A mudança do social para o cultural ocorre através da generalização do que, ao nível local, são distinções relativamente íntimas entre os forasteiros e a "nossa gente". No nível local, a distinção moral se dá entre aqueles que (literalmente) são conhecidos e aqueles que (literalmente) não são. À medida que se amplia o nível, todavia, o conhecimento de alguém torna-se progressivamente menos voltado a pessoas do que a traços culturais.

---

60. O seu argumento também pode ser criticado pela dependência do conceito de um amor "imaginário" da perspectiva psicanalítica. Cf. Bottomley e Lechte, 1990: 55.

O que se passa, então, é uma reformulação de todos os sistemas semióticos, linguagem inclusa, sob a forma de metáforas literalizadas. A ideia da nação como família, ou mesmo como corpo, é talvez o modelo para isso; mas outros signos são acionados nesse mesmo processo. Para citar um célebre exemplo, Petr Bogatyrev (1971) demonstrou há muito que as vestimentas tradicionais morávias serviam para diferenciar populações aldeãs. Isso já envolvia uma tradução da especificidade corporal para a coletividade social: não havia dois indivíduos que se vestissem exatamente da mesma maneira ou com igual precisão, e, portanto, o vestir pessoal expressa uma tensão entre o indivíduo e o grupo social. O que ocorre no próximo nível, entretanto, é que essas mesmas vestimentas são reificadas como "nacionais", aparecendo em cartões postais e festivais folclóricos, ao lado de rituais locais e outras práticas aldeãs (cf. tb. KLIGMAN, 1981). Em um padrão similar, jovens mulheres nas aldeias montanhosas de Creta Central e Ocidental tecem bolsas especiais de caça (*vouryes*) com cordel e um delicado padrão linear. As bolsas são feitas para o dia do casamento, e dadas ao noivo e a seus parentes agnáticos mais próximos em reconhecimento por sua virilidade. A prática marca a transição da noiva para o grupo patrilinear (*yenia*) do noivo. Com a chegada do turismo, no entanto, os mesmos desenhos foram ampliados, simplificados e transferidos para as simples bolsas quadradas (*tagharia*) amplamente reconhecidas como "bolsas gregas". Junto com o padrão, o conteúdo social da mensagem também foi simplificado. Além disso, quantos gregos ou turistas estrangeiros sabem que aqueles são traços de uma ideologia agnática de parentesco? Sou tentado, em reconhecimento a um fenômeno similar e etimologicamente sugestivo em língua inglesa, a notar que eles passaram da esfera genealógica [*genealogical*] para a genérica [*generic*].

A reutilização de símbolos tais quais os desenhos das bolsas ou vestimentas locais como emblemas de identidade nacional implicam um processo de esquecimento. Seria altamente inconveniente para os nacionalistas gregos se as origens albanesas do kilt "nacional", a *fustanella* (até hoje uma parte notável do uniforme da guarda presidencial), fossem mencionadas. Embora a "dança nacional", a *kalamatianos*, seja nomeada em função de uma cidade outrora parte do território nacional grego desde quando foi anunciada a independência, foi sua associação com a erupção da guerra contra os odiados turcos que legitima a sua supremacia – de significado nacional mais que local. O papel dessa dança em articular relações sociais recua para o pano de fundo, embora possa adquirir novos significados em comunidades particulares para além e acima de sua importância nacional (cf. COWAN, 1990).

Vemos em funcionamento, em todos esses casos, o mesmo processo de reificação progressiva que Holmes observou na prática friulana da dádiva (*onoranze*): um ato que, até então, assinalara um laço entre o senhor de terra e o arrendatário torna-se, em vez disso, a expressão de uma desigualdade impessoal e categorial. Ao nível da política pública, tais reificações são passíveis de organização sistemática e de grande escala.

Sistemas semióticos não verbais, no entanto, carecem do poder evidente de que dispõe a linguagem para organizar a ação. É acima de tudo na criação de uma "língua nacional" – frequentemente, como nota Anderson (1983: 69), um dialeto que se adaptou com sucesso ao uso do meio impresso – que os ideólogos nacionalistas encontram a ferramenta mais efetiva de unificação. Carreguem ou não o mesmo tipo de bolsa, usem ou não a mesma roupa, todos os gregos hoje falam grego. O símbolo da unidade nacional é também o instrumento para a sua aquisição.

Antes de falar mais detalhadamente sobre linguagem, eu gostaria de discutir a mudança acarretada pela transição do local para o nacional. Em termos simples, trata-se de uma transição de relações para imagens. Anderson (1983: 15) sugeriu uma importante diferença que resta precisamente nessa intersecção entre escala e espécie. A comunidade é "imaginada", ele argumenta, "porque até os membros da menor das nações jamais irão conhecer a maioria dos demais membros, encontrá-los ou sequer ouvir falar deles, e, no entanto, na mente de cada um vive a imagem de sua comunhão". Isso sugere, então, uma diferença radical entre os Estados-nação e os grupos locais: ao contrário do argumento de Douglas, o de Anderson trata a escala como questão central. Fá-lo, no entanto, não sob alguma presumida correlação entre tamanho, eficiência e razão, mas com base na tecnologia semiótica requerida para manter um senso de coesão.

O foco de Anderson sobre a imagem é extremamente sugestivo. Ele ajuda a explicar a mudança de relações sociais locais para a sua corporificação, em maior escala, de interesses culturais. O sentimento nacional, como vimos, é frequentemente expresso na linguagem das relações sociais. Família, sangue, parentesco, ancestralidade, pátria, mátria, e até mesmo (em algumas línguas) a patrilinhagem – essas são as categorias sociais que os nacionalistas comumente usam para exprimir laços culturais. Na Romênia de Ceausescu, por exemplo, a linguagem do paternalismo remetia à do parentesco agnático, conferindo uma força sinistra ao programa de vasta "homogeneização" étnica sob o princípio do "socialismo dinástico", mediante o qual o ditador pretendia garantir a sucessão ao filho, além de, simultaneamente, fazer do socialismo um traço nacional "herdado" (KLIGMAN, s.d.). Ao final deste livro, eu devo retornar ao exemplo da Romênia de Ceausescu, pois ele ilustra tristemente o que acontece quando o ritualismo burocrático assume o controle dessas fórmulas e as regula desde cima.

Essas imagens familiais da família, característica tão comum do nacionalismo europeu, são um simulacro de socialidade. Enquanto tal, provêm o modelo fundamental para outros usos da similaridade: aparência física, vestimenta e língua comuns, costumes compartilhados, artes e ofícios. Elas fornecem o idioma para a recriação de um sendo de experiência compartilhada, um fictício solo comum de interação que faz funcionar o nacionalismo mesmo se, como aponta Anderson, é inconcebível que a maioria dos cidadãos se conheçam uns aos outros.

Para compreender os princípios em funcionamento aqui, devemos retornar às unidades mais básicas de parentesco de onde o Estado retira a sua autoimagética. Passar da caracterização de toda uma família ou grupo agnático por algum traço repetitivo a generalizações paralelas sobre nações inteiras não é algo complicado. E facilita ainda mais a evocação da natureza, onde as metáforas genéticas do sangue e da raça tornam-se particularmente poderosas. Elas sugerem que certas propriedades físicas, que se transmudam facilmente em propriedades morais, são imanentes a um dado grupo.

A imanência é um conceito encontrado mais comumente em contextos religiosos, mas ele corresponde bastante ao que Geertz e Greenwood chamaram de "essencialismo". No discurso antropológico, a ideia de imanência esteve geralmente mais associada às sociedades segmentárias tais como os Nuer, cuja "refração" da "Suprema Divindade" através da ordem social formaram a base da análise de Evans-Pritchard (1956) sobre a sua religião. A multiplicidade de cultos a santos em partes do Mediterrâneo cristão pertence a uma moldura conceitual similar, que parece, pois, longe de incompatível com a vida sob o regime nacional-estatista. Goody (1986: 182) também reconhece a possibilidade de que elementos de segmentação possam permanecer em sociedades estatais. Se nega acertadamente que sejam sobrevivências evolutivas, todavia, ele os associa somente a formas de resistência e subversão contra os sistemas centralizados que resultam inevitavelmente, segundo sua visão (1986: 12-13), da emergência da linguagem escrita. A segmentação é inerente ao surgimento das estruturas estatais; Sahlins (1989: 110-113) documentou-o historicamente nas terras junto à fronteira catalã com a França e a Espanha. A segmentação tanto reconcilia interesses locais com interesses mais amplos quanto encapsula as tensões entre eles. A alfabetização não abole a segmentação, mas, ao contrário, pode efetivamente perpetuá-la ao mascarar o seu potencial disruptivo com o verniz discursivo da uniformidade de linguagem e texto.

Eu gostaria de levar esse argumento um passo adiante, e sugerir que o caráter religioso do nacionalismo justifica falar sobre imanência – ou essencialismo, se se prefere – no mesmo contexto específico da equação entre nação e linguagem. Proponho, além disso, que seria útil tratar todas as taxonomias burocráticas oficiais como "refrações" da ordem estatal precisamente nesse sentido. Tal, eu sugiro, é a ordem moral que permite aos burocratas fazer um uso arbitrário e, não raro, altamente pessoal de uma autoridade supostamente transcendente. Como sugeriu Lefort (1971: 303), o paradoxo da burocracia é que, quanto mais cresce, mais internamente diferenciada ela fica, e mais facilmente os interesses especiais conseguem esconder-se por trás de uma máscara de racionalidade desinteressada e objetiva. Até mesmo no topo da hierarquia, portanto, a despeito da afirmação de Goody sobre o Estado como agente primordial de centralização, apenas a forma externa do discurso é monolítica. Não deveria surpreender que a retórica do interesse comum seja, por vezes, tão fracamente difundida.

Com o risco de ser repetitivo, permitam-me recapitular brevemente o argumento para o reconhecimento da segmentação em estruturas estatais. A segmentação é o fenômeno político em que, na ausência de autoridade centralizada, grupos sociais subdividem-se e reúnem-se de acordo com a distância social – definida usualmente em termos genealógicos, reais ou fictícios – entre os protagonistas de uma dada disputa. Ela é mais bem representada por um diagrama. Nesse diagrama, no qual A representa o grupo inteiro ("tribo", na linguagem colonialista dos anos 1940), uma disputa entre um membro de H e um membro de I não deveria envolver membros de quaisquer outros subgrupos ao nível 4. Se um membro de H mata um membro de J ou K, então D deveria colocar-se, em sua totalidade, contra todo o E. Esse princípio estende-se até o topo, tanto que, se um membro de H ataca um membro de O, B e C entram em guerra. Eis aí a teoria, ao menos em sua forma mais seca e abstrata.

Nos Estados-nação europeus, os níveis subordinados nunca deixam de ser importantes. As pessoas chegarão mesmo a defender os seus patriotismos locais contra o Estado quando as circunstâncias forem favoráveis. Líderes burocráticos buscam controlar a imaginação coletiva – ou, nos termos de Anderson, fixar a comunidade imaginada exclusivamente no nível mais inclusivo. Dado que, todavia, a linguagem do Estado depende daquelas entidades mais íntimas tais como a família e a comunidade, a segmentação permanece sendo – ao menos conceitualmente – um componente paradoxalmente necessário do nacionalismo estatal. Os de dentro – em grego *dhiki mas*, em italiano, *paesani* – são sempre aquelas pessoas mais bem "conhecidas". Para o Estado, essa é uma discriminação ideologicamente inaceitável. Assim, enquanto os indivíduos podem demonstrar grande flexibilidade no uso desses termos, o Estado prefere que cada indivíduo seja uma quantidade "reconhecida": daí o hábito burocrático de reduzir pessoas, quase que literalmente, a cifras. Em outras palavras, o Estado provê um desenho altamente previsível para o imaginário a respeito dos outros membros de uma comunidade nacional.

Isso traz sérias consequências para as relações étnicas dentro de nações relativamente novas. De acordo com Kapferer, por exemplo, o nacionalismo "europeu" da maioria australiana é intolerante com etnias hifenizadas. Os greco-australianos, por exemplo, surgem como um grupo ("todos iguais") que recebe tratamento especial ("eles querem ser diferentes") dentro da nação. Essa estratégia ofende a sensibilidade igualitária anglo-australiana por implicar que esse grupo particular é diferente, com direito, portanto, a tratamento especial. A própria habilidade dos gregos de invocar um glorioso passado "ocidental" e "democrático" (SMOLICZ, 1985: 19), relacionando-o intimamente a noções de individualismo, não os torna mais bem-quistos pelos anglo-australianos, que tomam isso por uma tentativa de intromissão. É instrutivo aqui comparar a atitude dos anglo-australianos com a dos turcos: orientais que tiveram a decência de permanecer forasteiros, e que puderam, pois, ser tratados como inimigos heroicos antes que como quintacolunistas culturais.

A análise de Kapferer sobre o igualitarismo é especialmente útil aqui porque, tal qual o conceito de Anderson de comunidade imaginada, permite-nos desfazer as inevitáveis contradições do que pode ser mais bem rotulado como "segmentação oculta". A retórica nacionalista funde uma noção de pessoa idealizada (o que Handler [1985] identificou como "individualismo possessivo") com a nação. Entre o indivíduo e a nação, todavia, restam muitos níveis diferentes de solidariedade, cada qual partilhando com os dois extremos uma distinção formal entre membros e forasteiros. O Estado, paradoxalmente, depende dessa lógica segmentária, resultando em que, em cada nível, as unidades competem umas com as outras para incorporar mais perfeitamente as qualidades imanentes do todo. Tal sistema inerentemente instável é mantido por limites institucionais, mas estes não podem alterar a sua constituição basicamente segmentária. Esse tipo de segmentação produz ideologias de individualismo igualitário ou hierarquia que descambam facilmente para uma brutal intolerância. Quando o Estado enfrenta qualquer ameaça vinda de fora, ou quando a maioria dos seus cidadãos percebe tal ameaça, as populações anômalas em seu interior tornam-se um alvo da busca da maioria pela forma englobante de todos os sistemas segmentários – uma unidade transcendente, mas exclusiva.

Para os Nuer (cf. esp. EVANS-PRITCHARD, 1956), a divindade é inerente a todas as subdivisões do reino social. Nesse sentido, os Nuer podem fornecer uma boa ilustração de apoio à visão de Durkheim segundo a qual, na religião, a sociedade adora a si própria. Em cada nível de segmentação, há espíritos divinos que Evans-Pritchard considerou como refrações do transcendente e imanente Ser Supremo (*Kwoth*) dos Nuer. Mas as coisas não são assim tão inequívocas, uma vez que os Nuer também veem "espírito divino" (*kwoth*) em uma série de outras espécies de entidades – traços do ambiente natural, por exemplo. Seria mais correto dizer que os Nuer cultuam uma propriedade difusa no mundo, mundo do qual eles veem a si mesmos e às suas instituições sociais como parte integral.

Sugeri no capítulo 1 que a visão durkheimiana da religião funciona muito melhor quando aplicada ao essencialismo das ideologias dos Estados-nação modernos. Estes cooptaram a natureza: paisagens tornam-se "tipicamente inglesas" (como nas pinturas de Constable, p. ex. [LOWENTHAL, 1985: 40]), a terra assume a áspera aparência do povo, chegando a informar sobre o seu suposto "caráter", o próprio solo é "sagrado". Pode-se ver a emergência dessas ideias na Inglaterra do século XVIII, onde a arte da jardinagem passou a sugerir que todo homem educado e de posses, ao remodelar a "natureza" na forma de um "jardim" formulado, todavia, num idioma inflexivelmente "clássico", poderia contrastar a sua condição com a do francês angustiado: as "informais linhas serpenteantes do *design* dos jardins" na Inglaterra "opunham-se à rigidez da jardinagem barroca tal qual desenvolvida... em Versalhes. O seu caráter absoluto foi interpretado como representativo do absolutismo político. A liberdade inglesa, em contrapartida, lançou o peso do juízo sobre o gosto e a sensibilidade individuais" (COSGROVE, 1984: 204-205). A terra exala um espírito nacional: a natureza é, ela própria, naturalizada – o triunfo definitivo da ideologia estatal e da burocracia. Esse mesmíssimo senso de informalidade natural, do caráter individualista do povo britânico, reaparece nos ataques de Margaret Thatcher à rigidez "não britânica" dos burocratas de Bruxelas – de novo, uma evocação da natureza essencial com implicações culturais e ideológicas altamente específicas.

As ideologias estado-nacionais apropriam-se facilmente do princípio teológico da imanência, e, mediante um interminável e repetitivo processo de reificação, o tomam para si. Tal visão gera intolerância porque aqueles que são forasteiros em qualquer contexto dado carecem da condição de graça ou proteção divina que marcam a sua existência como seres sociais. Para os incluídos, a manutenção de sua precária e contextual participação depende de reafirmações altamente redundantes da fé. Dentre as reafirmações desse moderno Estado-nação estão os rituais cotidianos da baixa burocracia. Eventos informais fazem o mesmo; Lincoln (1989: 155-159), por exemplo, propõe que a *All-Star Wrestling* [liga de luta greco-romana] reproduz traços da identidade americana. Mas as atividades menos espetaculares da burocracia representam uma arena em que os cidadãos afirmam, querendo ou não, o poder daqueles que manejam o carimbo e a assinatura oficial. Como ocorre com os rituais públicos, sobretudo, esta nem sempre é uma participação relutante: o conceito de "direito natural" que subjaz a tantos procedimentos das burocracias nos Estados-nação é uma boa ilustração da imanência no mundo moderno. Quando não se torna plenamente integrado como parte da ideologia estado-nacional, como na Grécia, ele tem tido bem menos sucesso em assumir os idiomas da identidade social ou erradicar a sua capacidade de funcionar separadamente da, antes que imanente na, estrutura do Estado. Daí a coexistência entre a afável hospitalidade e a fria indiferença burocrática, o ponto do qual iniciamos esta pesquisa, e para o qual retornaremos no último capítulo.

Nas ideologias estado-nacionais, o nacional é imanente e ubíquo. Para os Nuer, nem todas as refrações do espírito divino atravessavam as subdivisões do mundo social, aparecendo frequentemente também na paisagem natural. Não só as subdivisões das entidades nacionais, como também suas paisagens conceitualmente desnaturalizadas, possuem suas árvores e pedras. Se os segmentos tribais do Estado são as suas entidades municipal, distrital e provincial, as suas árvores e pedras são as propriedades materiais que o Estado mantém sob controle, e que, por vezes, são inequivocamente romantizados como *loci* de imanência: "No cosmos de Ruskin havia, assaz literalmente, sermões nas pedras", e a paisagem dava lições de moral "a respeito da conduta própria à vida individual e social" (COSGROVE, 1984: 245-247). Porquanto, seja tributável o Estado real, ele refrata a quintessência do gênio nacional. Em contrapartida, a resistência a qualquer tipo de regulação burocrática, seja sobre pessoa ou terra, é um ataque ao caráter imanente da nacionalidade.

Num ato de desobediência, o cliente desafia metonimicamente toda a majestade do Estado, seja queimando "a bandeira" (note-se o uso do artigo definido: não é, no momento, apenas "uma" bandeira) ou com atos de ilegalidade menos visíveis, mas muito mais comuns, tais como sonegação de impostos, prática de bigamia ou incesto – todos eles violações categoriais do tipo mais óbvio. Quando um boateiro ligou para as autoridades portuárias do Pireu para anunciar haver uma bomba dentro de um navio proveniente de Rhodes e Cós, "o prosseguimento da investigação revelou que aquilo fora mais um boato de um 'grego' sem consciência" (*Eleftherotipia*, 12/07/1989: 23). O uso das aspas pelo repórter sugere uma devota exclusão: o boateiro era grego apenas "metaforicamente" (cf. MACKRIDGE, 1985: 348 sobre essa convenção jornalística). Os gregos, por definição, devem possuir tanto uma "consciência (nacional)" em geral, quanto "consciência" em relação às suas ações diárias em particular. Ambos os conceitos são expressos pelo mesmo termo grego (*sinidhisi*) – uma notável fusão entre individualismo e conformismo na pessoa de cada cidadão-súdito.

Relações icônicas e indexicais

As ideologias estatais negam caracteristicamente a realidade da segmentação. Elas substituem o dividido universo social pela premissa de uma entidade social ao mesmo tempo individualista e homogênea – ou seja, uma entidade cultural predicada tanto sobre a segmentação quanto sobre a sua negação. O universo social é, primariamente, um universo de relatividade cambiante. Isso significa que a característica unificadora da sociedade é, acima de tudo, um sistema constituído pelo que a teoria semiótica chama de relações indexicais – quer dizer, relações determinadas pela posição relativa dos atores dentro de contextos específicos. Elas são, sobretudo, relações sociais.

O modelo do Estado-nação altera tudo isso. Conquanto tais relações cambiantes possam persistir em sistemas de governo, sendo por vezes a derradeira base da estrutura política (cf. DAVIS, 1987; EVANS-PRITCHARD, 1949), o Estado raramente pode se dar ao luxo de reconhecer a instabilidade implicada por um arranjo da vida social puramente segmentário. Uma consequência da concentração de poder sob uma ideologia nacionalista parece ter sido sempre uma espécie de transição da relatividade social para a unidade cultural. Se persiste o idioma do sangue e do parentesco, sendo de fato central para a própria existência do Estado-nação, ele é "re-presentado" (HANDELMAN, 1990: 57) como a base genética da cultura antes que da sociabilidade.

Semioticamente, a base indexical da solidariedade ("sou seu por estar relacionado a você desse modo nesse contexto") dá lugar a um princípio icônico. Relações icônicas são relações de similaridade, formando a base de toda forma conhecida de propaganda nacionalista e irredentista (HERZFELD 1986). Elas são também a base daquilo que Frazer (1922: 14-49) chamou de magia homeopática ou simpática, que, como eu sublinhei no capítulo 1, fundamenta muito da invocação feita por clientes e burocratas dos símbolos da identidade nacional, e que já tem toda uma história distinta no estudo literário e antropológico do mito e do símbolo (cf. tb. TAMBIAH, 1990: 53, 107-110).

Tudo o que é similar ao protótipo nacional, segundo a lógica implícita, faz parte da nação; tudo o que é diferente, não. Tipos físicos ("raciais") são ansiosamente comparados a estátuas antigas, porque a sustentação histórica da unidade nacional é continuidade histórica. Vestimentas, costumes, língua, música, arte: tudo faz parte do jogo. A homogeneização da dança e da roupa folclóricas, e a remodelação das *vouryes* como "bolsas gregas", ilustram em níveis assaz práticos o apelo da iconicidade ao nacionalismo; os turistas, que talvez preferissem não se preocupar com as minúcias da diferenciação local, são provavelmente um importante agente desse processo. Daí resulta uma identidade que abole ostensivamente as especificidades de tempo e espaço.

A segmentação é indexical e reconhece a contingência do tempo; a homogeneidade cultural é icônica e aspira à eternidade. A vida burocrática desenrola-se em algum intermediário. Os burocratas, que têm o poder de admitir cidadãos para dentro da imagem nacional, também operam como poderosos chefões e patrões que retraduzem o Estado homogêneo em termos sociais, e que controlam a definição de qual é ou não a forma correta (nos sentidos burocrático e abstrato da palavra!). Onde a retórica idealizada do Estado representa cada cidadão na imagem de um "tipo" cultural absoluto, a vida ordinária está muito mais sujeita às pressões altamente relativas da lealdade social. A identidade cultural é o material da retórica nacional; a variação social, o da experiência cotidiana. A zona mais interessante, entretanto, consiste nos "alcances intermediários" entre esses extremos formais, pois é aqui que os atores sociais cooptam a retórica oficial para os seus propósitos autointeressados, enquanto esta, por sua vez, tenta assimilar e expropriar a linguagem e o simbolismo das relações sociais em apoio à homogênea imagem "familiar" da nação. Esse segundo aspecto unificador adquire uma dramática força figurativa nas representações do contrato de sangue, já mencionado no capítulo 1, pelo qual as chefaturas húngaras alegavam concordar em submeter os seus próprios interesses ao bem maior.

Tal abordagem ajuda-nos a ver mais claramente a corrupção política como um construto simbólico, uma queixa contra a confusão categorial. Essa confusão é inevitável na medida em que exigências e interesses individuais do Estado, ou, mais geralmente, a sociedade local e a cultura nacional, ajustem-se uns aos outros nos alcances intermediários. Aqui, os burocratas e legisladores oferecem laços sociais reais: o apadrinhamento garante apoio eleitoral ao patrão, mas também promete ao cliente algum tipo de vantagem material. Para aqueles que objetam serem tais práticas injustas e corruptas, a maioria das pessoas ao nível local responderá que elas fazem parte da cultura usual ("foi assim que nós as encontramos", dizem os aldeões gregos com convicção). Deste modo, elas logo se refugiam atrás da capa da "cultura", já santificada, por sua vez, pela virtude englobante do Estado nacional.

Destarte, a linguagem da homogeneidade nacional coopta o que, "na vida concreta", é uma realidade social altamente diferenciada. Porquanto persistam as diferenças locais, essa linguagem as põe para trabalhar a serviço de uma unidade transcendente. O efeito multiplicador completa a tarefa quando os cidadãos invocam a linguagem da unidade cultural para investir as realidades sociais locais com a autoridade da virtude nacional: a comunidade local "torna-se" uma versão em miniatura do Estado, revertendo na consciência das pessoas o provável desenvolvimento histórico das imagens do Estado-nação a partir da experiência local. De fato, nem o Estado-nação nem a comunidade local podem funcionar, imagina-se, sem a convertibilidade mútua entre homogeneidade cultural e diferença social. As ideologias estado-nacionais reconhecem-no implicitamente por meio de sua dependência comum de metáforas familiais para a legitimação de seus apelos à lealdade dos cidadãos.

As taxonomias como refrações da língua nacional

As ideologias nacionalistas são sistemas de classificação. A maior parte deles é muito clara quanto aos critérios de admissão. Essa, ao menos, é a teoria. Na prática, todavia, interpretações divergentes desmentem alegações essencialistas tais como, para citar um proeminente e atual exemplo, no debate que ora mobiliza Israel acerca de definição de judeu. Tais exercícios taxonômicos, diante dos quais os antropólogos mostrar-se-iam muito excitados caso versassem sobre metades tribais antes que sobre assuntos modernos, são centrais para a própria existência do Estado-nação. Todas as outras classificações burocráticas são calibradas, em última instância, pela capacidade do Estado em distinguir entre os de dentro e os de fora. Logo, como eu sugerirei com mais detalhes num capítulo adiante, pode-se ver nos encontros burocráticos uma encenação ritualística dos princípios fundamentais sobre os quais repousa o próprio aparato do Estado. Visto nesses termos, os argumentos sobre o número em uma carteira de motorista perdida ou sobre o direito de um aspirante à previdência social não desafiam ou reforçam simplesmente o poder de funcionários particulares do Estado. Eles ensaiam a lógica mesma do Estado. Ao guerrear com as interpretações dos funcionários, os clientes endossam implicitamente o pressuposto de que tal lógica pode ser claramente estabelecida mediante o exercício da razão.

A classificação não é, em si mesma, exclusividade do moderno Estado-nação. Pelo contrário, o sucesso do Estado em impor a sua vontade deriva não raro da familiaridade das categorias através das quais a sua autoridade é articulada, enquanto a criação e manutenção de um sistema de classificação caracterizou sempre, até onde sabemos, o exercício do poder nas sociedades humanas. O que distingue o Estado é a sua capacidade de conferir um sentido absoluto aos termos comuns de socialidade.

O modelo para isso é a ideia de uma língua nacional. A língua nacional torna-se, ela mesma, uma espécie de imagem convencionada da sociedade nacional total. Todas as formas mais especializadas de classificação são subcampos dessa imagem. Dado que, em tese, qualquer ataque a segmentos particulares pode ser considerado como um ataque ao todo, cada parte em uma disputa burocrática tenta representar a própria posição como "pura", antes que como uma interpretação mediada do texto fundamental. O debate sobre a queima da bandeira nos Estados Unidos, no qual conservadores literalistas e apologistas da Primeira Emenda qualificavam os seus respectivos argumentos como "constitucionais", oferece uma ilustração especialmente dramática desse princípio (cf. tb. KERTZER, 1988: 133). Esses assuntos foram objeto de muito drama. Muito mais difundidas, no entanto, são as pequenas irritações dos encontros burocráticos rotineiros. Os argumentos mais triviais acerca de carteiras de motorista ou privilégios referentes a estacionamento reproduzem o mesmo debate – um debate, na verdade, entre o fundamentalismo semântico e a interpretação autoritária – tanto quanto uma disputa teológica pode reproduzir e reafirmar as bases comuns da doutrina e a autoridade da Palavra. Contestações das regras basais desses argumentos são raras, porque o simples fato da participação é compromisso suficiente.

O primado da linguagem tem duas grandes consequências para as ideologias nacionalistas. Em primeiro lugar, o Estado é usualmente relutante em garantir direitos iguais a mais de uma língua, ou o faz graças a circunstâncias peculiares da constituição histórica do Estado (como nos casos da Suíça e da Índia). O Estado é especialmente hostil a línguas que seus líderes, ou os interesses dominantes por eles representados, consideram invasivas; o presente furor em torno de "uma só língua" nos Estados Unidos resulta diretamente da hostilidade contra a imigração hispânica. Em segundo lugar, ataques à língua nacional perturbam a comprometida complacência pela qual se acredita que a linguagem representa a pureza do povo. Nem todos os países reagem tão sistematicamente quanto a França, onde a academia tenta defender-se contra os empréstimos linguísticos, mas muitos sofreram a dor de ver a sua língua cotidiana ser cuidadosamente "purgada" de influências "estrangeiras" que são, de fato, moeda corrente em todas as conversas do dia a dia. A Grécia é talvez o exemplo mais notável desse dilema, e também o país que ilustra mais dramaticamente a tensão entre os apelos à identidade eterna e as contingências do momento – praticamente cada uma de suas muitas constituições buscou estabelecer que a língua nacional fosse aquela em que a constituição do momento havia sido escrita. Se a língua única representa um povo unificado, é claro que qualquer brecha na ordem taxonômica será também um ataque àquela massa solidária. A objetificação da língua como a propriedade cultural quintessencial põe uma irremovível cimalha sobre a inviolabilidade da nação, imobilizando todas as classificações. Essa, ao menos, é a intenção implícita, e a base lógica para a predicação de ações burocráticas específicas na lógica supostamente transcendente da lei.

Uma característica comum, se não universal, do nacionalismo é a insistência na tese de que um povo – "nosso povo" – deve falar uma língua, o que nos traz de volta ao termo com o qual eu iniciei o presente capítulo. Nos termos desenvolvidos nas duas últimas seções, a ideia de uma língua nacional busca representar cada fala individual como um ícone do todo, uma refração da imanente essência nacional; os relacionamentos indexicais entre falantes (as marcas de diferenças de classe ou de região) são descartadas. Num sentido levemente distinto, mas igualmente importante, as taxonomias das burocracias estatais também são refrações da língua nacional imanente. Esse certamente não é um fenômeno peculiar aos sistemas estatais europeus. Handelman (s.d.: 6-7), em sua discussão sobre um antigo texto chinês referente à administração, nota que o seu autor, o Lorde Shang, reivindicava uma correspondência exata entre palavras e coisas. Esse é o mito da pura referencialidade que nós já encontramos na emergência, derivada do Iluminismo, do nacionalismo grego. Aqui, ele é explicitamente conectado à simplificação e reformulação de todo o povo como unidade, a fim de que as divisões taxonômicas venham a representar os limites internos ao Estado. Para

Shang, tais limites representavam uma "travessia semântica de fronteiras ou muros". A taxonomia como um todo é um ícone da unidade do Estado.

Com o desenvolvimento na Europa dos vernáculos nacionais, línguas inteiras adquiriram essa emblemática significância. Tal qual "a" bandeira, a língua nacional veio não apenas representar, mas, num sentido experiencial, ser a nação. A substituição do signo (a língua nacional) pelo seu hipotético referente (o "si própria" da fórmula durkheimiana da "sociedade adorando a si própria") conduz a uma defesa apaixonada da língua. No pós-Revolução Francesa, em reação à respeitabilidade temporária dos dialetos locais, um padre leal à nova ordem, o Abade Grégoire, clamou para que outros em igual posição usassem o padrão nacional "para se comunicar com o Ser Supremo" (HIGONNET, 1980: 42), sendo este identificado com a Sublime Razão. Seria difícil encontrar melhor paralelo com o culto a *Kwoth* – o infinitamente refratável Ser Supremo dos Nuer – em qualquer contexto europeu.

As políticas multilinguísticas e os sotaques estrangeiros poluem a inclusiva singularidade da língua nacional. Especialmente quando a unidade política de uma nação é ameaçada desde fora, geralmente haverá aqueles que reagem demandando a reafirmação da unidade linguística. Nos Estados Unidos, o movimento pela "língua única" exige o entrincheiramento do inglês como língua oficial do povo americano. A ressuscitação do hebraico era o âmago do essencialismo sionista, mais do que a luxuriante diversidade de línguas vivas de populações judaicas específicas na diáspora – o *yiddish*, o ladino, o judeu-arábico, o judeu-persa. Os corsos rejeitam como imperialismo linguístico a ideia de que sua língua é um dialeto do italiano, assim como as tentativas de descartá-la em favor do francês (JAFFE, 1990); os cipriotas gregos, concedendo, ao menos da boca para fora, ao objetivo de uma eventual união com a Grécia, insistem falar um mero dialeto grego, ainda que de uma forma mais "pura" que a utilizada em Atenas – tal a incrível capacidade do nacionalismo romântico de comer e guardar o bolo ao mesmo tempo.

Numa espécie de demonstração reversa, o serviço público indiano manteve por anos a língua dos imperialistas britânicos, em vez de desencadear as paixões demoníacas do separatismo linguístico que vigoram em cada província, e até mesmo em alguns sistemas de castas de vilarejos locais, de seu país. O que importa é menos quem utilizava uma forma linguística particular antes da independência, e mais a aquisição de uma língua aceita por todos. Talvez não seja muito cínico sugerir que quase toda língua serve, contanto que (a) muitas pessoas a falem e (b) que nenhuma minoria poderosa seja vista pelos outros como aquela que usa a língua como veículo para uma ruptura separatista do Estado-nação envolvente.

Tudo isso é bem conhecido. O modo como é usualmente apresentado, todavia, obscurece o trabalho extremamente importante que a linguagem faz pelo nacionalismo. Ao aparecer como a propriedade imanente e objetivamente determinada das entidades nacionais, a língua obscurece a sua função de substituta de tais entidades. A retórica nacionalista chama a atenção das pessoas para a linguagem, como se ela fosse um simulacro perfeitamente imutável da própria nação – um ícone no sentido técnico que o termo vem sendo utilizado aqui. Higonnet (1980) documentou os modos pelos quais alguns líderes da Revolução Francesa, comprometidos com uma ideologia comunitária, mas determinados a não abrir mão de suas vantagens materiais pessoais, objetificaram a língua como a grande base da identidade francesa. A Revolução, sugere ele, não estava ameaçada pelos falantes de dialetos; ao atacar a sua fala, os líderes revolucionários teriam suscitado um assunto que desviava a atenção de sobre a inconsistência de suas próprias ações. Ao reificar a língua, esses líderes buscavam desviar o foco da imediaticidade de sua riqueza para a propriedade imanente do meio mediante o qual, como indicou o Abade Grégoire, é possível comunicar-se com o Ser Supremo. Isso ilustra um dos muitos processos pelos quais os líderes são capazes de achar expedientes para estabelecer a língua como uma efígie da unidade nacional.

Nos termos que eu adotei aqui, sobretudo, podemos ver o problema como o de reconciliar as duas extremidades do modelo segmentário, sendo comunitário e individualista ao mesmo tempo. Esse traço de simultaneidade é extremamente importante. Em sistemas políticos segmentários, as ações são definidas conforme as circunstâncias: em um momento, luta-se ao lado de um grupo adjacente; em outro, combate-se como membro de uma entidade muito mais ampla. No Estado-nação moderno, tal alternância entre níveis de solidariedade é inconcebível. Presume-se que os interesses pessoais sejam subordinados aos, tanto quanto coincidentes com os, interesses do Estado. A criação de uma língua nacional, como mostra o exemplo da Revolução Francesa, oferece uma maneira atrativa de colapsar a ramificada história cultural da nação em uma entidade singular e atemporal, deslumbrando aqueles olhos críticos que, de outro modo, seriam tentados a examinar mais detalhadamente as desigualdades e a desunião que as ações reais dos líderes promovem.

O nacionalismo linguístico torna a distribuição geográfica da língua coincidir com a da própria nação, de modo que qualquer ataque à língua nacional converta-se, por substituição, em uma violação das fronteiras nacionais, uma incursão ilegal. É uma lógica que tem muito em comum com a noção de "magia homeopática" que Frazer discerniu entre povos tribais: se você pode suprimir as suas impurezas, você é capaz de manter a pureza essencialista da nação mesma. (Talvez seja relevante o fato de que os coronéis que assumiram o poder na Grécia em 1967 propunham "operar no paciente enfermo" de seu país um procedimento cirúrgico que incluía certa dose de purificação linguística, que teria sido hilária caso as suas consequências não houvessem sido tão traumáticas: repressão da educação, alienação das crianças de seus pais menos "afortunados", resistência a novas ideias que a purista língua neoclássica não podia acomodar facilmente.) A língua torna-se uma espécie de efígie conceitual – na qual, além do mais, pode-se cravar alfinetes simbólicos, ou sobre a qual é possível aplicar unguentos, conforme necessidade e inclinação. O purismo dos planejadores da língua nacionalista é tão ritualístico, e tão arbitrário, quanto qualquer regra alimentar. Esse é um ponto de suma importância ao qual deveremos voltar em breve.

Os nacionalistas, pois, não apenas tentam unificar artificialmente a língua de modo a prover uma unidade existencial para a nação. Eles também igualam a linguagem e a nação, executando "operações" paralelas em ambas. Os praticantes rituais da arte política podem oficiar os seus rituais sobre a linguagem, criando perversões puristas na fala ordinária e demandando um referencialismo legalista de todos os falantes.

Destarte, as pessoas tornam-se indistinguíveis daquilo que falam, e palavras assumem o virtual *status* de coisas. Além do mais, o tratamento da língua nacional torna-se o modelo para o tratamento de seus segmentos, ou categorias. Em consequência, a língua parece converter-se num instrumento perfeito de representação: as palavras passam a ser os análogos posicionais exatos das coisas no único jogo taxonômico disponível. Na França pré-revolucionária, ao menos, a correspondência entre a singularidade da língua nacional e a pura referencialidade das palavras era explícita, tratada como precondição necessária ao raciocínio abstrato (HIGONNET, 1980: 50). Uma vez que as pessoas focam exclusivamente nas formas da língua – um ato de confiança –, estas assumem uma referencialidade perfeita como refrações de uma verdade nacional. Tal é o equivalente linguístico da rotinização burocrática no sentido de Weber, assim como de uma representação coletiva nos moldes da leitura que Evans-Pritchard faz de Durkheim. A língua não é apenas um instrumento; é também um emblema.

O processo de reificação pode ir além da fossilização do significado até o ponto em que este se torne plenamente irrelevante. Em *A história do jardim zoológico* (1960), de Edward Albee, o porco é descrito como sendo tão repulsivo que nem mesmo os cães o comeriam. Segundo Salman Rushdie, "Essa era uma esplêndida propaganda antiporco", e, como tal, uma peça literária adequada a um público muçulmano. Um censor de TV em Carachi (Paquistão) informou a Rushdie que ele teria de apagar todas as referências a porco em uma produção da peça porque "a palavra não podia ser dita na televisão paquistanesa" (RUSHDIE, 1983: 2).

Essa é a linguagem de uma referencialidade espantosamente transcendente, mas os tipos mais familiares de referencialidade, imortalizados, por exemplo, na oblíqua parábola de Joseph Heller, *Ardil-22* (1961), ou nos pesadelos de Kafka (1937) sobre a corrupção da justiça, são igualmente corrosivos à autoestima individual, produzindo em última instância efeitos muito similares. Não há nada mais intransponível do que um burocrata intransigente armado de uma taxonomia, porque ele sempre pode alegar que a taxonomia é o Estado (ou, como no encontro de Rushdie com o censor de Carachi, a religião oficial). Não há árbitro acima disso. Além disso, qualquer desafio à língua nacional é uma lembrança da morte, a impotência subjacente a todos os nacionalismos (como nota Anderson [1983: 46]). É na conversão dessa fatalidade básica em predestinação ao bem último que consiste o trabalho do discurso nacionalista – a abolição da morte, o derradeiro outro interior (BOTTOMLEY & LECHTE, 1990: 61)[61].

As irrespondíveis propriedades da língua, especialmente da linguagem escrita, derivam de sua aparente transparência. Eu digo "aparente" por bons motivos: as propriedades obscurantistas do jargão burocrático são ferramentas bem conhecidas do humor convencional acerca da burocracia. Tanto os burocratas quanto os humoristas falam como se a linguagem burocrática pudesse ser genuinamente transparente. Mas quem legisla sobre isso? Muito embora a sua forma exterior possa ser assaz simples, a língua pode ser tornada semanticamente obscura de modo a permitir que os atores burocráticos desviem a atenção de sobre o caráter efetivamente contingente do seu uso. Isso confere um novo sentido à noção saussureana de "arbitrariedade do signo linguístico" (SAUSSURE, 1966: 67). A língua é tanto instrumento quanto objeto da ação. Nesse sentido, sobretudo, ela é muito parecida com o camelo que o ladrão de camelos usa para roubar os camelos de outros beduínos (MEEKER, 1979): sendo ao mesmo tempo instrumento e símbolo, a língua pode ser usada para violar a sua própria espécie, para impor um conjunto de significados sobre todas as formas de expressão.

A burocratização da língua opõe-se, portanto, a qualquer reconhecimento da fluidez semântica. Como um modelo do regime político, uma lábil noção da língua pode apenas sugerir a decisiva violação categorial: a "instabilidade". E, no entanto, a experiência cotidiana parece sugerir que as leis escritas não são tão fixas quanto aparentam. Goody (1986: 101) parece reconhecê-lo quando sugere que os líderes ashanti, que conduziam negociações de tratados com os colonizadores britânicos, superliteralizavam as formas, antes que o conteúdo, de seus acordos: "Muitos desentendimentos surgem dessa tendência de equacionar o papel com o seu conteúdo, o meio com a mensagem". Essa não é, contudo, uma consequência da introdução da escrita apenas, como Goody parece sugerir; ao contrário, o conflito de Salman Rushdie com o censor de Carachi acerca do uso do "porco" mostra que uma superliteralização similar das palavras é perfeitamente possível no discurso oral.

---

61. A comparação das negações burocráticas à mudança com os rituais, no caso, os mortuários, é irresistível; para uma discussão da morte como outro ritualizado, cf. esp. Fabian, 1973; Danforth, 1982.

Em contrapartida, eu acho difícil compreender o argumento de Goody segundo o qual a introdução da escrita faz com que *non sequiturs* e outras inconsistências apareçam mais claramente do que ocorre no discurso oral (GOODY, 1986: 92, 141). Idealmente, talvez, devesse ser assim. Muitos acadêmicos, ao que parece, acreditam nisso. Gellner (1988), por exemplo, argumentou que a difusão da alfabetização tornou a "alta cultura" disponível para todos, de modo que os membros dos Estados-nação falam, hoje, um "código elaborado" em que a ambiguidade e a redundância desaparecem rapidamente. Embora, sem dúvida, fosse isso que muitos governos gostariam de ver acontecer, trata-se invariavelmente mais de um tipo ideal do que de uma realidade conquistada. As pessoas estão muito mais inclinadas a assumir as formas externas do procedimento burocrático e investi-las com os seus próprios significados.

O que marca um código elaborado, segundo o sociolinguista que cunhou o termo, Basil Bernstein (1971), é a liberdade em relação aos limites impostos pelo contexto[62]. Como destaca Goody (1986: 185), no entanto, "nada é completamente 'descontextualizado' nem completamente 'universalista'". Mas Goody ainda replica parcialmente aqui o erro de Gellner, ao tratar os sentidos contextual e universal como condições possíveis da realidade antes que como estratégias retóricas. Seria mais proveitoso evitar a reificação do contexto, falando, em lugar disso, do aparecimento da sensibilidade para com o contexto e dependência do contexto – reconhecendo, em outras palavras, modos retóricos e o seu desdobramento tático. A despeito do argumento de Gellner, tudo o que a educação de massa foi capaz de garantir aos cidadãos dos Estados-nação no reino da semântica foi uma ideologia da lógica transcendente, uma consequente desvalorização dos significados locais, enquanto os cidadãos podem (e por vezes o fazem) responder com a inserção desses mesmos significados locais em leituras subversivas ou irônicas do discurso oficial.

---

62. Aqui, a minha leitura de Bernstein difere da de Bloch (1989: 25). Ele vê as linguagens política e religiosa formalizadas como uma variedade do "código restrito" de Bernstein, sendo que este utiliza um escopo limitado de formas estilísticas, lexicais e sintáticas. Isso parece-me deixar escapar o tema central da sensibilidade para com o contexto; códigos restritos são restritos justamente porque, ausente o pressuposto da pura transcendência semântica (ou em posse do que Bloch chama de força "ilocutória" antes que "proposicional"), eles são ideologicamente comprometidos com um alto grau de indeterminação semântica. Na prática, é claro, o alcance semântico da linguagem formal pode ser enorme; mas não é isso que os seus usuários querem projetar. Bloch (1989: 40; ênfase minha) reconhece-o: "Um *efeito* da formalização das palavras e dos atos de fala é a sua crescente ambiguidade". Conquanto, pois, ele tenha razão em ver a falta de especificidade semântica como característica dos códigos restritos, ele não reconhece que o discurso formalizado – e certamente a linguagem formalizada dos burocratas – alega frequentemente uma total transparência semântica. Pode-se conciliar as nossas posições dizendo que burocratas obstrucionistas ou cheios de si assumem as armadilhas lexicais de um código elaborado para mascarar a semântica de um código restrito. Mediante essa versão de ilusionismo semiótico, eles tentam gerir o seu poder, ao passo que alguns clientes insatisfeitos podem tentar subvertê-lo pagando para ver implícita ou explicitamente (cf. esp. BALSHEM, 1991; DE CERTEAU, 1984: 18; FERGUSON, 1984: 157; SCOTT 1985: 318).

Goody acha que a escrita lança um foco de luz lógico sobre a lei por causa da imediaticidade da justaposição que é capaz de produzir: inconsistências são difíceis de manter quando expostas numa prosa crua, descontextualizada e direta. Isso não acontece, afirma Goody, quando as leis são todas orais (GOODY, 1986: 136-137). A posição de Goody recorre, portanto, ao mesmo tipo de argumento tradicionalmente usado para distinguir a história do mito: a história apresenta os fatos e está aberta à inspeção crítica, enquanto o mito – especialmente se seguimos a famosa análise de Lévi-Strauss (1955) – encapsula contradições.

Na prática, todavia, muitas formas de história nacionalista, via de regra, justapõem contradições. Tal qual a visão durkheimiana da religião, a visão lévi-straussiana do mito pode, com efeito, funcionar melhor nos Estados-nação modernos, porque eles têm uma teleologia construída mais ou menos conscientemente: não é preciso supor algum misterioso propósito elevado estabelecendo as "funções" da religião ou do mito, porque podem estar claros – e, em teoria, sempre passíveis de investigação – os interesses a que servem. As contradições da história nacionalista, além disso, são reproduzidas ao nível da taxonomia burocrática e conservadas nos rituais cotidianos de reverência, e a autoridade emanada de sua forma escrita evita, ao invés de encorajar, a inspeção crítica. A escrita não é garantia de consistência ou acessibilidade à crítica. Ao contrário, como ocorre com textos sagrados em inúmeras religiões, ela pode furtar-se ao exame crítico e intensificar, destarte, a fetichização da linguagem.

Os burocratas gregos estão cientes das inconsistências que abundam no sistema legal que eles deveriam sustentar. Frequente e penosamente, eles reclamam da "multiplicidade de leis" (*polinomia*) que frustram as suas melhores intenções de conformidade, e reconhecem as "pequenas janelas" (*parathirakia*), ou brechas, que possibilitam ao cidadão jogar uma lei contra a outra. A clareza total é um sonho literalista, impossível de realizar, mas os burocratas agem como se a lei fosse clara, e aceitam a qualidade fetichista de sua linguagem: essa é a lição da experiência de Rushdie com o censor, e ela tem pouco a ver com o fato da língua ser ou não escrita. Ou, como Vico (1744, I: cxi) expressou diretamente há mais de dois séculos: "Há certamente nas leis um obscurecimento da razão mantida apenas pela autoridade, o que as torna, na prática, inflexíveis".

Quanto mais um burocrata tem sucesso em reificar "as leis", deixando-as "na prática, inflexíveis", mas fácil se torna manipular encontros legais para propósitos autointeressados. Um poderoso político cretense, visitando uma aldeia onde tivera muitos clientes no começo de 1978, anunciou que, para ele, ser um representante parlamentar significava levar leis específicas e compreensíveis aos seus companheiros legisladores: não se podia, pontificava ele, agir como um padre que lê o Evangelho numa linguagem não compreendida nem por ele próprio, nem por sua audiência. Ao mesmo tempo, esse mestre da arte do ofuscamento, um notório padrinho de ladrões de animais que exibiu grande destreza em comunicar o oposto do que suas palavras diziam literalmente, distribuiu panfletos declarando não querer "um único ladrão de animais votando nele". A sua negação do ritualismo da vida política e da lei forma um conjunto com essa postura literalista. Os seus protestos eram não apenas inteiramente transparentes, como também ritualistas ao extremo. O apelo à total liberdade em relação a contextos possui, ele próprio, um contexto político, e não podemos compreendê-lo realisticamente sem recorrer a ele: isso vale tanto para os "códigos elaborados" do discurso acadêmico quanto para a lei.

A fetichização da linguagem, a aquisição de sua autoridade imanente, aciona frequentemente tais afetações de literalismo. Reed (1990), num relato altamente esclarecedor da política na zona rural portuguesa, mostra como os próprios instrumentos de burocratização – nesse caso, as *Regras de Ordem de Robert* – podem tornar-se um símbolo tanto da boa conduta quanto da repressão, dependendo da posição ocupada dentro da constelação política do momento. Os políticos rurais portugueses estudados por Reed lançavam uns contra os outros acusações de incompetência retórica e rusticidade, fazendo da língua o tabuleiro sobre o qual era disputado um intenso jogo por interesses obviamente materiais. O valor contestável no caso parecia ser a "democracia". Aqueles dotados de uma compreensão sofisticada do procedimento parlamentar, usualmente conservadores com tendência a manter o *status quo*, insistiam que as *Regras de Ordem* protegiam o direito de todos a serem ouvidos. Os seus oponentes populistas, aparentemente com bons motivos, viam isso como uma manobra para explorar a posse de uma variedade arcana de conhecimentos de modo a impor a vontade de uma minoria. À medida que avançava o debate, todavia, uma coisa ficou cada vez mais clara: a própria língua torna-se em si mesma um objeto, a ser contestada como uma substituta para a realidade do poder.

O mesmo processo ocorre institucionalmente, por meio da sacralização crônica dos textos legais cuja importância simbólica sobreviveu em muito à sua relevância prática. O argumento de Goody, portanto, funciona melhor para os sonhos dos legisladores do que para as práticas dos burocratas, ainda que, num sentido irônico, ele tenha razão também em relação aos burocratas: estes lançam mão da retórica da transparência semântica para alinhar os seus objetivos pessoais com a grande marcha da história. O próprio Goody provê uma excelente demonstração de que isso procede (1986: 163): "O *Domesday Book* foi usado como fonte de lei por mais de duzentos anos (sobretudo no período tardio), e no entanto ele havia sido um censo estatal da nação em um período determinado do tempo. Consequentemente, o seu real valor de verdade diminuía enquanto crescia o seu valor de verdade percebido. Porque a palavra escrita foi associada à imortalidade". Certamente, como observa Goody, a permanência trazida pela escrita foi um importante fator aqui. Seja qual for a fonte de sua autoridade, qualquer pronunciamento formulaico pode possuir essa propriedade do significado aparentemente imutável. A sua fixidez formal obscurece o caráter lábil de sua semântica. Não é que algumas formas de linguagem sejam livres de contexto, mas o exercício do poder é que resta, em parte, na capacidade de representá-las como tal. Daí por que o estudo da burocratização deva atentar para a retórica.

É importante também não pressupor que o domínio do discurso formal goze de alguma habilidade misteriosa para impor respeito. Ao contrário, o seu uso traz consigo certos riscos. Os populistas das aldeias portuguesas de Reed, por exemplo, eram capazes de, através da zombaria e da paródia, subverter as alegações dos conservadores segundo as quais seriam eles os guardiões da democracia. Por vezes, esse tipo de reversão pode ser quase total. Durante as eleições de 1984 para o Parlamento Europeu na Grécia, enquanto o líder conservador Constantine Mitsotakis evitava escrupulosamente usar a desacreditada forma purista (*katharevousa*) da língua nacional, o seu oponente, o socialista Andreas Papandreou, temperou o seu discurso final com uma quantidade generosa de formalismos afetados – mas, astuciosamente, apenas quando aludia aos conservadores. Desse modo, ele absorveu efetivamente a própria identidade dos conservadores num domínio superior – porque galhofeiro – do formalismo, o seu vínculo mais claramente expressivo com os excessos burocráticos do regime dos coronéis poucos anos antes.

A linguagem formal aspira retoricamente à transcendência. Na obra de Bernstein e Douglas, há uma tendência a fundir as propriedades formais da linguagem e do simbolismo com os aspectos semânticos. As inversões irônicas que acabei de descrever mostram que as *Regras de Ordem de Robert* e o grego purista são tão sujeitos a ambiguidades quanto assovios e gírias. A subversão da formalidade não consiste tanto em simplesmente abandoná-la, mas em mostrar precisamente o quão precária é, de fato, a sua influência sobre o significado absoluto. Bloch (1989: 27; mas cf. TAMBIAH, 1979: 152) observa com razão que a linguagem formal destina-se a desencorajar a crítica, mas somos negligentes se atentamos apenas para uma semântica literal; ou se, para usar um modelo literário corrente, ouvimos apenas o autor, bloqueando as respostas dos leitores. A crítica política tem menos a ver com a forma dos discursos do que com a habilidade de destacar aspectos de seu uso. A manutenção do poder sustenta-se sobre a reificação do significado mediante a sua fusão com a forma. Isso tem implicações institucionais claras: "Em verdade, como Marx efetivamente diz, o interesse geral torna-se reduzido ao interesse peculiar da burocracia, que insiste sobre a permanência de esferas de interesse privado – das corporações e dos Estados – de modo a configurar uma universalidade imaginária em relação a ele" (LEFORT, 1971: 289). Ao recusar-se a reconhecer o poder da retórica, a ciência social, muito frequentemente, voltou as costas para essa capacidade de universalização do particular, de substituição das formas atemporais da língua nacional pelas necessidades especiais de atores individuais.

No interior do Estado-nação moderno, burocratas e políticos podem frequentemente assimilar os seus objetivos imediatos a idiomas de expressão abertamente nacionais. Isso é particularmente óbvio naquelas áreas em que questões de identidade devem ser negociadas – o foco principal deste livro. Eu sugeriria, ao menos como uma hipótese experimental, que, onde a retórica nacionalista goza de alto grau de aceitação pública, é muito mais fácil a burocratas irresponsáveis ou egoístas buscar objetivos não relacionados às suas funções públicas. Dado que a marca de todo discurso nacionalista é a unidade, qualquer ato de desobediência pode ser visto como de traição.

Tautologias em ação

Na seção anterior, eu sugeri que a forma escrita e legalista das leis pode desviar, mais do que chamar, a atenção de sobre sua mútua incompatibilidade. Mas, então, poder-se-ia perguntar: como as inconsistências são mantidas se a prática cotidiana as torna penosamente óbvias?

A resposta está na forma tautológica assumida normalmente pelos pronunciamentos burocráticos. É necessária toda uma papelada para validar fatos a respeito de quem a pessoa é, e em seguida mais papelada para validar a anterior. Às vezes, são feitas tentativas de conter tal proliferação. A Lei Norte-americana de Redução da Burocracia (1980), que solicita a todas as agências governamentais que indiquem em cada formulário a quantidade de tempo necessária para preenchê-lo, foi designada para proteger o público contra uma coleta desnecessária de informações (HAINES, 1990: 254-255). Um resultado paradoxal, no entanto, foi o aumento do nível de vigilância oficial sobre pormenores. Para muitos cidadãos, esse foi apenas mais um paroxismo de estéril autorreferência. Pelo menos, todavia, o seu objetivo declarado e efeito parcial foi desencorajar o hábito oficial – como frequentemente parece ser – de demandar informação pela própria informação. Quanto mais baixo o nível de burocracia em questão, e mais distante da autoridade central, mais tendem a se multiplicar esses apelos ao cruzamento e armazenamento de dados no fim das contas inúteis, porque mais a sobrevivência dos pequenos burocratas está em risco. Isso tem também o seu correlato na ontogenia da própria organização burocrática. Como sugeriu Lefort (1971: 303), a proliferação de escritórios e pessoal encoraja o desenvolvimento de estratégias pessoais por trás da fachada de objetivos comuns. Há, dito simplesmente, mais costas a serem guardadas.

A demanda por múltiplas assinaturas ilustra-o muito bem. A assinatura é, ao mesmo tempo, marca de responsabilidade individual e de poder impessoal. Na Grécia, às vezes era necessário, ao trocar o cheque de um viajante, obter cerca de

14 assinaturas de aprovação da papelada. Muitas delas eram rubricas, tão estilizadas a ponto de parecerem o sinal da cruz – que, de fato, era frequentemente usado em documentos antigos em lugar de uma assinatura pessoal, como testemunha do juramento sagrado que validava o feito.

Idealmente, as assinaturas, como bem observa Goody (1986: 73), são "um voto de fé; com efeito, a assinatura é a própria pessoa moral, ou ao menos a pessoa legal, *homo legens*". Na Europa medieval, como ele segue destacando, o "IOU"[63] ["devo, não nego"] era "uma promessa escrita, legitimada pela assinatura, e às vezes... por uma marca, em particular uma cruz, que é o sinal da cruz, evocando sanções sobrenaturais". As assinaturas dos caixas de banco gregos, entretanto, não eram marcas de individuação. Eram apelos a uma autoridade coletiva, e uma supressão do eu clerical – uma clara demonstração do princípio que mencionamos brevemente no último capítulo, segundo o qual a assinatura reduz o burocrata a uma cifra em alguma entidade nacional generalizada.

Ao contrário do signatário de um contrato, que assumiu uma parcela de responsabilidade pessoal (GOODY, 1986: 124), o burocrata pode esconder-se atrás da assinatura. A assinatura torna-se um objeto de pura autorreferência: não representa o burocrata, mas a si própria – um caso especial do processo de fetichização discutido anteriormente, assim como um modo de remover qualquer traço de responsabilização do burocrata individual para a coletividade burocrática – em direta violação, note-se, do tipo-ideal de Weber acerca da burocracia legal-racional. Tais estratégias são inteiramente consistentes com a lógica mais geral da *efthinofovia*, ou "passar a batata-quente" (literalmente, "fobia de responsabilidade"). A assinatura típica é anônima – uma contradição lógica que reproduz o conflito do burocrata entre o autointeresse e a responsabilidade da confiança nacional.

A responsabilização, Weber nos diz, é do que trata a burocracia; e a responsabilização é também aquilo em que muitos burocratas investem boa parte do tempo para boicotar ou evitar. Um cínico poderia definir o poder – um conceito sempre elusivo – como o direito de não ser responsabilizado. Uma breve história ilustrará o quão longe pode ir essa lógica. Depois de uma campanha eleitoral na Grécia, um parlamentar comunista reclamou que o Golfo de Patras estava repleto de bandeirinhas plastificadas do partido comunista. Ele foi ver o secretário-geral do Ministério do Interior, a quem se reportam todos os prefeitos, alegando que aquela poluição era culpa da prefeita regional. Ele não parava de falar, até que o exasperado secretário-geral explodiu: "Escute aqui, senhor, a prefeita não pode estar por aí pendurando bandeirinhas de plástico porque ela está grávida de seis meses!" (*Ta Nea*, 07/06/1989: 5).

---

63. Acrônimo de *I Owe You*, literalmente: "Eu te devo" [N.T.].

O incidente é interessante por duas razões. Primeiro, há a clara tentativa do parlamentar de associar os socialistas à poluição, simbolicamente, sem dúvida, mas também literalmente. Ainda mais revelador, no entanto, é o pressuposto de que a prefeita era, de algum modo, diretamente responsável pelo ultraje. Isso destacava o seu *status* de indicada política antes que funcionária eleita (um fator igualmente relevante nos trabalhos das Testemunhas de Jeová de Tessalônica). Foi o *status* de indicada da prefeita que permitiu ao parlamentar culpá-la. A resposta oficial do exasperado ministro segue a mesma lógica. A despeito (ou talvez por causa) de sua patente absurdidade, ela expõe uma consequência implícita da difundida recusa dos burocratas em aceitar qualquer responsabilidade: a responsabilização moral da prefeita – algo que os socialistas tentaram promover – só poderia significar que ela executara pessoalmente o ato vil. Não é de se espantar que os funcionários públicos tão raramente admitam haver autorizado qualquer ação burocrática.

Note-se que essa anedota nos leva diretamente a questões de identidade pessoal e responsabilização. Na retórica política grega, como eu notei no capítulo 1, há um jogo constante de estereótipos entre o ideal ocidental e uma espécie de outro orientalizado e internalizado. Em assuntos referentes à ação pessoal, isso emerge como um conflito entre desvios egoístas, familísticos ou político-partidários, de um lado, e o empreendedorismo engenhoso e individualista, de outro. Qual destes é invocado depende da relação entre o falante e o assunto da conversa. A classe de ações à qual pertencem é virtualmente idêntica, as suas implicações morais, diametralmente opostas.

Hoje, mesmo quando o monopólio conservador da "democracia ocidental" (*versus* o "despotismo oriental") enfraquece ou cai na irrelevância, outras oposições – fascistas *versus* revolucionários, por exemplo – preenchem os mesmos espaços morais e inspiram os mesmos tipos de batalha retórica. Novamente, vemos que, muito mais importante do que formas ou símbolos particulares – ainda que estes sejam objeto ostensivo de conflito – é a disputa entre quem consegue reificar o significado, e sob quais bandeiras.

Reificando o que os outros dizem: padrões de culpa

No próximo capítulo, deveremos examinar algumas consequências da evitação da responsabilidade, localizando-as em seu contexto cosmológico. Para concluir o presente capítulo, todavia, gostaria de abordar brevemente a relação entre esse fenômeno da passagem da batata quente e a tautologia. O link se dá, mais uma vez, mediante a fetichização da linguagem, ou, como eu chamei, a reificação do significado.

A falta de ajuste entre os valores nativos e a semântica burocrática referencial gerou uma ânsia defensiva por literalidade entre os funcionários públicos gregos (cf. MACKRIDGE, 1985; TSOUCALAS, 1991). Os burocratas e os clientes estão, ambos, plenamente cientes das possibilidades de decepção mútua que, como De Certeau (1984) documentou tão habilmente, o uso de uma linguagem formal comum usualmente mascara. Dado que os significados são tão facilmente disputados, os burocratas reafirmam, seguidamente, o seu direito de definir termos e usos. A oposição a tal controle semântico pode ser igualmente ritualística, mas de um jeito subversivo que fere o orgulho oficioso; tal como, por exemplo, são os estereótipos burlescos acionados no carnaval brasileiro (cf. DAMATTA, 1991).

Isso normalmente assume a forma de uma preocupação intensa com a exatidão retórica. O pedantismo oficial, chamado de "ritualismo" por Merton e Blau, é, na verdade, uma marca de dependência. Os burocratas voltam-se para a linguagem quando sentem que os seus superiores recusar-se-ão a "cobri-los". Uma vez que a língua nacional é frequentemente homóloga ideologicamente à nação, e suas categorias, supostamente homólogas aos grupos de pessoas que definem, a precisão não é meramente um perverso prazer burocrático. Ao contrário, ela é vital para a sobrevivência profissional. O burocrata quer sempre estar em posição de indicar um texto legitimador. Mesmo se a interpretação está sob disputa, seria preciso a presença de um superior de incomum independência para rejeitar simplesmente a leitura do subordinado. É muito mais fácil para ambos presumir que o subordinado estava certo. Para levar a analogia do nacionalismo com a religião à sua conclusão lógica, supõe-se que o fundamentalismo mais radical seja encontrado, por bons motivos, nos escritórios do baixo clero.

Um exemplo dessa preocupação com a precisão servirá também para ilustrar a distribuição de poder em tais situações. A "viúva de um dentista aposentado" não conseguia obter a expedição de sua carteira de identidade até que se adequasse ao formato requerido ("viúva de dentista em aposentadoria") (*To Vima*, 07/07/1977: 2). Mas o modo mais seguro de garantir a referencialidade é através da autorreferencialidade ou, antes, da autorreferenciação, da documentação burocrática (*Akropolis*, 10/11/1977: 2):

> Esta conferência é sobre burocracia... De modo a estender o adiamento desta convocação obrigatória, o estudante que se encontra fora deve trazer a este escritório do Exército um certificado de identidade do município [de sua residência]. O município... requer que ele se dirija ao tribunal civil ou a um tabelião e faça uma declaração juramentada de que a pessoa estudando fora é a mesma nascida em tal e tal lugar, e está inscrita no registro masculino do município.

O que acontece às pessoas, acontece também aos objetos. Na pequena cidade do meio-oeste em que vivo, um grande furor explodiu quando o uso que um oficial de justiça local fez do carimbo com a inscrição "Tribunal Regional de Monroe", antes que "Oficial do Tribunal Regional de Monroe", foi contestado.

Quando um juiz finalmente decidiu que o carimbo original (utilizado desde os anos de 1850) estava em ordem, o oficial teve de abandonar os novos carimbos que havia encomendado, com a intenção de, mais tarde, convertê-los na inscrição original, *Herald-Times*, 06/10/1989: A [I], II.

Tais exemplos ilustram a identificação literal da pessoa com o rótulo. Trata-se de um apelo totalmente autorreferencial à autenticidade. O pânico criado entre os bons cidadãos do condado de Monroe, Indiana, acerca da validade da documentação (certidões de nascimento, morte e casamento!) autenticada com o controverso carimbo mostra o quão facilmente as pessoas se tornam bovinas. Gellner pode estar certo ao assumir que as estruturas de poder em questão emergem do uso da força, a "espada" de Gellner e o "cano de uma arma" de Mao, mas tais ilustrações mostram que, quando o sistema está no lugar, a caneta é, no mínimo, tão poderosa quanto.

Fetichização é reificação. A rotulação de itens submete-os ao controle conceitual do Estado, tornando a sua identidade superficialmente não problemática. Uma arqueóloga americana especializada em técnicas de cerâmica experimental fez alguns potes "pré-históricos" e levou-os ao acervo de um museu grego para serem fotografados. Quando quis removê-los, ela foi informada – aparentemente sob o argumento de que as antiguidades eram propriedade nacional, sujeitas a estritas leis de exportação (coisa que, ironicamente, essa arqueóloga em particular havia se esforçado por defender e apoiar) – que eles agora faziam parte da coleção. Eu também fui informado de que não se pode simplesmente abandonar uma peça de antiguidade depois de ela ter sido declarada às autoridades responsáveis, passando então a receber um "número de protocolo" como garantia de sua existência oficial.

Aqui, começamos a nos afastar do domínio da linguagem propriamente para questões mais amplas de taxonomia e cosmologia. No próximo capítulo, examinarei a situação grega com mais detalhes. Proponho documentar a moldura conceitual dentro da qual o público conceitualiza a intransigência burocrática e o jogo da batata quente, e quais pressupostos cosmológicos permitem às pessoas conviver com um mecanismo estatal que inspira tanta aversão, mas também familiaridade. A burocracia, na Grécia, encaixa-se em noções amplamente populares acerca da pessoa e do cosmos. Os seus atributos malignos não são senão uma versão do fardo mortal. O próximo capítulo examina a teodiceia prática em mais detalhe.

5
Fatalidades retrospectivas

Decreto arbitrário

Neste capítulo, lançaremos um olhar mais cuidadoso sobre o idioma do resmungo contra o Estado, mediante o qual as pessoas buscam justificar a humilhação sofrida em suas mãos – teodiceia secular. A chave para a compreensão da teodiceia secular está na sua tendência convencional. De modo a mostrar precisamente o quão convencional ela é, o meu objetivo imediato é traçar o que podemos chamar, num sentido ampliado, de uma etimologia dos conceitos (cf. tb. HERZFELD, 1987a: 23). Embora eu deva usar as evidências linguísticas assaz livremente, estou mais interessado em mostrar que as imagens relevantes – a cosmologia da comunidade imaginada – derivam de ideias amplamente difundidas acerca do destino pessoal, elas próprias imersas no complexo conceitual sobre o sangue e a pessoa já discutido anteriormente. Essa é uma cosmologia persistente, hoje secularizada, mas nem por isso menos poderosa. É também um simbolismo tão comum que a maior parte das pessoas jamais pensa nele como sendo cosmológico. Nesse sentido, é como uma metáfora tornada obsoleta graças à rotinização da forma expressiva.

O rastreamento da etimologia visa aqui a ser uma técnica de revelação, um modo de compreender como e por que a gente torna-se acostumada à obediência, já não mais examinando os termos nos quais ela é demandada. Se olhamos para os tipos mais ultrajantemente arbitrários da performance burocrática – que, por vezes, nos leva a questionar como foi possível que os funcionários saíssem impunes –, podemos usualmente discernir um padrão que, quando descrito para outros, lhes é igualmente reconhecível. Em outras palavras, os burocratas teriam se comportado, ou assim gostamos de pensar, como os burocratas "sempre" fazem. Porque os reduzimos a estereótipos, a fim de abonar os nossos próprios fracassos diante dos outros e de nós mesmos, usualmente falhamos em perguntar por que tal comportamento deveria ser parte necessária da burocracia. Apenas assumimos que assim seja – o que é possivelmente injusto, de fato, com a grande maioria dos burocratas com os quais travamos contato.

A maioria dos europeus ocidentais e norte-americanos ficariam ultrajados ao ouvir que a sua resposta convencional ao obstrucionismo burocrático é "fatalista". É algo básico para o seu senso de eu a ideia de que, na condição de individualistas democratas, eles resistiriam, caso fosse preciso, a restrições às suas liberdades. E, no entanto, fatalismo é precisamente o que muitos observadores das velhas nações industrializadas disseram, como vimos, dos povos mediterrâneos e médio-orientais; e resistir é exatamente o que fazem estes quando, na ausência de instrumentos de queixa tais como tribunais, eles recorrem aos padrinhos nos altos cargos ou a sanções religiosas e morais. A diferença está em estruturas institucionais historicamente específicas, não em incapacidades inatas ou debilidade cultural coletiva. Tal como no relato assaz condescendente de Presthus acerca do "Inshalla" na Turquia, percebemos que as próprias culturas que dominam os países do Terceiro Mundo são as que podem "justificar" a sua dominação opondo a mistura de fatalismo e autointeresse das "trevas" orientais, nos termos de Tsoucalas, ao agressivo "individualismo" do iluminado Ocidente.

A acusação de fatalismo, como eu já sublinhei, é usualmente vicária. Ao nível pessoal, os inimigos são descritos como preguiçosos demais, e os clientes, estúpidos demais para lutar por seus direitos. Isso é, ao menos, o que dizem os vencedores e os fofoqueiros. Na prática, aqueles que reclamam do capricho burocrático usualmente continuam a combatê-lo, assim como os calvinistas de Weber dispendiam um esforço constante como prova de seu acesso predestinado ao paraíso. A maioria dos exemplos discutidos neste capítulo não teriam vindo à tona caso as vítimas não houvessem optado por revidar através da imprensa e outros meios. A sua luta consiste em desnudar o uso da racionalidade estatal em favor de algum interesse amplamente restrito de um patrão bem situado. Ela desafia as implicações da retórica do poder, empregando a retórica ao fazê-lo. Não se trata, em absoluto, de uma aceitação resignada da autoridade.

O fatalismo e os destinos

Deve estar cada vez mais claro que o termo "fatalismo" é antes um problema que uma ferramenta analítica. Devemos, todavia, tratar brevemente do que ele pode significar, no mínimo porque isso nos ajudará a ver mais claramente quais usos as pessoas efetivamente fazem da imagética do destino. O fatalismo, em seu sentido ordinário, é uma resignação passiva frente aos futuros ditames do acaso. Do ponto de vista do racionalismo tecnológico, portanto, ele representa o pior tipo de ineficiência. Como tal, pertence também àquele amplo espectro de valores supostamente mal-adaptáveis e inflexíveis voltados contra os benefícios do progresso tecnológico (BANFIELD, 1958; DIAZ, 1966). Nessa visão, o universo simbólico constitui uma rígida barreira contra o prático.

Dado que o senso comum e a racionalidade são vistos como capazes de incorporar algumas formas de simbolismo, a sua significação social aparece sob uma luz radicalmente mudada. Já não está em questão saber se um argumento burocrático ou uma desculpa de cliente são literalmente críveis. O que importa é serem socialmente aceitos, significando, por seu turno, que corporificam um uso apropriado da forma cultural. Como Umberto Eco (1976: 256) observou corretamente: "Mesmo os profetas precisam ser socialmente *aceitáveis* para estarem corretos; caso contrário, estarão errados".

Esse argumento baseia-se na teoria dos atos de fala. *Quando dizer é fazer* (1975 [1962]), de J.L. Austin, por exemplo, mostra o quanto a maneira de se construir um discurso é crucial para a sua aceitação social. Ela constitui talvez a mais importante dentre o que Austin chama de "condições de sucesso de um discurso" – condições sob as quais as intenções do falante irão extrair uma resposta adequada. O eloquente "Pretexto para Desculpas"[64] (1971 [1956-1957]), de Austin, leva a análise etnográfica ainda mais longe. Nesse escrito mais curto, ele busca explicações culturais para a aceitabilidade e convencionalidade das desculpas. O seu argumento apela, em parte, à especulação histórica acerca dos idiomas usados pelas pessoas para darem desculpas. Embora Austin não deixe a conexão explícita, o seu exame da forma cultural subverte a pretensão da retórica em geral, e as ideias sobre a racionalidade absoluta, em particular.

Austin dá prosseguimento, destarte, ao programa político iniciado por Giambattista Vico no século XVIII. Vico notou que a etimologia podia ser usada tanto para demonstrar a fluidez e impermanência de muitas instituições civis quanto para reconhecer a sua antiguidade, e se mostrava bastante cáustico diante da total insanidade – não raro reproduzida por estudiosos servis aos interesses oficiais – de pretender que as instituições nacionais houvessem permanecido imutáveis desde o início dos tempos. Também Austin, numa escala mais intimista, apelou à etimologia em sua tentativa de ridicularizar as desculpas. Ele alegou que as desculpas devem encaixar-se em certas convenções para serem notadas; afinal, não faz sentido desafiar para um duelo alguém que também não endosse o código de honra a legitimar tais confrontos (1975 [1962]: 37).

Do mesmo modo, sugeriu Austin, as desculpas bebem num substrato de ideias sobre causação, e essas ideias, examinadas de perto, podem já não parecer tão racionais como poderíamos esperar. Alegar que "ocorreu um acidente comigo", por exemplo, significa explorar as implicações do radical latino *accidit*, com a sua sugestão de "queda" do destino como causa eficiente dos desastres. Não apenas tais conexões são invisíveis para os seus usuários, como torná-las aparentes é uma maneira implícita de pagar para ver. Austin (1971 [1956-1957]:

---

64. No original: *Plea for Excuses* [N.T.].

99-100) captura muito bem essa indefinição ao falar em "percorrer nuvens de etimologia". Ou, como destacou Wittgenstein (citado em Tambiah 1990: 63), "em nossa linguagem, toda uma mitologia é definida". As conexões etimológicas são usadas para justificar o que, num escrutínio mais minucioso, talvez se revelasse indefensável. Essa linha de argumentação é muito próxima à de Vico, e serve a um propósito cético similar.

O meu próprio objetivo ao adotar semelhante linha de argumentação aqui não é criticar as pessoas de qualquer grupo social ou cultural por suas falhas em encarar a responsabilidade. As formas culturais de inventar desculpas diferem, mas parece altamente improvável que algumas culturas sejam mais dadas que outras à autoexoneração em algum sentido mensurável. Enquanto a ridicularização sistemática das táticas de invenção de desculpas pode, de tempos em tempos, servir a um propósito óbvio, tal como manter a autoridade de um professor sobre uma sala de aula, ela também repousa sobre uma ordem simbólica, sobretudo quando utilizada para rotular toda uma nação de irresponsável ou imatura. A retórica da razoabilidade nacional – nós temos, eles não – participa da mesma disputa preconceituosa que o jogo das desculpas pessoais e do assassinato de reputações.

A linha de raciocínio de Vico a Austin é crítica ao nacionalismo também em outro sentido. Ambos os filósofos combateram a ideia de um sentido literal: Vico, ao mostrar que mesmo a linguagem mais abstratamente científica jamais pode desvencilhar-se completamente de suas origens metafóricas; Austin, ao rejeitar a ideia de que as línguas possam, inequivocamente, representar fatos ("afirmações") em favor de um foco sobre os modos pelos quais as pessoas usam a língua para criar fatos ("discursos performativos"). Ambas as abordagens são anátemas ao nacional-estatismo porque rejeitam a própria ideia de pureza semântica – de "literalmente literal" –, e o fazem mostrando a instabilidade da conexão palavra-sentido ao longo do tempo, o reverso do programa nacionalista de usar a história para justificar uma ordem eterna no presente.

Por extensão, elas também desafiam o apelo burocrático a um conjunto genuinamente hermético de categorias. O seu uso da etimologia, longe de mostrar que a taxonomia básica pertence a uma ordem moral imutável e transcendente tal qual imaginada pelos essencialistas, conecta o pensamento burocrático a imagens materiais historicamente contingentes. O seu argumento desafia a história destemporalizada que justifica o poder estatal. Ele diz, com efeito, que as raízes de tal poder não restam numa ordem mundial previsível, mas no sucesso de atores humanos em representá-la como predeterminada.

Argumentos sobre sorte e destino são lutas por poder. Quando um burocrata tira vantagem da aparente resignação de um cliente à autoridade, ou quando um exército conquistador regozija-se com o "fatalismo" do vencido, esses são traços vicários. Eles reproduzem ao nível do discurso aquilo que a parte vencedora obteve por meio da força ou da autoridade investida. Nos termos de Austin, eles são discursos performativos muito bem-sucedidos – estereótipos, cuja validade aparece tão somente após o fato, quando as pessoas sobre as quais eles foram lançados concordam com eles –, embora a aparência de resignação possa, de fato, mascarar uma poderosa resistência a interpretações oficiais (BALSHEM, 1991; cf. tb. os parágrafos seguintes). Atribuições de fatalismo representam a visão que os poderosos têm dos fracos: os burocratas de seus clientes, ou as grandes potências de estados-clientes e nações vencidas[65]. Daí provavelmente por que, em países onde os poderes arbitrários dos burocratas são sujeitos a severos controles legais e mecanismos de queixa, a linguagem do destino parece ser mais silenciosa. Mas isso só reforça o ponto: que as acusações de fatalismo seguem o exercício do poder autoritário, assim como a autojustificação mediante o apelo ao destino segue o fracasso em resistir àquele poder.

Logo, ainda que devamos evitar generalizações sobre o *fatalismo* dos fracos, isso não significa que as pessoas não se interessem pelo *destino*. Pelo contrário, este constitui o contexto discursivo que elas partilham com quem lhes domina, podendo assim estar sujeito aos seus próprios fardos intrainstitucionais de dominação e disciplina. Nas culturas europeias, as noções de destino estão historicamente conectadas tanto com a ideia de gênio individual quanto com o simbolismo do sangue enquanto vínculo social. Irei abrir a análise com um breve registro das minhas fontes (especialmente jornais) enquanto representativas do nível nacional de discurso mais claramente análogo ao jogo de fofoca e reputação na comunidade local. Desse modo, podemos captar algo da integração da comunidade local em entidades políticas e administrativas mais amplas. Como estratégia analítica, isso também desafia o condescendente pressuposto do Estado de que assuntos locais são menos importantes e racionais do que o discurso do oficialismo; e mostra o quão difundida a linguagem do destino se tornou num cenário supostamente secular e cético. Trata-se, em suma, de um antídoto para o paroquialismo que vem de cima.

Exemplos gregos

O restante deste capítulo é devotado a ilustrações dessas questões, tomadas da etnografia da Grécia. A localização desse país na fronteira conceitual que separa a Europa do Oriente, e sua experiência de tensão entre esses dois modelos de identidade, fazem dele um lugar ideal para se estudar o significado de racionalidade na vida pública.

---

65. Estereotipicamente, supõe-se que os europeus não sejam nem fatalistas, nem ineficientes. Assim, atribuições de fatalismo aos gregos, discutidas abaixo, estão imersas em debates sobre identidade nacional em relação ao senso mais amplo de uma cultura europeia.

Baseei-me especialmente em artigos de jornal, muitos dos quais publicados durante os oitos anos imediatamente seguintes à restauração da democracia grega em 1974. Os três jornais dos quais eu selecionei artigos com mais frequência eram amplamente simpáticos, à época, ao Movimento Socialista Pan-Helênico (Pasok) de Andreas Papandreou, na oposição até 1981. Destes, o *Eleftherotipia* ("Imprensa Livre") tinha provavelmente a reputação de ser mais radical (ou, ao menos, mais malicioso); o *To Vima* ("A Plataforma", agora semanal) tendia para um tom mais convencional, mais contido; e o *Ta Nea*, virtualmente um jornal partidário, permaneceu acriticamente defensor do Pasok depois da vitória eleitoral de 1981, enquanto o *Eleftherotipia* tornou-se cada vez mais crítico à atuação do partido no governo.

Todos os três jornais foram consistentemente críticos da presença militar americana na Grécia, das políticas britânica e americana na questão do Chipre, e da manipulação da "Grande Potência" de forma geral; todos eles ficaram marcados por seus longos artigos sobre matérias de interesse cultural e histórico. Os três jornais, incisivamente críticos da performance do partido conservador Nova Democracia no poder (1975-1981), desenvolveram uma viva tradição de jornalismo investigativo para lidar com ele. Um quarto jornal, *Akropolis*, era amplamente pró-Nova Democracia, embora fizesse críticas ocasionais à má administração do governo, mesmo enquanto os conservadores estavam no poder.

Para o material sobre interações pessoais e vida social, baseei-me em etnografias publicadas e nos meus próprios dados sobre Atenas, Creta e o Dodecaneso. Embora eu reivindique uma comparabilidade direta entre os materiais jornalísticos e etnográficos, uma diferença importante deve ser enfatizada. A escrita jornalística, como um todo, não é muito favorável às desculpas de pequenos burocratas e políticos. De fato, uma parte significativa do jornalismo investigativo tende a ser apenas essa espécie de desmascaramento. Desprovidas de seu suporte gestual, tal qual o dar de ombros e a piscadela conspiratória, as desculpas podem parecer ostensivamente tolas quando impressas no papel. Não obstante, os jornais fornecem-nos três linhas diretas de acesso ao idioma da invenção de desculpas. Em primeiro lugar, a sátira bem-sucedida, por sua própria natureza, revela as características diagnósticas formais do que está sendo satirizado; Em segundo, os próprios jornais costumam dar desculpas igualmente "culturais" para os interesses políticos por eles apoiados. Em ambos os aspectos, as colunas de "cartas ao editor" oferecem amostras particularmente ricas.

Uma terceira via de acesso provém da cobertura midiática das relações internacionais. Aqui, onde a Grécia é tão frequentemente a parte lesada, há relativamente pouca vontade de desmascaramento das queixas de maus-tratos por parte de forças internacionais hostis – embora aqui, também, comentaristas mais sóbrios tendam a zombar daquilo que retratam como um pendor nacional para o jogo de empurra. Para a oposição, acusar um governo estabelecido de complacência para com as maquinações da "Grande Potência" é um modo de dizer que os oponentes ideológicos carecem de fibra moral; defender a Grécia contra críticas com base na interferência da "Grande Potência" é desculpar, não importa o quão justificadamente, as falhas coletivas dos compatriotas.

Esses são argumentos em meio a, e a respeito de, estereótipos. Como tais, ele são ideais ao nosso propósito de desenterrar da massa de afirmações e contra--afirmações os termos simbólicos nos quais são expressos. Apelos ao "caráter nacional", construções de identidade fundamentalmente mitológicas, são banhados com a linguagem do sangue, do parentesco e do destino essencial.

Culpa e autojustificação

A escrita jornalística na Grécia reproduz em ampla e altamente pública escala as convenções agonísticas do discurso ordinário. Na conversação cotidiana, as pessoas atribuem o fracasso alheio (ou de membros de outros grupos sociais) a falhas de caráter. As falhas próprias, ou a de parentes e amigos, em contrapartida, são resultado de má sorte, e é o próprio sucesso que se supõe derivar de qualidades de caráter. Tal "caráter" é, assaz literalmente, "natural" (*físiko*) ao indivíduo ou grupo em questão, e as querelas acerca de máculas sociais sempre assumem um ar de grandiloquentes debates sobre verdades essenciais. Todos os atores sociais tentam assimilar o "caráter natural" próprio e alheio à grande ordem da natureza, o esteio último da ordem oficial e do espírito nacional. É extraordinário o quão longe esse estilo de pensamento – que, para um antropólogo, se parece suspeitamente com a caracterologia "racial" dos séculos XIX e início do XX, e que certamente reproduz a prática dos humoralistas de dividir o mundo em tipos imutáveis de pessoas – ressurge nas tentativas da ciência política corrente de descrever o "caráter" do burocrata típico, como vimos. É ao mesmo tempo surpreendente e instrutivo encontrar a mesma retórica numa aldeia grega.

Muito da avaliação do caráter na Grécia rural centra-se no quão duro a pessoa trabalha. (Note-se, de passagem, que esse traço não é, demonstravelmente, reserva exclusiva do tipo ideal de Weber – a "ética protestante", condição de possibilidade da personalidade burocrática –, e que o uso pós-weberiano dessa imagem não parece muito diferente dos estereótipos aldeões.) Para muitos aldeões gregos (cf. DU BOULAY, 1974: 52; HERZFELD, 1981: 564), a atitude que estrangeiros chamariam de fatalismo é, na verdade, apenas preguiça. Trata-se de uma atribuição de caráter, mascarada como juízo objetivo e categórico. Quando certos indivíduos alegam resignar-se aos caprichos da fortuna, os aldeões presumem ordinariamente que aqueles estão apenas inventando desculpas para a sua inação. A vida moralmente boa é, sobretudo, uma incessante batalha (FRIEDL, 1962: 75), mesmo quando a causa parece perdida desde o início[66]. No momento mesmo em que uma pessoa busca justificar algum fracasso recente sob o pretexto da má sorte, medidas já deveriam estar sendo tomadas para remediar a situação. Logo, trata-se menos de uma questão de fatalismo do que de invocação autojustificatória do destino após o fato. É controle de danos mais que previsão, racionalização antes que racionalidade abstrata. Não implica a expectativa "fatalista" de que as coisas simplesmente não darão certo.

As ideias acerca do destino e do caráter estão estreitamente conectadas. Antes de lançarmos um olhar mais atento a como as pessoas operam esse idioma simbólico, pode ser útil resumir os seus principais componentes. São eles: 1) a base social da culpa e da autoexoneração; 2) um claro vínculo entre as *propriedades do caráter* que os indivíduos são tidos por possuir e a maneira como o destino determina a herança da *propriedade material*; e 3) a difundida imagem da escrita como o modo mediante o qual o destino reforça as suas decisões. Voltemo-nos a esses três elementos com mais detalhes.

A dimensão social

Ainda que as pessoas geralmente responsabilizem o caráter pelos sucessos próprios e fracassos alheios, atribuindo ao destino, em contrapartida, os seus fracassos e os sucessos dos outros, há ocasiões em que a autoacusação é apropriada. Tais rompantes de sinceridade não expressam necessariamente uma consciência culpada, mas representam a visão de quem está incluído: "Não deveríamos ter feito isso". Em outras palavras, o determinante usual para que as pessoas admitam algum grau de fracasso é a avaliação do quanto o seu interlocutor pertence à mesma entidade social. Os habitantes de uma mesma aldeia podem arrepender-se de alguma decisão coletiva, encrespando-se, em seguida, tão logo os membros de outros núcleos domésticos acusem-nos de haverem enganado a comunidade como um todo. Não obstante, é preciso reconhecer que, por trás de todas as recriminações e bravatas, os gregos reconhecem a sua própria responsabilidade pelo fracasso, conquanto o contexto não os ameace com uma perda drástica de posição social, e eles podem reconhecer aquela responsabilidade de modo tal que restabeleça os limites em vantagem própria – por vezes até com risco considerável para si mesmos. Um aldeão de Rhodes disse-me – antes da queda do regime dos coronéis, quando era ainda perigoso fazer tais observações – haverem sido "os nossos próprios burros (*ghaidhouria*)" que provocaram a invasão turca ao Chipre. Ao usar com a "sua" própria gente um insulto destinado apenas a "outros"[67],

---

66. Em Creta, eu fui informado que o suicídio é errado mesmo para uma pessoa em intenso sofrimento; deve-se lutar pelo objetivo final de uma vida.

67. O ponto do insulto parece ser o de que o burro possui temperamento imprevisível, carente, portanto, de serventia social (*timi*) – um traço definitivo dos estrangeiros (cf. HERZFELD, 1980a);

ele empregava um artifício não muito diverso do próprio hábito da junta militar de chamar quem quer que discordasse dela de "antigrego". A retórica popular e oficial partilham uma dose considerável de pressupostos.

Estratégias de autoexoneração e culpa respondem a necessidades sociais imediatas. Elas registram aquilo que as pessoas sabem em um momento particular. Um glendiota[68] tentou, sem sucesso, persuadir um amigo próximo a ceder uma filha em casamento ao seu primeiro e desonrado filho. A manobra terminou numa rejeição pública, por parte do segundo homem, de todo o relacionamento entre os dois grupos domésticos. A sua resposta pode ser lida como uma tentativa de lançar a culpa, completa e inequivocamente, sobre o seu amigo de outrora. Que ele considerava a amizade como idealmente sagrada e permanente, mas também sujeita na prática à pressão social, fica claro graças ao cândido alerta a mim dirigido, segundo o qual, caso algum dia eu violasse o código local de maneira demasiado flagrante, ele não poderia prosseguir com o nosso relacionamento.

A relação entre a atribuição de mau-caratismo aos outros e a necessidade de tomar iniciativa pessoal contra isso é abominavelmente ilustrada pelas respostas pefkiotas[69] a alegações acerca das atrocidades turcas no Chipre em 1974. A sua raiva era descarregada na forma de um apelo reiterado ao extermínio de toda mulher e criança turcas. Não apenas eles eram capazes de endossar essa cruzada programática com uma interpretação pouco ortodoxa da teologia do Novo Testamento[70], como também de ignorar assim a política oficial grega de contenção frente à desarmada população civil turco-cipriota. Aquela política, assumiam, era feita para consumo externo, e sua implementação forneceria um estoque de explicações para futuras humilhações sofridas nas mãos dos turcos. Entrementes, eles podiam justificar a sua atitude de maior ferocidade sob o argumento, primeiro, da retaliação direta, e, segundo, da necessidade de extirpar as raízes mesmas do povo turco. São esses argumentos, não obstante pronunciamentos públicos oficiais, que restam – como deixa claro o estudo de Loizos (1988) sobre o Chipre – na própria base da ideologia oficial, tal como internamente enunciada. Essa ideologia internamente dirigida, além do mais, abunda na linguagem do sangue e na linguagem familiar

---

esse indivíduo também era marginal à sua própria comunidade tal que, tanto por ser funcionário público quanto por sua aparente personalidade, ele mostrava-se demasiado inquisidor dos assuntos de seus coaldeões.

68. Habitante de Glendi, um vilarejo nas montanhas da região central de Creta [N.T.].

69. Referente a Pefki, município da região de Ática, a nordeste de Atenas [N.T.].

70. A alusão, tirada totalmente de contexto, é à resposta de Jesus ao discípulo que cortou a orelha do servo do alto sacerdote, um dos que vieram levar Jesus até Pilatos: "Disse-lhe, então, Jesus: Guardai a espada! *Pois todos os que empunham a espada morrerão pela espada*" (Mt 26,52 – grifos meus). Tal injunção feria o próprio código de vingança que os meus informantes buscavam justificar.

do grupo doméstico, os dois fios da metáfora unidos em sua comum exaltação à beligerância masculina. Isso não é fatalismo passivo, mas um clarinante apelo à ação violenta – a uma violação que deverá compensar as violações já cometidas pelo outro lado. Que o desastre já tenha ocorrido é uma questão totalmente outra, que pode ser jogada no colo de agências externas – na Otan, nos Estados Unidos, ou num destino difuso e malévolo. Os gregos, na prática não fatalistas, inscreverão agora o seu controle sobre eventos iniciados por outros.

É importante lembrar aqui que a ideia de destino como agência externa, separada, é somente uma parte do quadro. Onians (1951: 160-165) mostra que o conceito de um destino pessoal está encapsulado no *genius* romano, uma identidade patrilinearmente derivada (do grego *genos*, "patrilinhagem") tida por imanente ao eu. Os gregos hoje ainda personalizam o destino como "meu" ou "seu". Assim, a separação do destino em relação ao caráter, tão clara no jogo do "destino" caprichoso (*mira*) e na "natureza" (*físiko*) imanente do indivíduo, é englobada por um senso mais amplo de unidade. É esta unidade que a bifurcação cartesiana entre o sensual e o sensível estilhaça irreversivelmente, convertendo aspectos mutuamente interdependentes da pessoa nas forças opostas do eu e do destino, e estratégias sociais na divisão categórica do mundo entre fatalistas e empreendedores. A imagética popular grega que discuti aqui é apenas uma variante local daquele vasto simbolismo que as ideologias estado-nacionais utilizam, como sugere Anderson, para transformar a volubilidade da fortuna em um destino manifesto e radicalmente previsível.

Destino, caráter e herança

O caráter pessoal e grupal é dito ser herdado, e, portanto, previsível. (Essa é uma outra forma de dizer que ele é transmitido pelo sangue.) Resta claro, todavia, que "herança" aqui significa reconstrução retrospectiva. A fofoca, por exemplo, trata os feitos vergonhosos como "confirmações" de uma reputação que poderia não ser óbvia para todo mundo até aquele momento (cf., p. ex., DU BOULAY, 1974: 183), chegando a assumir a forma de declarações do tipo "eu avisei" em relação a pessoas jamais mencionadas até então. Essas táticas permitem ao falante "descobrir", em retrospecto, traços de caráter herdados.

É instrutivo comparar esse modo de falar sobre o caráter herdado com a lógica da herança de propriedade – uma comparação entre o que acontece com propriedades da personalidade e a distribuição da propriedade pessoal. A partilha da propriedade entre herdeiros é feita por sorteio, procedimento que retira de sobre a família imediata toda a possível culpa por um resultado injusto, lançando-a sobre a inescrutável agência do destino. Não é possível saber como o destino determinará a distribuição antes do sorteio, não havendo também maneiras pelas quais os membros da família possam influenciar o resultado. Conquanto haja considerável variação por toda a Grécia nas regras específicas do sorteio, nos tipos de propriedade a serem partilhados, e no protocolo referente a qual membro da família conduzirá o procedimento, a ideia fundamental é a mesma em toda parte: remover o potencial de conflito familiar redirecionando qualquer raiva acerca de uma distribuição injusta para uma força externa e impessoal (HERZFELD, 1980b; LEVY, 1956).

Em Pefki, os aldeões fazem uma distinção categórica entre o produto do sorteio e a dádiva. A propriedade deve passar automaticamente dos pais para os filhos. O sorteio não altera esse princípio básico. Quando a herança é por "dádiva", isso significa que os pais subverteram o fluxo normativo da propriedade, desviando-o para alguém que não os seus próprios filhos. Não seria apropriado chamar a transmissão pai para filho de dádiva, porque a propriedade é idealmente resguardada para as futuras gerações. Destarte, ao sortear, os pais não "dão" nada que já não pertença, num sentido algo essencialista e atemporal, aos seus filhos. É tal pressuposto dos direitos de propriedade em caráter perpétuo que também informa a retórica do território nacional.

A posse acompanha o sangue. É digno de nota que crianças adotadas sejam proverbialmente tidas por ingratas; os aldeões falam de um filho adotivo que se voluntariou como carrasco a serviço das autoridades turcas para a execução de seu próprio pai, quando nenhum grego seria voluntário para a odiosa tarefa – uma fábula admonitória sobre laços de sangue e traição que, inequivocamente, recorre ao paralelo simbólico entre as identidades nacional e familiar. O essencialismo da metáfora do sangue não é uma invenção do Estado-nação, mas uma ideologia familiar que o Estado explora e expande. Os filhos adotados não participariam normalmente do sorteio dos bens, e qualquer propriedade por eles herdada de seus pais adotivos lhes deve ser "registrada" como "dádivas" por um ato legal. A posição dos adotados confirma, pois, como um caso-limite, a associação mútua – e inflexivelmente essencialista – entre sangue, destino e território. É bem antiga a noção segundo a qual aqueles que não partilham o sangue também são excluídos da transmissão do caráter (ONIANS, 1951: 121). O destino, no mesmo sistema de ideias, é externo ao corpo. É, portanto, um objeto ideal adequado para culpar, especialmente porque a sua própria imunidade à resistência permite ao indivíduo perder um sem-número de batalhas sem perder o respeito por si mesmo. Que melhor metáfora serviria ao cidadão preso entre as demandas da dignidade e as do fisco?

A imagem da escrita

A escrita ocupa uma posição crucial nessa constelação simbólica. O símbolo, assim como instrumento de todo o poder burocrático, é acima de tudo a chave para a reificação da identidade pessoal. Antes mesmo que o nome pessoal, o que provavelmente se busca saber de uma pessoa – especialmente em contextos formais – é *pos ghrafese* ("como você é escrita?"). A escrita, também, é o instrumento dos desígnios irrevogáveis do destino (cf. POLITIS, 1874: 218-219).

Como acabei de notar, "escrever" a propriedade "a alguém" é a expressão usada para indicar um ato legal de transferência que conflita com a decisão do destino revelada na habitual partilha da propriedade via sorteio. Ela delega ao Estado, um agente intruso à vida local (cf. tb. GAVRIELIDES, 1976: 268), as responsabilidades que os pais "normais" atribuem propriamente ao destino. Fica claro não apenas que os pais que invocam a lei permitem ao Estado invadir intimidades importantes da vida social, mas também que, no processo, eles transferem ao Estado os atributos morais e simbólicos da sentença do destino. Tal redirecionamento da transmissão de propriedade tem consequências importantes para a capacidade do Estado de burocratizar as relações sociais locais. Se isso implica racionalização é toda uma outra questão. A evidência reunida aqui sugere que um contínuo ideológico conjunta as operações respectivas do destino e da burocracia.

A imagem de um destino sendo escrito é ubíqua. Como observou um glendiota, há um "grande lápis" (*moliva*) que registra cada passo em falso dado pelo cidadão, restringindo as ambições de todos, exceto dos mais bem conectados politicamente – um eco sinistro do antigo "sistema de arquivamento" (*fakellosi*), pelo qual a junta militar e os seus predecessores mantinham uma vigilância sobre potenciais dissidentes. A imagética surge em toda parte, uma desculpa tão convencionalizada a ponto de quase já nem ser notada. Um homem glendiota que perde nas cartas – uma humilhação pública, ainda que menor – antecipa a sua derrota final observando: "Estava escrito que eu não iria vencer". Ele não para de jogar a essa altura, todavia, e, se a sua sorte mudar, ele pode sempre rever a sua leitura. Enquanto isso, o seu comportamento é nada menos que fatalista, ou resignado. Conquanto antecipe socialmente a necessidade de explicar a sua derrota, ele manipula cosmologicamente o próprio destino – destino caprichoso, que fará o exato oposto do que dele se espera[71]. No ato mesmo de confrontar o destino, os glendiotas dificilmente são fatalistas. Ao contrário, eles tentam influenciar o curso dos eventos a cada momento.

---

71. Cf. tb. Balshem, 1991: 162. Os glendiotas, perguntados como estão, usualmente respondem: "Digamos que 'bem'" (*as ta leme(ne) kala*), uma fórmula aparentemente apotropaica destinada a afastar o mau-olhado ou alguma outra corporificação ativa da inveja. Tanto em Pefki quanto em Glendi, há uma relutância geral em se admitir a boa fortuna, seja presente ou prospectiva; as previsões pessimistas, longe de fatalistas, são concebidas para aumentar as chances de uma pessoa. Também retoricamente, os glendiotas mantêm um delicado equilíbrio entre o irônico, o estratégico e o apotropaico quando asseguram aos seus rivais no baralho que aquele último os irá derrotar. A retórica fatalista pode significar a atitude oposta na pragmática social. O caráter retrospectivo das atitudes ritualísticas, como meio de reordenar o mundo depois de desastres, é enfatizado por Tambiah (1968: 201) em sua discussão sobre a bruxaria trobriandesa.

O destino é uma rica fonte de imagética. Além de passar a limpo a sorte das pessoas, ele acende uma luz que determina a extensão da vida de cada pessoa, mas não oferece justificativa para as suas decisões; nunca revela nada de suas intenções; e pode criar uma aparência de benevolência no exato instante em que já decidiu por um fim cruel. O destino é, pois, arbitrário, reticente e tortuoso – todas, especialmente a primeira, características estereotípicas dos burocratas.

Dado o que precede, ficará evidente que o simbolismo do destino permeia a percepção, e talvez também a prática concreta, da burocracia nacional na Grécia. Ele está mais bem desenvolvido na ideia do burocrata paternalista que "distribui" (*mirazi*, cognato de *mira*, "destino") favores, como na dos supostos planos das "Grandes Potências" de "repartir" (*mirazoun*) entre elas o controle do mundo inteiro – a maior projeção dessa metáfora essencialista e paternalista. Tanto o suborno (*dhorodhokia*, "distribuição de dádivas") quanto a traição (*prodhosia*, "entregar") são denotados por cognatos etimológicos de *dhoro*, "dádiva". Eles lembram, portanto, a categoria de transferência de propriedade que recorre ao poder estatal para subverter a ordem "natural" dos relacionamentos pais-filhos – a ordem pela qual o território familiar é passado de geração a geração junto com o "caráter natural" (*físiko*) herdado. Numa terra em que a imaginação etimológica foi acentuada pela intensa politização da linguagem, as pessoas reconhecem vínculos do tipo, percebendo, através deles, a adequação ou inadequação dos modos pelos quais os outros justificam o que lhes acontece. Suborno e traição são, ambos, desvios daquilo que corretamente "nos" pertence. Distribuir "dádivas" – "dar tudo" pode ser uma tradução apropriadamente ácida aqui – é o pecado familiar de favorecer forasteiros, ou *kseni*.

Como podemos equacionar essa desaprovação da dádiva com o alto valor que os gregos conferem à hospitalidade, tanto oficial quanto privada? Eis uma questão de contexto. O tratamento pródigo dado a um visitante não faz concessões permanentes, podendo até forçar uma espécie de dependência simbólica do visitante (cf. cap. 6). Logo, ele não ofende sensibilidades acerca do que – para enfatizar a congruência das metáforas familiares com os interesses do Estado – chamarei aqui de patrimônio. A hospitalidade é tanto uma defesa do bom-nome coletivo do conterrâneo quanto um ato de consideração para com o viandante. Muito diversa, de fato, é a ação do "doador" (*dhotis*), o traidor semiprofissional que ajuda os saqueadores de ovelhas de outras comunidades a localizar o rebanho desprotegido de seus coaldeões. Uma "dádiva" nesse sentido é um roubo reverso, uma conspiração com forasteiros para lesar aqueles que partilham o "sangue" e o "destino" do perpetrador.

O que unifica esses significados de "dádiva" é o fato de marcarem uma relação com estrangeiros; a avaliação moral do ato em si depende, portanto, do efeito que ele exerce sobre os conterrâneos. Geralmente, quanto mais poderosa a fonte, maiores serão as suspeitas de autointeresse em detrimento de algum bem comum. Destarte, o burocrata veterano "distribui favores" (*mirazi rousfetia*) da mesma forma que "o destino distribui" (*i mira mirazi*), esta última frase mostrando, sem sombra de dúvidas, que os gregos estabelecem um estreito vínculo etimológico entre os respectivos termos para "destino" e "divisão", ou "distribuição". Qualquer ato de "distribuição de dádivas" que desvie recursos do próprio grupo do ator, desde a má distribuição da propriedade parental até a traição do patrimônio nacional, destrói a base moral da confiança. O burocrata que aceita um suborno e o governo que deixa o inimigo atacar o interesse nacional são similarmente culpados por trair um mandato coletivo.

Após a invasão turca ao Chipre em 1974, tanto a Otan, em geral, quanto os Estados Unidos, em particular, foram acusados por muitos gregos de cometer *prodhosia* ("traição, entrega"). Esta é, assaz explicitamente, uma metáfora familiar, muito mais óbvia do que a sua contrapartida em inglês "*betrayal*". Os Estados Unidos são um pai que distribui desigualmente a sua propriedade entre dois filhos em conflito. A direita insiste que essa briga intra-Otan é um "caso de família" (*To Vima*, 04/04/1977: 16), enquanto a centro-direita objeta ao paternalismo (p. ex., *To Vima*, 15/08/1976: 1). Yalta representa uma outra "divisão" do mundo por "Grandes Potências" agindo como o destino. Além disso, todo e qualquer revés no crescimento territorial da Grécia, do irredentismo do século XIX (VIVILAKIS, 1866) aos presentes apelos a uma *enosi* (união) com o Chipre, é explicado como estando "escrito no programa". Tal como uma gigantesca burocracia, a máquina da "Grande Potência" "escreve" o destino das pequenas nações cujos interesses ela pretende tutelar. Em nenhum lugar a força evocativa das metáforas familiares fica mais clara do que nessas imagens de usurpação da mão do destino.

A letra e o espírito: atitudes cívicas

No Estado moderno, a ubiquidade da regulação burocrática reforça o senso de sua onipotência. Acima de tudo, a burocracia assemelha-se ao destino pelo fato de que ambos são vistos como forças implacáveis, irremovíveis. Pode-se suplicar por misericórdia ou por favores especiais, mas o fracasso em cada caso parece ser – após o fato – um desdobramento totalmente previsível. No caso da burocracia, essa visão está ancorada na experiência direta. A sabedoria convencional diz que as únicas pessoas que possuem o poder de alterar o sistema são aquelas cujos interesses próprios são mais bem-atendidos caso ele se perpetue (cf. *To Vima*, 07/07/1976: 2); essa é a contraparte social exata do modelo cosmológico do destino. A impressão é fortemente reforçada pela persistente recusa do burocrata em assumir o mais mínimo risco. Ela também deve muito, presumivelmente, à prevalência de um idioma de relações políticas em que os patrões costumam adotar uma arrogante atitude de capricho, a fim de fazer lembrar aos seus clientes o seu poder de negar favores (cf. CAMPBELL, 1964: 260-261; ARGYRIADES, 1968).

Em geral, os patrões são mais educados que os seus clientes, e controlam os artefatos, simbólicos e práticos, da "escrita". Isso lhes permite justificar cada indeferimento de caso em bases legalistas. Eles insistem meticulosamente na letra da lei, arrogando para si próprios o direito de interpretar o seu espírito. Uma retórica da precisão pode mascarar táticas de manipulação. Uma viúva tornou a casar e recorreu à estação de polícia local para ter a sua carteira de identidade apropriadamente alterada. Ela levou consigo uma cópia da certidão de casamento:

> O inspetor encarregado disse-me que, em vez da certidão de casamento, eu deveria ter levado uma certidão expedida pelo município. Aí eu trouxe o tal documento; o funcionário não o aprovou, porque a profissão do meu marido constava como "dentista aposentado", e o que deveria estar registrado é "dentista em aposentadoria". Eu também cumpri essa exigência [...]. Três meses se passaram [e eu] ainda não recebi uma nova carteira de identidade (*Tò Vima*, 07/07/1976: 2).

Sem essa carteira, como eu notei no capítulo 3, não se obtém existência oficial como cidadão grego.

Associado à insistência na documentação correta está o conceito, já mencionado, de *efthinofovia* ("medo da responsabilidade"), a má vontade estereotípica em assumir qualquer iniciativa mesmo nas situações mais marginalmente anômalas. A *efthinofovia* é supostamente endêmica (*Akropolis*, 16/04/1976: 2; *Tò Vima*, 04/08/1976: 2; TAMIOLAKIS, 1976: 90-91; DIMOU, 1976: 45). Ela é citada como a razão da maior parte dos atrasos e ineficiências da burocracia. Isso significa, além do mais, que ela participa do ambiente de que fala. Pode-se apontar o dedo acusador para a *efthinofovia* de qualquer burocrata imprestável, enquanto este se queixa da dificuldade de fazer com que os superiores ajam, graças à sua relutância em se expor.

Em um incidente, uma queda de luz de vinte minutos danificou todo o equipamento elétrico de um hospital de Atenas. O hospital possuía um gerador, comprado por um valor considerável em antecipação, precisamente, de cenários como aquele:

> O gerador, todavia, foi largado às moscas, posto que os procedimentos burocráticos para determinar os responsáveis pelo seu funcionamento não haviam sido estabelecidos. Com efeito, se "alguém houvesse morrido de repulsa" [i.e., durante a queda de luz], quem seria o responsável? (*Tò Vima*, 05/08/1976: 2).

Talvez o extremo da *efthinofovia* surja em conjunção com a verificação da identidade pessoal. Esse não é um problema menor num país onde "como eu sei o que os outros estão pensando?" é uma pergunta comum, e onde, como acabamos de notar, a carteira de identidade é tratada literalmente como essencial. Um caso extremo é a exigência legal, no Estado semiautônomo de Creta (1898-1913), de que as mulheres muçulmanas, usualmente cobertas com véu, providenciem duas testemunhas – normalmente homens muçulmanos – para que atestem serem elas quem realmente dizem ser. Esse exemplo confunde os limites do gênero, da religião, da "nacionalidade" e da pessoa. Tais exercícios em tautologia ainda são relativamente comuns.

Um homem grego estudando fora do país enfrenta a mesma lógica ao solicitar dispensa do serviço militar obrigatório:

> Ele deve levar um certificado de verificação de identidade, expedido pelo município, à comissão de recrutamento militar. Para conceder-lhe o certificado, o município exige que ele vá até ao Tribunal Cível, ou a um notário público, e obtenha uma declaração juramentada confirmando que a pessoa estudando fora é a mesma nascida em tal e tal lugar, registrada no rol de habitantes do sexo masculino de tal e tal município (*Akropolis*, 10/11/1977: 2).

O jornal comentava que a necessidade de procedimento tão complexo era, no mínimo, discutível. Afinal, se os pais apresentassem documentos falsos em nome dos filhos, "isso seria um caso direto de falsa identidade, severamente punível por lei. Não acreditamos que existam famílias dispostas a expor os seus filhos a tamanho perigo".

Essa é a retórica da humanidade contra a burocracia, do senso comum ordinário contra a estreiteza mental do legalismo oficial. Ela propiciou, e propicia, bom capital político. Trata-se, todavia, de apenas um aspecto do quadro total. O sindicato dos burocratas tem alegado consistentemente que os funcionários do governo não têm muita escolha que não aplicar a letra da lei com inabalável rigor, dado estarem eles próprios sujeitos a sanções vindas de cima, tudo isso numa sucessão inquebrantável de passagem da batata quente que termina apenas num "gerente desconhecido" funcionando quase como a força impessoal do destino (*To Vima*, 07/07/1976: 2). Tais argumentos mostram como a lógica da *efthinofovia* serve tanto a clientes quanto a burocratas. O conteúdo do legalismo estrito é, ele mesmo, altamente negociável, sujeito tão somente a confirmação pós-fato.

A estratégia de ambos os lados é reificar a burocracia como "o sistema". Destarte, ela torna-se uma força impessoal a assumir a culpa por todo tipo de infortúnio individual ou coletivo. Isso aconteceu, por exemplo, quando, desesperados por obter controle de terras florestadas muito antes que o tedioso procedimento burocrático apontasse o seu fim, os aldeões tacaram fogo na floresta, responsabilizando "a burocracia" pelo ocorrido (RESVANIS, 1977: 7). Residentes das redondezas de uma cidade cretense, cujas casas haviam sido selecionadas para conservação histórica, ficavam por vezes tão desesperados aguardando permissão para reconstruir que decidiam tomar para si a resolução do caso, demolindo ilegalmente as casas e, então, culpando as autoridades – uma irônica inversão, dado que estas são encarregadas especificamente de preservar as casas que, agora, elas são acusadas de destruir (HERZFELD, 1991). Em um padrão comum por toda a Grécia, os aldeões culpam as querelas locais – prova constrangedora de que uma comunidade não é tão harmoniosa quanto alega ser – pela aplicação arbitrária das leis de propriedade fundiária pelos tribunais locais (DU BOULAY, 1974: 269-270). Este último exemplo é particularmente esclarecedor, porque mostra o quanto a agência externa – nesse caso, os tribunais – pode evitar injúrias morais de um grupo definido literal ou metaforicamente pelo sangue: a família, a aldeia.

O *endoli*, ou ordem oficial escrita, é inflexível por definição. Ele provê uma desculpa plausível para a maior parte dos exemplos de intransigência burocrática, e para a maioria dos casos em que queixas razoáveis não suscitaram resposta. O dono de uma casa de campo perto de Atenas descobriu que sua linha telefônica havia sido cortada. Quando ele reclamou, informaram-lhe que sua conta não fora paga:

> Pensou ele, então, que nada poderia ser mais *natural* para encerrar o assunto do que mostrar a sua *fatura*... Mas esse documento – supostamente – oficial, o recibo com selo e assinatura oficiais atestando o pagamento, não interessava ao funcionário da companhia telefônica, que simplesmente declarou: "Esse é o *endoli* que recebi" – qual seja, cobrar do pobre contribuinte mais uma vez.

Este foi, portanto, obrigado a pagar a sua conta duas vezes, assim como uma multa e uma taxa de religação (*To Vima*, 05/08/1976: 2 – grifos meus). Note-se que, nessa disputa entre sucessivos documentos, o cliente lesado apela à lei embebido em lógica "natural". Ele tenta jogar conforme as regras do próprio Estado. O conteúdo estratégico de tais observações não passa totalmente desapercebido: "é bem-sabido que o serviço público funciona com ordens consideradas acima da lei" (T. Paraskevopoulos, carta ao *To Vima*, 21/08/1976: 5).

Esses extratos de comentários jornalísticos deixam muito claro serem tais incidentes comuns e previsíveis. A explicação em termos de ordem escrita funciona porque obedece a uma convenção estabelecida que corresponde, por sua vez, à experiência comum. Ela funciona porque, socialmente, o burocrata e o cliente partilham da necessidade de escusar a si próprios; o burocrata, por não poder ajudar, e o cliente, por fracassar em convencer aquele. É claro que decisões podem ser revertidas. Nesse caso, o burocrata "descobre" que um novo documento suplantou o antigo, assim como todo revés na sorte das pessoas sugere uma nova leitura do mais "recente" desígnio do destino.

Se a tática de apelar a desígnios anteriores funciona por ser convencional, como a tese de Austin levar-nos-ia a esperar, deveria estar igualmente claro, a esta altura, que essa convencionalidade brota da repetição constante da experiência efetiva. Envolver-se em qualquer coisa oficial é um negócio arriscado. Os aldeões expressam a sua compreensão da burocracia com uma leitura subversiva da história religiosa na qual Jesus aparece como vítima de burocratas inoportunos:

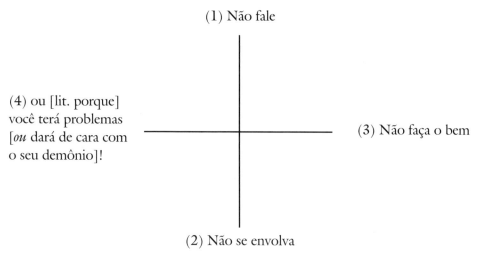

Essa figura é uma etiologia encapsulada. Num gesto brevemente explicado, ela provê uma história ao cinismo corrente – a história definitiva. Dado que os homens gregos identificam-se tradicionalmente com Cristo, o assédio que sofrem diariamente por parte da burocracia aparece, pois, como uma reencenação pessoal e interminável do Calvário.

Com efeito, nesse simbolismo vemos também como a religião serve à retórica do nacionalismo (cf. tb. DUBISCH, 1988). Os inimigos de Cristo são os descrentes, cujos descendentes modernos são os turcos e seus traiçoeiros servos. Desde o início da independência grega, os burocratas gregos têm precisado lutar contra a sua reputação passada de agentes da opressão turca. Os cretenses consideram a burocracia ateniense a continuação do desgoverno turco, ao passo que, até hoje, reportar certos tipos de ofensa às autoridades é considerado "traição" (*prodhosia*) (HERZFELD, 1985). É, certamente, verdade que os gregos lotem extensivamente a administração otomana (DAKIN, 1973: 16-21), e que alguns comentadores (tais como BAKOYANNIS, 1970) tenham tratado o atual padrão de interação burocrata-cliente como "nada mais que um prolongamento da relação suserano-vassalo dos tempos turcos".

Tais afirmações requerem uma avaliação cuidadosa. Embora virtualmente qualquer funcionário público possa se comportar com calculada grosseria em face de um compatriota camponês e analfabeto (cf., p. ex., CAMPBELL, 1964: 227-228, 241-242), burocratas novatos tornam-se, não raro, bovinos e aduladores na presença de um superior. A descrição do sistema burocrático como uma continuação de atitudes e práticas turcas é popular, e não totalmente desacreditada, na retórica política grega, remontando aos primeiros anos da condição grega de Estado (DAKIN, 1973; KATSOULIS, 1975: 216; KIRIAKIDOU-NESTOROS, 1975: 238). Funcionários podem alegar que, também eles, são vítimas do sistema burocrático (*To Vima*, 04/08/1976: 2). A história, os turcos, até mesmo o clima quente (PALEOLOGOS, 1976), todos são culpados pela endêmica evasão da responsabilidade burocrática. A grande etiologia provê, então, um modelo estrutural para as práticas cotidianas: cada desculpa para a inação reproduz os argumentos da religião e da história, ambos igualmente fundados em distinções categóricas entre eus (como cristãos, como gregos, ou como parentes) e outros (como os infiéis, como turcos ou como famílias rivais).

Do anticristo ao turco infiel, do turco ao lacaio do Estado: estas as figuras contra as quais o moderno herói grego luta e sofre em defesa da pátria e da família. O Estado onipotente, os funcionários mesquinhos e os cidadãos assediados bebem, todos, na mesma cosmologia, no mesmo dualismo entre bem e mal. A capacidade de reduzir o tempo a um conjunto imutável de padrões não é confinada ao Estado. Ao contrário, ela é parte do idioma simbólico assumido pelo Estado a partir da atemporal ordem taxonômica da família e do "sangue", e aparece subversivamente na retórica do cidadão heroico defendendo os interesses do povo (a "nação") contra os da burocracia (o "Estado").

Essa é, pois, a lógica do estereótipo "contraestrategizante" do grego que encontramos no capítulo 3. Enquanto o Estado pode punir as infrações mais óbvias da lei, ele não pode intervir na lógica que permite ao cidadão equacionar a desobediência institucional com o patriotismo moral – dizer, por exemplo, que a voracidade dos cobradores de impostos e dos comerciantes justifica o roubo. Negar de imediato essa lógica solaparia a sua aplicação em níveis mais abrangentes – por exemplo, na crítica oficial ao "Ocidente" por falhar em vir em auxílio do país quando da ameaça turca. As raízes populares do discurso oficial permitem aos cidadãos e funcionários falar, em algum sentido amplo, a mesma língua.

Isso significa, contudo, que o Estado é refém da cosmologia popular. Não apenas ele fala a mesma língua, mas, sobretudo, podemos ver agora que os apelos ao ideal de governo racional, na Grécia não menos que alhures, são ferramentas retóricas, talhadas para desviar a atenção de sobre uma dependência tão constrangedora do "racional" em relação ao "simbólico". Mas, alguns podem objetar, não seriam as racionalizações das pessoas ordinárias algo totalmente diverso do discurso do próprio Estado? Tal separação, vital para a lógica cartesiana do nacional-estatismo, levanta a questão que deveríamos responder. Ela também negligencia o fato de que o pessoal burocrático, se usualmente recrutado em uma elite relativamente bem-educada, consiste, não obstante, em cidadãos que participam das mesmas táticas de autoexoneração que a de seus clientes.

Além disso, qualquer argumento sugerindo que o Estado pudesse agir independentemente de seu pessoal seria teleológico. E como tal, reproduziria a lógica idealizada do próprio Estado, a ideologia do nacional-estatismo, assim como o álibi autoexoneratório de seus clientes. O Grande Irmão (um nome sugestivamente familiar!) acaba, pois, comendo e guardando o bolo simultaneamente: o conjunto dos cidadãos é obediente mesmo quando culpa o Estado por seus males, resignando-se – fatalisticamente – ao controle daquele. Gellner (1988: 234) parece aceitar esse argumento autointeressado quando escreve que "um Estado liberal moderno pode interferir nas vidas de seus cidadãos muito mais que um tradicional despotismo pré-industrial. A complexidade e interdependência da sociedade, e sua dependência de uma vasta infraestrutura, tornam seus membros dóceis e habituados à obediência em face das instruções burocráticas". Tais afirmações são francamente teleológicas. A "complexidade", por exemplo, não dispõe por si mesma de um poder coercitivo, embora possa ser dotada de tal poder pelo persuasivo simbolismo dos pronunciamentos estatais. Os funcionários do Estado podem ser capazes de suscitar o tipo de docilidade descrito por Gellner. Culpar o Estado ("o sistema") é o álibi ético que permite o funcionamento de seus próprios funcionários.

A conexão francesa

Porque o sistema burocrático grego deriva tão pesadamente de modelos "ocidentais", e porque, não obstante, os seus fracassos são quase sempre atribuídos a características "orientais" de sua efetiva operação, seria muito justo voltarmo-nos por alguns momentos aos herdeiros daquela Revolução que inspirou os gregos a olharem para o oeste em busca de emancipação. Tornar-se-á aparente que os gregos não danificaram algum instrumento perfeito, embora o seu desconfortável duplo papel de originadores e recipientes passivos do ideal ocidental possa levar ao leitor descuidado a interpretar os meus exemplos desse modo. O que se segue esclarecerá a questão.

A teleologia estatal está imersa em práticas não muito distintas daquelas dos atores sociais não burocráticos. Todas concordam que o poder oficial possui características que o aproximam da inevitabilidade do destino, todas deduzindo-o da qualidade tautológica das classificações sociais abrangentes. Esse simbolismo não é exclusivo da Grécia. O medo de uma burocracia centralizada e poderosa também é muito desenvolvido na França, talvez o principal centro de difusão das teorias iluministas sobre a vida política. Lá também, ele produz acusações de fatalismo. Para ilustrar, eu recorro à excelente etnografia de Françoise Zonabend sobre uma comunidade forçada a conviver com a presença de uma usina nuclear em sua vizinhança. Ela usa livremente o termo "fatalismo" para o que seria mais corretamente descrito como autoexoneração. A sua escolha do termo, embora distrativo graças à sua semelhança com o discurso oficial, não é capaz de obscurecer o seu *insight* notavelmente penetrante acerca das reações civis a uma insensível burocracia.

A questão centra-se na resistência dos moradores locais à instalação de uma usina nuclear em seu ambiente. O aparente fatalismo dos cidadãos revela-se uma submissão após o fato, quando todos os canais disponíveis foram esgotados, à decisão predeterminada das autoridades centrais em prosseguir (ZONABEND, 1989: 52-53). Talvez, na realidade, eles pudessem haver resistido. Alguns deles certamente o queriam. Quando a inspeção local oferecia-lhes nominalmente a oportunidade para objetar, no entanto, eles temiam que externar sua oposição pudesse apenas atrair contra si a inimizade de funcionários perigosamente pode-rosos sem, necessariamente, interromper a construção da usina. Ainda que lhes fosse difícil admitir tais sentimentos de intimidação, eles podiam reformulá-los sob a forma de um reconhecimento do inevitável – o dito "fatalismo" de sua resposta. O comportamento dos funcionários em visita não parece ter encora-jado grandes esperanças, e é, pois, um exemplo notável de como funcionários do Estado criam suas próprias barreiras à comunicação efetiva, que permitem a elaboração de um *fait accompli*: encontrando apenas um reservado silêncio, os funcionários podiam dizer agora que os locais haviam reconsiderado. Com o risco de incorrer em hipérbole, pode-se recordar as horríveis tautologias raciais construídas pelo comandante de Auschwitz.

Zonabend conta uma história fascinante sobre lendas locais que forneceram a linguagem e imagética da explicação dada pelos habitantes sobre o que lhes acon-teceu. Assim como as histórias acerca do destino na Grécia, essas lendas conferem aos locais algum grau de autorrespeito após sua submissão à autoridade. Também como na Grécia, as condições climáticas tornam-se uma explicação dos motivos. Gente que havia celebrado o clima local agora o citavam como uma razão para partir (ZONABEND, 1989: 72-73). Isso não é fatalismo. Ao contrário, trata-se de uma boa dose de cuidado na administração das relações sociais, especifica-mente como meio de evitar o aparecimento da deserção covarde: "Os normandos não se comportam assim!" Esse é o tipo de orgulho segmentário que se torna patriotismo no nível mais inclusivo. Aqui, no entanto, trata-se de uma atitude que os seus adeptos podem usar para excluir uma população local, tachando-a de fatalista e, logo, de irracional.

Esse apelo ao estereótipo de um comportamento normando é extremamente revelador. Ele ilustra a evocação comum de características essencializadas, é cla-ro, mas também mostra que tais argumentos são provavelmente a única defesa irrespondível – ao menos em termos austinianos – contra a acusação de covardia. Tais assuntos são também, concorrentemente, questões de masculinidade, e a análise de Zonabend demonstra que os homens trabalhando na cidade são muito preocupados com os efeitos que a exposição prolongada às emissões nucleares podem surtir sobre o seu desempenho sexual. Com efeito, ela propõe uma ampla discussão acerca dos modos pelos quais símbolos masculinos figuram na retórica da resistência e deslealdade locais (ZONABEND, 1989: 152-153). Ao considerarmos a discussão de Cohn sobre os "intelectuais de defesa" americanos e sua família masculina de armamentos, torna-se impossível rejeitar tais instrumentos como "mero" simbolismo dos não científicos e rústicos.

O simbolismo de gênero também mostra o quão inadequado é o rótulo "fatalismo". Zonabend (1989: 152-153) argumenta que as pessoas, de fato, cortejam o risco, e que o seu desejo de fazê-lo é uma reação à monotonia da regulação burocrática da vida prevalecente nessa comunidade cuidadosamente controlada. A segurança aparece como uma qualidade essencialmente feminina, o estilo da cozinha e da área de serviço. O risco deliberado dificilmente é a base do fatalismo. Ao contrário, ele implica confrontar a possibilidade de desastre na esperança de obter alguma vantagem social mais imediata: prestígio, admiração, uma reputação de virilidade. Dada, além do mais, a taciturna preocupação com a integridade sexual registrada por Zonabend para os homens dessa comunidade, ela pareceria representar a continuada – e ativa – busca por evidências de que o desastre não se abateu sobre eles, e que a procriação daqueles bravos normandos que não fogem à luta continuará para sempre.

Pois é claro que não podemos separar a preocupação com a masculinidade do orgulho em relação ao lugar e à descendência. Estes são dois aspectos intimamente interligados do essencialismo popular. Trata-se da reação de uma marginalizada população local à interferência do Estado centralizado, e os seus termos são uma tentativa de arrancar a iniciativa simbólica das mãos dos intrusos. Tais gestos de bravura podem não exercer grandes efeitos sobre os eventos, mas eles pertencem a um idioma que os locais partilham com o Estado. Este, com efeito, sendo mais poderoso que os indivíduos, pode ridicularizar suas objeções como fatalistas, sem deixar de usar o mesmo argumento simbólico para reforçar a sua própria perspectiva.

Por vezes, isso acontece como resultado do segredo com que o Estado e o cidadão confrontam um ao outro. Os homens expressam medo da poluição nuclear de sua sexualidade. Eles exprimem esse medo em termos que, reconhecidamente, reproduzem a velha retórica da poluição sexual entre homens que trabalhavam na indústria local de curtume. Porque a poluição é concebida como contagiosa, eles não ousam mencionar os seus temores a nenhuma autoridade. Do mesmo modo que os patrões políticos apropriam-se dos valores locais dos clientes a fim de obter vantagem na arena política mais ampla (cf. CAMPBELL, 1964), as autoridades aqui capitalizam sobre a conspiração de silêncio resultante dos temores locais em relação à contaminação sexual. Elas conseguem prosseguir com o desenvolvimento da energia nuclear como se a fonte mesma da poluição – tal forma de energia – não despertasse interesse local, dado que os valores locais dificultam uma discussão sobre o tema.

Eu gostaria de fechar essa parte da discussão com uma anedota altamente reveladora. Foi-me relatada por uma antropóloga francesa que viera aos Estados Unidos completar a sua formação. Ela ilustra a cumplicidade de cidadãos e burocratas num sistema em que, não obstante, os últimos detêm as chaves para o sucesso. A autora do relato conseguiu eventualmente o que queria, não por haver defraudado o sistema ou subscrito os procedimentos formais, mas porque jogou com suas regras não oficiais – regras que, sendo francesa, ela conhecia bem. Eis o texto traduzido na íntegra:

> Em 1970, três anos após nossa partida da França, eu estava em Paris quando o meu passaporte foi roubado, junto com toda a minha bagagem que eu deixara no carro durante a noite. De início, eu fui registrar queixa na delegacia de polícia da região, imaginando que seria fácil obter um novo passaporte em vista da minha cidadania francesa (*nacionalité*). Lá, olharam-me como se eu fosse um extraterrestre, pois, a despeito dos meus protestos, eu não transmitia um ar particularmente francês (eu já adquirira um jeito de vestir e certos outros sinais externos da cultura dos jovens americanos, e o meu francês ainda estava um pouco lento). Para piorar, que francês digno desse nome cometeria a estupidez de deixar objetos de valor em um carro durante a noite em Paris? A minha infância, passada em uma pequena aldeia no centro da França, não me havia preparado para aquele tipo de coisa.
>
> Fui informada que teria de regressar a Touraine [*sic*], local onde o passaporte fora originalmente expedido, a fim de obter um novo. Aquilo foi, evidentemente, irritante, uma vez que meu ex-marido e eu éramos esperados alhures.
>
> Quando eu voltei a Tours, as joviais funcionárias da prefeitura ouviram a minha história com paciência, mas sem simpatia, e informaram-me que eu não mais existia. Não podiam achar qualquer traço da minha identidade, sugerindo que eu fosse averiguar em Loches, pois era de lá que o meu passaporte devia ter sido expedido. Rastreáramos o fluxo burocrático até a sua fonte e, por sorte, havia ali uma jovem da minha idade, calma, inteligente e simpática, sendo que ambas provínhamos de aldeias vizinhas. Ela ponderou e, então, disse: "Eu imagino que eles tenham classificado a sua família no departamento de estrangeiros, já que você deixou a França". Ela telefonou a Tours e a sua teoria foi confirmada. Eu já não era mais que uma estrangeira em minha amada terra natal, uma estrangeira assaz deprimida [em resultado].
>
> Em Tours, disseram-me, "Muito bem, então, mas você terá que viver na França por, no mínimo, três meses antes de receber um novo passaporte". Eu já estava perdendo a cabeça, às raias do choro, mas ainda tentei me controlar: uma Brissonnet não faz escândalo!

Pediram-me um endereço, que forneci. "Estou visitando minha tia em Montlouis, madame".

"A mulher do prefeito recém-falecido, o Sr. Raoul R.?"

"Isso".

"Ah! Mas por que não nos disse antes? Isso muda tudo!"

No dia seguinte, eu obtive o meu passaporte. Não apenas o meu tio era bem-conhecido localmente, mas as garotas da prefeitura também conheciam a minha prima, a sua filha Chantale.

Foi assim que eu perdi e reconquistei em poucos dias a coisa mais preciosa que um francês pode ter: a *nacionalité* francesa!

Aquele final desafiador – "uma Brissonnet não faz escândalo" – é a versão socialmente mínima dos gestos de brio que podem ser feitos em defesa do orgulho regional – "Os normandos não se comportam assim!" (ZONABEND, 1989: 97) – ou do patriotismo nacional. Mais do que isso, ele reúne os dois níveis de orgulho, colocando o patriota contra o Estado: o mesmo artifício usado pelos gregos, e que os próprios burocratas às vezes empregam.

Uma séria objeção?

Este capítulo lidou amplamente com os modos pelos quais as pessoas conceitualizam a burocracia. Um literalista talvez objete que isso nada tem a ver com a operação da burocracia em si mesma. Não são aquelas meras táticas retóricas, perguntaria tal crítico, mediante as quais as pessoas justificam os seus fracassos em lidar corretamente com as consequências de suas próprias ilegalidades? Eu já mencionei tal objeção, mas agora estamos em posição de enfrentá-la de maneira mais abrangente.

Sem dúvida, a autojustificação é o motivo mais comum para toda a conversa a respeito de uma burocracia com ares de destino. Devemos notar primeiramente, todavia, que tais artifícios assinalam um cálculo assaz estudado de custo-benefício acerca daquilo que Bourdieu (1977) chamou de o capital simbólico de uma pessoa. Qualquer ator social deve saber que a convencionalidade da autojustificação tem duas consequências aparentemente inconciliáveis: ou a história é "velha", sendo desacreditada; ou, de maneiras sutis, ela ergue-se sobre as convenções de autojustificação sem esfregar na cara da audiência a sua convencionalidade, neste caso sendo socialmente aceita e permitindo que as pessoas respondam como se nela acreditassem.

Na Grécia, onde legisladores bávaros supervisionam a escrita das leis nacionais, questões sobre herança são sujeitas à lei nacional apenas se nenhuma lei local, "não escrita", puder ser encontrada. Esse princípio parece, a alguns, conflitar com o direito romano, uma fonte do Código Napoleônico sobre o qual as novas leis gregas foram parcialmente baseadas. Os gregos e os seus conselheiros bávaros lidam com isso de uma forma que exibe claramente a marca de uma cosmologia compartilhada. Ao sugerir que a lei "não escrita" possa, não raro, anteceder a legislação codificada, eles argumentam, citando o jurista germânico C.F. Glück, que a distinção escrita/não escrita não deve ser aceita literalmente, significando, de fato, a diferença entre as leis promulgadas – seja ou não sob forma escrita – pelo pronunciamento deliberado de um legislador e as aceitas passivamente (KHRISANTHOPOULOS, 1853; cf. tb. GLÜCK, 1803).

Com base nesse argumento, eles puderam propor, destarte, que as "leis não escritas" fossem sistematicamente registradas, para que a praxe fosse incorporada ao código e, convertida assim em forma escrita, viesse a partir de então a suplantar quaisquer regulações com as quais conflitasse, porque o único critério restante seria o da prioridade temporal. Efetivamente, isso significava que a responsabilidade pela prática local em questões relativas a herança e propriedade – em outras palavras, a expressão territorial de relações sociais – restaria sobre a praxe local, que apelava explicitamente ao destino ao sancionar o sorteio como o instrumento mais imparcial de distribuição. Os juízes deveriam reconhecer a jurisprudência na tomada de decisões. Eles não podiam assumir aquela prioridade apenas com base no conhecimento pessoal, todavia, mas eram instados a provar a existência [sic] e validade da alegada jurisprudência[72]. Em suma, a lei nem mesmo assumiria a responsabilidade por si mesma: sempre que possível, ela tentava remontar aquela responsabilidade a um corpo generalizado e antecedente de "praxes", agora codificado de modo a prevenir futuras erosões de um destino nacional retrospectivamente descoberto, autoridade e árbitro definitivos.

Tal resolução, se assim pode ser glosada, deixa pouco espaço para a imaginação dos juízes. Eles não podiam decidir independentemente, ou com base em sua experiência pessoal, sobre o que constituía uma "praxe". A precedência do não escrito sobre o escrito concedia, de fato, a uma outra espécie de escrita, aquela do destino que determinava os eventos mediante o sorteio, ao passo que a exigência de que tais costumes fossem codificados permitia ao Estado participar do ato simbólico de escrever após o fato. Em caso de dúvida acerca da prioridade da jurisprudência, os legisladores refugiavam-se por trás de um álibi nacionalista: "O direito romano... que assumimos como nosso sistema legal, é-nos alheio, dado que não surge das entranhas mesmas de nossa gente; e já que, por isso, nossas carências sociais não são supridas, entre nós a prioridade dos costumes afigura-se como inevitável" (KHRISANTHOPOULOS, 1853).

A visão de que a cultura "romana" – e, pois, "bizantina" – é uma importação de fora é parte importante na justificativa para a busca de fontes mais antigas e

---

72. Fazê-lo significava demonstrar o precedente; mas, dado que os legisladores eram incapazes de chegar a um acordo sobre como decisões anteriores constituíam um precedente adequado, eles geralmente usavam expressões tais como "mais de uma vez" ou "muitas vezes" (KHRISANTHOPOULOS, 1853).

clássicas do folclore. Aqui, ela oferece aos legisladores do nascente Estado-nação a luxúria de criar um idealizado tempo antes do tempo, um passado declarado que não poderia vir a contradizer os seus intérpretes modernos, livrando-os de decidir casos localmente difíceis acerca de herança. A *efthinofovia* é construída no próprio tecido da lei: há um desígnio invisível a suplantar a escrita de todo e cada juízo.

Assim, a importação de um código legal "ocidental" não fracassou apenas em destituir a jurisprudência; ela reforçou a sua validade mediante um ato adicional de escrita. As "entranhas de nossa gente" são ainda o melhor guia, embora o quadro de legisladores precise conferir-lhe o carimbo de aprovação. O cosmológico oculta-se ainda por trás da retórica de uma racionalidade humanizada, e o faz em sistemas bem menos dependentes do simbolismo local que o sistema grego: "Hoje, a justiça criminal funciona e *justifica a si própria* por sua referência perpétua a *algo além de si mesma*, por essa incessante reinscrição em sistemas não judiciais. O seu *destino* é ser redefinida pelo conhecimento" (FOUCAULT, 1978: 22 – grifos meus). Parece que a batata quente não para em lugar algum.

Foucault estava especialmente interessado na criação do conhecimento como meio de remoção da responsabilidade, por parte das autoridades, por infligir mais e mais violência. O abandono da punição direta, em que as autoridades assumiam visivelmente a responsabilidade ou culpa por atos de tortura ou morte, abriu espaço, como nos lembra Foucault, para uma crescente preocupação com o cuidado e a cura da "alma" – um desencorporamento progressivo dos objetos do governo racional. Os argumentos acerca da validade das medidas punitivas centram-se no critério desincorporado e, no limite, estatístico, da "punição cruel e não usual". O próprio Estado torna-se uma imensa máquina de evasão de responsabilidade, no instante mesmo em que alega que as pessoas devem "pagar" por seus crimes. Não se trata de um apelo muito justo aquele da eugenia ao assassinato judicial, da erradicação do sangue ruim à remoção – tornada aceitável, pois supostamente indolor – das almas ruins. É especialmente perturbador que tudo isso deva ser feito em nome da razão. Que seja capaz de fazê-lo deve muito à capacidade intrínseca do Estado de evitar a culpa e lançá-la sobre uma cosmologia convenientemente rudimentar. No caso da Grécia, o fato de que o legalismo e a referencialidade tenham entrado em cena relativamente tarde (TSOUCALAS, 1991) torna patentes os contornos da cosmologia que alegam suplantar, e da qual, num sentido muito genérico, eles próprios emergiram.

Vemos, pois, que, historicamente, o arcabouço burocrático das modernas ideologias estado-nacionais repousam sobre estruturas conceituais de autoexoneração muito similares às utilizadas por cidadãos comuns. É obviamente vantajoso ao Estado negar essa embaraçosa derivação comum, assim como insistir na separação conceitual entre o racional e o simbólico – que equivale exatamente ao mesmo tipo de defesa.

Àqueles que possam objetar agora ser absurdo falar no "Estado" de modo tão totalizante, eu responderia que estão absolutamente certos. Não há essa coisa de um Estado autônomo exceto nas mãos dos que criam e executam a sua teleologia ostensivamente autosservil. As leis, conquanto aleguem restar sobre valores eternos, têm histórias específicas de uso e interpretação. Se parecem institucionalizar a evasão de responsabilidade em nome da própria responsabilidade, isso está em consonância com a mais vasta abolição da temporalidade em nome da "história nacional". Para recuperar a prestação de contas, não devemos simplesmente retornar ao tipo ideal weberiano do Estado burocrático racional-legal. Devemos, em vez disso, questionar quem toma cada decisão com base "na lei". Reinserir o tempo e a individualidade em nossas análises – o reconhecimento da agência humana – é a única defesa viável contra a reificação da autoridade burocrática.

6
Desclassificações

Cosmologia e classificação

O eufemismo "informação classificada", talvez mais nitidamente do que qualquer outro, mostra os estreitos vínculos entre taxonomia e controle burocrático. É característico do obstrucionismo burocrático em qualquer sociedade que o sigilo seja representado como conhecimento: daí a censura como "classificação". Isso sói figurar como uma alegoria do que pode acontecer entre as melhores intenções dos planejadores democráticos e as piores consequências da prática burocrática. Nem toda autodenominada democracia é benigna, mesmo em projeto, e nem todo funcionário, ainda que do Estado mais repressivo, é necessariamente mau; mas a disjunção que se dá entre ideologia e prática requer explicação – pragmática, por parte dos atores sociais que tentam dar sentido ("teodiceia") aos seus apertos; teorética, por parte dos cientistas sociais. Neste capítulo conclusivo, tentarei "desclassificar" alguns dos processos ocultos em questão.

Nos capítulos anteriores, vimos como o sistema taxonômico de um Estado-nação pode derivar, ao menos em parte, da mesma cosmologia que informa os valores de seus cidadãos. Aquele conjunto comum de símbolos adquiriu significados amplamente divergentes nos domínios respectivos do discurso oficial e da vida social, provendo, assim, um contexto para a batalha de desentendimentos sistemáticos. De um lado estão os detentores do poder, ativos e racionais, cuja autoridade parece ser uma profecia autorrealizável, na medida em que, do outro lado, fatalistas passivos supostamente esperam ser conduzidos (mas talvez mantendo pensamentos rebeldes, e permanecendo alheios à opinião das autoridades sobre eles).

Em verdade, como vimos, essa dicotomia é demasiado simplista. Se os burocratas raramente se tornam os impotentes joões-ninguém que Weber anteviu em seus momentos mais pessimistas, eles estão sujeitos a ramificações do poder muito difusas. Há uma dicotomia. Ela não está na atualidade de dois grupos, burocratas a serviço do sistema e cidadãos por ele oprimidos. Ela está no jogo retórico pelo qual essas duas figuras são contrapostas uma à outra. Esses estereótipos parelhos são os termos-chave de uma teodiceia secular – a explicação, tanto para a constante ineficiência que Marx julgava ser típica da burocracia quanto para a "gaiola de ferro" na qual, segundo Weber, o mundo moderno ia se trancafiando. Frequentemente, os burocratas não são nem ineficientes nem inflexíveis. Ao contrário, quando sucumbem a uma dessas características, eles podem ser eximidos de responsabilidade pessoal pelas convenções que tratam aquelas como balizadoras do "sistema" antes que dos atores individuais.

Na medida em que os cidadãos prosseguem com esses estereótipos a fim de justificar os próprios fracassos, eles tornam-se cúmplices da própria opressão; mas tantos são os burocratas capazes de tirar vantagem de tais expectativas, traduzindo-as como vindicação da profecia, que a capacidade da maior parte dos cidadãos de escapar das armadilhas burocráticas pode ser severamente circunscrita. A imagem de Weber sobre o burocrata não tem sido universalmente aceita, e a sua utilidade como ferramenta de análise, em alguns aspectos, pode ser secundária em relação à sua fidelidade a representações convencionais da burocracia, assim como sua explicação da predestinação e vontade de labuta parece corresponder efetivamente às cosmologias dos aldeões médio-orientais e dos clientes de burocratas barganhadores ao redor do mundo. Isso não significa, entretanto, que Weber estivesse errado. Significa que ele falhou em ver o quão longe, e sob quais aspectos, os seus modelos de mundos culturais não ocidentais lembram a condição de modernidade no "Ocidente".

Neste livro, eu contestei as explicações acerca da indiferença burocrática como o desdobramento mais ou menos automático das estruturas burocráticas. Tais argumentos, sendo extremamente teleológicos, estão muito próximos das predestinações invocadas por algumas das formas mais totalitárias de nacionalismo. Se as fronteiras sociais emergem da interação social, onde elas são constantemente negociadas e redefinidas, culpar "o sistema" é aceitar implicitamente o argumento daqueles que defendem os seus territórios, e que justificam as suas ações menos louváveis alegando haverem sido ditadas pelo sistema ou por seus oficiais supremos. Faríamos bem em recordar que esse foi o argumento de defesa em Nuremberg.

Em termos curtos e grossos, poderíamos dizer que a discussão tem sido acerca da negociação do preço de admissão na comunidade política. Ser diferente ("o meu caso é especial") ou ser confrontado com a indiferença ("você é igual a todo mundo"): eis a questão. Essa discriminação torna-se especialmente exigente quando a questão é diretamente sobre herança, pertencimento, quando a admissão significa acesso aos direitos e privilégios inerentes a uma certa identidade própria.

Ao nível nacionalista, a intransigência burocrática pode ser simplesmente o meio de assegurar um direito étnico. A história da conservação arqueológica é atormentada por tais resistências a bem-intencionadas intervenções estrangeiras (KARDULIAS, s.d.; SILBERMAN, 1990). O forasteiro é sempre culpado pela perda ou destruição porque é inconcebível que a população local contribuísse para o apagamento de suas próprias glórias. Quando a população local desafia o Estado, todavia, ela pode culpar os "seus próprios" burocratas pelo mesmo processo. Isso é o que tem acontecido em Creta, onde a conservação oficial de casas turcas e renascentistas entra em conflito com o desejo dos habitantes por instalações "ocidentais". Forçados (como alegam) a demolir as velhas construções na calada da noite pelo que representam das descuidadas táticas prorrogatórias da burocracia, eles culpabilizam o próprio serviço de conservação pelo desaparecimento da histórica estrutura, e chegam a culpar entidades maiores como a Comunidade Europeia e a Otan pelo controle burocrático cada vez mais estreito em seus lares (HERZFELD, 1991).

Por vezes, a metáfora do preço de admissão assume um significado literal. Boa parte da burocracia concerne à baixa contabilidade financeira. Isso pode vir à luz especialmente quando a herança histórica nacional está em jogo. Aqui, nas mãos de pequenos funcionários, as formas de discriminação podem assumir, assaz explicitamente, termos "raciais". Na Grécia, poucos anos atrás, estrangeiros foram subitamente obrigados a pagar taxas de admissão em museus e sítios arqueológicos, enquanto os gregos gozavam de livre acesso. Embora a intenção por trás da medida fosse encorajar os gregos a saber mais acerca das antiguidades de sua própria terra, ela foi logo interpretada pelos vigiais dos locais como uma questão de sangue: se você falasse grego suficientemente bem a ponto de parecer possuir ascendência grega, a admissão era gratuita na prática. Críticos gregos foram rápidos em externar a sua desaprovação de tais atos discriminatórios, mas não houve qualquer tentativa oficial de reforma – sob o argumento, se a lógica usual foi aplicada, de que o governo não podia assumir a responsabilidade pelos malfeitos de vigias ignorantes.

Mais frequentemente, a admissão à comunidade política baseia-se em marcas menos óbvias de pertencimento e estrangeirismo. A questão não é o que as pessoas dizem, mas como elas dizem. Uma lógica cartesiana, por exemplo, não é necessariamente um modo superior de discutir a respeito de licenças e serviços de escritório, mas, em alguns países e em certas situações, ela aparentemente funciona como um apelo a um determinado tipo de identidade: ocidental, racional, e no controle. Como Johnstone (1989: 145) argumenta em relação ao modo americano que ela chama de "quase lógico", o objetivo é "convencer, fazer com que pareça impossível a uma audiência em posse de sua racionalidade não aceitar a conclusão do falante". Dado que essa tática depende do habilidoso uso de um certo estilo retórico, ela não tem nenhuma conexão necessária com uma lógica incontroversa. A força de tais instrumentos repousa não nos próprios argumentos, mas no desprezo implícito por qualquer alternativa e no tipo de identidade que eles projetam.

Esse argumento, no entanto, encerra ele mesmo uma armadilha. Em sua forma extrema, ele transforma-se naquele determinismo cultural que Johnstone (1989: 153) rejeita explicitamente, e que serve de base para todos os estereótipos do "caráter nacional". Tal súplica cultural, como destacou Tambiah (1990: 128), pode ter consequências devastadoras; não é menos reducionista, nem menos indulgente, do que a defesa em Nuremberg.

Mesmo em situações mais triviais, todavia, ele tem um certo apelo perigoso; estrangeiros irritados usam-no todo o tempo para justificar a sua incapacidade de se comunicar com funcionários locais e resguardar o próprio autorrespeito. Além do mais, esses argumentos são tanto mais difundidos porque raramente explicitados. A americana que foi receber a sua encomenda nos correios gregos cometeu o erro inicial de imaginar que um modo de interação a ela familiar em contextos similares em sua pátria obteria resultados. Um observador, todavia, pode ter facilmente achado que ela tentava impressionar o funcionário grego com sua sofisticação ocidental – em outras palavras, que ela encarnava um estereótipo pretensamente efetivo em um país politicamente dependente e nominalmente pró-ocidental[73]. Não devemos agora agravar o erro presumindo que o único modo a funcionar no "Ocidente" seja um que alardeie formas cartesianas de raciocínio, ou que o único argumento compreendido por um grego seja o da força bruta. O preconceito é feito de tais concepções equivocadas. Seria extraordinariamente opaco um mundo no qual não pudéssemos nem, eventualmente, apreender as estratégicas retóricas de outros culturais; mas, às vezes, é difícil abandonar essas estratégias que, estereotipicamente, imaginamos como as mais apropriadas para nós mesmos.

Igualmente característico de ambos os modos de autorrepresentação é o exercício do poder: o poder localizado nas relações internacionais, o poder localizado no gênero, o poder localizado no acesso imediato a um recurso assaz trivial. A interação burocrática diz respeito a isso, não à lógica. Mas poder é um conceito notoriamente difuso, como eu acabei de sublinhar, e sua realidade assume diversas formas. Gostaria de sugerir aqui que a sua corporificação mais palpável na prática burocrática consiste em fundir a atemporalidade do Estado ao ritmo e tempo de interações específicas. Vejamos como isso acontece.

Ritmo e tempo

A replicação da ideologia nacionalista no ritual burocrático cotidiano depende de uma característica partilhada por ambos: a supressão do tempo. Assim como

---

73. É irrelevante para o meu ponto que tal pensamento jamais tenha lhe passado pela cabeça.

a história nacional – qual o mito – assume as características de uma paisagem atemporal, o efeito das interações diárias entre burocratas e clientes é também o de tornar o tempo irrelevante.

Isso funciona de duas maneiras intimamente cooperativas. Primeiro, o tédio absoluto de ter que constantemente "voltar na próxima semana" amortece o senso de passagem do tempo, especialmente em sua repetição. Segundo, a habilidade de demandar tal nível de obediência expressa o controle que o burocrata exerce sobre o tempo do cliente, fazendo deste desimportante por comparação: "Você não consegue ver que eu estou muito ocupado?"[74]

Todo esse desgaste na paciência e nos recursos do cliente serve para reforçar um senso de imutabilidade. A interação burocrática lembra, de fato, o ritual, sobre o qual Buttitta e Miceli escrevem (1986: 135) "possuir a efetiva capacidade (e não há religião que não o saiba, nem ideologia que não o acabe aprendendo) de impor a dimensão da certeza, da necessidade e dos valores absolutos sobre a contingente imprevisibilidade dos eventos" – em outras palavras, de converter arbitrariedade em necessidade. Na interação burocrática, claro está, "certeza" e "necessidade" podem significar pouco mais que o poder pessoal de um funcionário ardiloso, mas, não obstante, elas aparecerão no encontro como consequência daqueles "valores absolutos" pretensamente subscritos tanto por burocratas quanto por clientes, e aos quais estes não podem renunciar abertamente.

Os negócios governamentais permitem – ainda que, por si mesmos, não forcem – que o burocrata controle o tempo do cliente. Os pequenos assédios e, especialmente, o conselho sempre repetido para "voltar amanhã", os intermináveis conjuntos de formais mais ou menos idênticas, a expressa incapacidade do burocrata de prever resultado e duração: todos esses elementos, os componentes da indiferença, conduzem ao esmagamento de até mesmo uma aparência de temporalidade pessoal. Embora não inventados necessariamente para tal propósito, eles constituem, nas mãos de funcionários manipuladores, uma tecnologia de reprodução do monopólio estatal do tempo. (O eco de Lévi-Strauss é deliberado aqui.)

Com efeito, o tempo é uma presença tangível nas interações burocráticas. O que os burocratas fazem é pôr em segundo plano o seu próprio gerenciamento dessa contestável mercadoria. O *"timing"* de suas manobras – aquilo que Bourdieu (1977: 7) chama de *tempo* – é o domínio que o burocrata e o cliente duelam para controlar. É uma das dimensões em que a interação burocrática mais tem em comum com a hospitalidade, pois que, em ambas, a criação de um relacionamento de reciprocidade tem, para o desequilíbrio de poder, implicações que podem ser acentuadas por uma habilidosa manipulação temporal.

---

74. Esse é um aspecto do conceito de *tempo* de Bourdieu. Cf. tb. Goffman (1959: 67-70).

A administração efetiva do tempo pode suscitar, por exemplo, a deliberadamente desanimadora impressão de que o burocrata está por demais ocupado com assuntos urgentes e importantes para perder tempo com o humilde cliente. Nesse encontro, a pose "ocidental" da oficialidade apresenta uma cara brandamente indiferente, por trás da qual o cliente obstinado talvez espere, eventualmente, descobrir um "oriental" disposto a negociar. Esses estereótipos culturais não deveriam nos induzir a aceitar a noção de que o "tempo ocidental" é, de algum modo, radicalmente diverso, mais eficiente, qualitativamente mais preciso, ou apenas melhor – pois isso não passa de autoengano, como alertou Fabian (1983). Um quarto de século atrás, Diamant (1966: 3) ressaltou não ser, em absoluto, certo que o "Ocidente" ainda buscasse o tipo de maximização teleológica do tempo que associaríamos a uma ética weberiana do trabalho, sendo que "sociedades em rápida transformação eram as que apelavam para a aceleração e a queima de etapas". Os estereótipos que animam as poses interpessoais dos burocratas são o ponto-chave de articulação entre as ideologias nacionais e a atual condução dos negócios.

Os burocratas tentam frequentemente evitar todo envolvimento com o cliente, e o seu método para atingir essa pose de neutralidade é não demonstrar absolutamente nenhum interesse no fato de que o tempo do cliente está sendo desperdiçado. Essas determinadas recusas da temporalidade alinham a prática administrativa cotidiana à atemporalidade da historiografia nacionalista e dos sistemas taxonômicos que a reforçam[75]. A cobrança não muda, e cabe ao cliente – a viúva do dentista, por exemplo – inserir peculiaridades pessoais (diferença) na indiferença dessa eternidade culturalmente construída. Que o burocrata seja ou não seja ameno é determinante para o resultado. O burocrata é capaz de ocultar o autointeresse por trás do serviço ao imutável interesse público. O cliente não dispõe de tal recurso, exceto castigando o burocrata como "corrupto" – a contrapartida simbólica de quando o burocrata trata o cliente como "sujo". O cliente e o burocrata usam, ambos, a retórica da pureza e da poluição para avançar fins específicos.

Ao apelar para as verdades eternas do caráter nacional e da moralidade política, alguns burocratas reproduzem a sua atemporalidade nos pequenos rituais da lida diária. Isso é, talvez, mais provável em países como a Grécia, onde a identidade nacional foi forjada em tempos relativamente recentes e, não raro, sob a condescendente tolerância de nações maiores e mais poderosas. Mesmo funcionários britânicos ou americanos, entretanto, recorrerão a estereótipos do tipo "é assim que fazemos as coisas por aqui". Enquanto cada ação tem a sua especificidade, a retórica sempre tenta assimilá-la a algum tipo de verdade generalizada. A para-

---

75. Podemos compreender essa tática como uma versão em vida real do que Fabian (1983) chama de "alocronismo" – o uso de técnicas narrativas para situar o "outro" em um tempo radicalmente diferente do nosso.

fernália da burocracia provê algum suporte para essas táticas pessoais. Papéis, carimbos, selos, assinaturas estilizadas de funcionários, insígnia do Estado – cada um deles é um ícone de algum pretenso original. Eles são os instrumentos do que Weber chama de "rotinização", que adquirem mediante uma iconicidade infinitamente autorreprodutora.

As formas são especialmente importantes aqui. Cada documento é uma reedição localizada de um ato de escrita – o registro da lei, que, como sublinhou Goody (1986: 163-164), pretende torná-la permanente. Como sabe todo advogado, a reinterpretação de precedentes pode levar a uma mudança na prática legal. Tais apelos ao precedente implicam uma extração retrospectiva "do" significado, operando ao estilo da mão *à la* destino da burocracia grega, conforme descrita no capítulo anterior. O interesse no precedente, todavia, revela a intensa preocupação das autoridades em criar uma história que terminará idealmente esmagando a si própria – convertendo, novamente, uma sequência temporal num eterno *fiat* –, e cada ato da oficialidade burocrática depende dessa lógica subjacente. A alternativa é o caos. Como sugere Handelman (1978: 12), "esse atributo da imutabilidade simbólica garante que a burocracia representará a ordem de uma complexa divisão do trabalho, um sistema particular de propriedade, e os direitos do Estado. Por outro lado, de novo graças a essa imutabilidade simbólica, o burocrata encontrar-se-ia altamente vulnerável caso os sentimentos de solidariedade de massa se voltassem contra ele" – em outras palavras, quando o burocrata é percebido como manipulando os eventos e lidando com o tempo real.

Certamente, há temporalidade nas interações entre burocratas e clientes. Os burocratas usam táticas de procrastinação para gerar mais poder; clientes insatisfeitos ressaltam essas táticas em suas queixas de modo a adquirir a aura de vítimas nobres. Mas essas queixas são sempre apresentadas como violações da norma: elas são parte do convencional resmungo diante da burocracia, com o qual iniciamos esta exploração. Os burocratas reclamam que os seus clientes perdem tempo com estardalhaço sem sentido; os clientes, que os burocratas não têm senso de responsabilidade para com o público, custando-lhe caro em horas que poderiam ser mais dedicadas ao trabalho financeiramente produtivo. O tempo é um componente crucial nos conceitos de pessoa. Ao atrasar bruscamente a ação, um burocrata pode negar a humanidade de um cliente, ou, atrasando os negócios mediante elaboradas ofertas de hospitalidade na forma de café e cigarros, afirmar não apenas a humanidade do cliente, mas um potencial vínculo social – em que, todavia, o burocrata mantém a superioridade moral.

Esses exemplos mostram que o tempo é uma arma social. O poder pode ser gerado representando os usos mesquinhos do tempo como aspectos do grande curso da história. Com efeito, esse é um crucial elo de ligação entre as interações cotidianas e grandes visões da história tal como a que está implicada na leitura de

Weber da doutrina calvinista da predestinação. Como eu sugeri, a ética protestante e o suposto fatalismo dos aldeões gregos, tão diferentes quando vistos da perspectiva de um Ocidente autocongratulatório, tornam-se notavelmente similares quando tratados, ambos, como estratégias sociais. A essa altura, o destino deixa de ser uma força cosmológica inelutável e torna-se, antes, algo que apenas as ações do presente podem sugerir: o aldeão grego e o calvinista weberiano devem se esforçar por convencer os outros de que são natural e moralmente destinados ao sucesso. Essa base social do determinismo emerge mesmo no sempre pessimista Gobineau. Alegadamente mais próximo à imagem convencional do fatalista do que qualquer aldeão mediterrâneo, ele afirmava, não obstante, que os apelos à verdadeira nobreza masculina podiam ser validados pelos feitos concretos de um indivíduo (ANDRÉ, 1987: 25). A lógica do nacional-estatismo leva esse raciocínio adiante, fazendo do "destino manifesto" uma certeza baseada na identidade e herança coletivas (cf., p. ex., HORSMAN, 1981, sobre o anglo-saxonismo americano). A exclusão do butim nacional deriva do pressuposto *a posteriori* segundo o qual certos indivíduos não podem ser de origem nacional; a inclusão nessa origem provém, não menos retrospectivamente, de uma avaliação favorável dos feitos de uma dada pessoa. Tal é a lógica da declaração de Himmler segundo a qual a distinção artística ou acadêmica bastava para se identificar um verdadeiro adulto alemão; apenas as crianças tinham de ser avaliadas projetivamente, através de suas características físicas (POLIAKOV; DELACAMPAGNE & GIRARD, 1976: 96-97). Aquilo que parecem ser classificações as mais inquebrantavelmente deterministas podem sempre ser redimensionadas após o fato. Apenas então, ironicamente, a sua perfeição pode ser mantida.

A disputa ao longo do tempo diz respeito à legitimidade dos apelos ao poder e à humanidade. As tendências reificadoras da oficialidade mascaram práticas interesseiras; o cliente que deseja desafiar os apelos oficiais à verdade eterna deve achar um modo de demonstrar a inconsistência entre a teoria estatal e a prática burocrática. Esse, em uma escala bem mais ampla, tem sido o meu objetivo no presente livro. Rastreando as "nuvens de etimologia" até suas origens, eu não busquei legitimar práticas correntes com base em sua antiguidade, nem, ao contrário, sugeri que todo burocrata seja um tirano autoconsciente cujo único desejo é restabelecer velhas ideologias sobre o destino, o sangue e a patrilinhagem. Qualquer noção do tipo seria patentemente absurda. Pelo contrário, como a expressão "rastrear nuvens de epistemologia" bem sugere, eu fui atrás de um fenômeno muito mais evanescente. Assim como a pessoa que dá uma desculpa ordinária pode não lembrar conscientemente das origens históricas de sua forma, e de fato costuma não fazê-lo, também os clientes e burocratas cujas incômodas interações eu discuti aqui têm pouca consciência de que exprimem as suas disputas no idioma de uma grande – e difusa – antiguidade. Mas a intangibilidade desses usos não os torna menos interessantes ou importantes. Ao contrário, seria muito pobre uma disciplina social que os rejeitasse facilmente como irrelevantes apenas por não dispor de instrumentos para mensurá-los, e que, consequentemente, adotasse o imperativo burocrático de parar de sondar e acatar os ditames do Estado. Seja como clientes rebeldes ou antropólogos curiosos, descobrimos que a identidade atemporal, unitária e respeitável comum às ideologias estado-nacionais oculta uma pletora de alternativas incipientes, mas significativas. O simbolismo, vimos, é altamente lábil, mesmo quando apresentado na forma de categorias burocráticas fixas. Assim, o que foi usado para ocultar e reprimir pode também, em uma perspectiva temporal mais disruptiva, ser usado para revelar. O tempo socialmente experimentado é o antídoto crítico contra a história oficial.

A sugestão de De Certeau (1984: 36) de que devemos definir a respeitabilidade como um triunfo do espaço sobre o tempo possui enorme relevância para a compreensão dessa tensão entre classificação e temporalidade. Especialmente útil é o seu sentido de "espaço" como o lócus de interseção entre pessoa e valor. Podemos aproveitá-lo invocando, mais uma vez, e em conjunção com o raciocínio de De Certeau, a noção sempre fértil de Douglas acerca da desordem como "matéria fora do lugar".

Os clientes ocupam um certo espaço simbólico. Quando tratados "como lixo", tal qual notamos, o acesso àquela topografia moral tem lhes sido negado, mas – não sendo fatalistas de verdade – eles seguem forçando a entrada. Argumentos baseados no sangue comum funcionam melhor: eles convertem-se "naturalmente" em apelos territoriais. Caso isso falhe, as extensões metafóricas do parentesco prendem-se às estratégias retóricas que as ideologias estado-nacionais europeias adotaram a fim de ganhar a lealdade dos cidadãos. A família nacional é uma entidade espacial, eterna e atemporal. Os funcionários públicos têm o poder de excluir indivíduos como forasteiros: estes estão verdadeiramente "fora de lugar".

O que lhes acontece em seguida é uma questão de indiferença por parte daqueles que gozam da boa fortuna (pois tal é a cosmologia da sorte) de estar entre os eleitos. Em alguns dos cenários mais cínicos, as democracias supostamente liberais do "Ocidente" julgaram esse próprio argumento passível de justificar a adoção de cotas imigratórias em face do genocídio e da repressão política. A indiferença ao destino dos "outros" torna-se moralmente aceitável àqueles que se apresentam como os protetores de "nossos próprios" interesses. Em tais ocasiões, topamos com reclassificações e redimensionamentos apressados de taxonomias essenciais, expondo a labilidade da "identidade nacional" sob um holofote tão penetrante que apenas a maciça coesão da retórica nacionalista revela-se espessa o bastante para resistir.

Um exemplo devastador disso é fornecido pelo estudo de Abella e Troper (1982-1983) sobre as reações canadenses à imigração de refugiados judeus antes e durante a Segunda Guerra Mundial. Eles mostram o quanto o governo liberal de Mackenzie King, que não queria assumir uma atitude indiferente, permitiu que o funcionário público F.C. Blair traduzisse a sua própria aversão pessoal aos judeus em categóricos atos de exclusão pelos quais o governo – mais interessado em permanecer no poder e manter intacta a estrutura federal canadense do que em assuntos humanitários – não precisava assumir responsabilidade direta. Com efeito, o governo conseguiu sabotar a iniciativa de se indicar um canadense para o cargo de Alto Comissário de Refugiados da Liga das Nações, com o argumento de que os canadenses nada haviam feito nessa área que justificasse a ocupação de nível tão proeminente.

Tratava-se da passagem da batata quente em um grau raro. Além do mais, as políticas restritivas do governo refletiam estereótipos entretidos por funcionários particulares e convertidos em ação oficial; as regras facilitavam a admissão de ricos fazendeiros em detrimento de médicos e outros profissionais, por exemplo, mas rejeitavam muitas aplicações de fazendeiros judeus com o argumento de que estes não sabiam e não podiam saber como trabalhar no campo! Como indicam Abella e Troper (1982-1983: 54-55), havia em tudo aquilo uma trágica ironia: o Canadá, de fato, já estava sobrecarregado de agricultores tocando fazendas ineficientes e moribundas. Mas o ponto em questão parece ser que, dado que os canadenses veem-se como pioneiros dos grandes espaços abertos, o modo mais efetivo de mantê-los para si mesmos era definir categorias indesejáveis de outros como incapazes de se adaptar ao meio ambiente nacional.

Tais casos podem ser multiplicados inúmeras vezes. Um exemplo em questão é a distinção norte-americana entre refugiados políticos e econômicos, os primeiros sendo admissíveis, os segundos, não (por advirem de Estados "amigáveis"). Era aceitável receber refugiados cubanos mesmo se tivessem antecedentes criminais, mas os haitianos eram toda uma outra questão. Na Grã-Bretanha, a legislação que define direitos "pátrios" em termos de descendência direta de residentes tem significado que muitos imigrantes (a maioria de não europeus) acham-se territorialmente excluídos mesmo quando possuem passaportes britânicos. Na França, ideólogos de direita ressuscitam ativamente os argumentos de Gobineau ao alegarem que o ser francês requer uma confluência de sangue, cultura e educação.

Todos esses casos mostram que as ferramentas burocráticas de exclusão só adquirem força e significado quando operadores dispostos estão em posição de explorar suas possibilidades. Só a ação confere realidade ao potencial hostil que os valores culturais existentes trazem consigo. Sem o seu Blair à disposição, o governo canadense talvez houvesse encarado as suas responsabilidades de modo diferente; teria achado muito mais difícil apenas negá-las. O contrário também se dá. Em um raro exemplo de ação humanitária proveniente da burocracia nazista, em 1943, um certo Wilhelm Melchers conseguiu livrar um grande grupo de judeus turcos da extinção. Esses judeus, com a exceção de um punhado de profissionais qualificados, haviam tido revogada a sua cidadania pelo pró-germânico governo turco, e estavam presos na Paris de Vichy. Melchers, um funcionário do serviço exterior, fez o jogo de manipular os medos que seus superiores tinham de gerar um incidente internacional "até que o governo turco, pelo menos, recobrasse a sua consciência" e readmitisse todo o grupo (BROWNING, 1980: 194). A interação de um cinismo de alto gabarito ao nível do governo turco com habilidades táticas dentro da virulentamente racista burocracia nazista mostra por que "culpar o sistema" – ou o argumento em Nuremberg das "ordens superiores" – não pode fornecer modelos analíticos adequados para a compreensão da produção social da indiferença e da brutalidade categóricas[76].

A vasta maioria dos funcionários nos estados-nação modernos não subscrevem necessariamente as ideologias mais extremas; ou, se o fazem, sabem como distinguir entre o seu mandato oficial e os seus sentimentos pessoais. Entretanto, o simbolismo disponível possibilita uma boa margem de manobra à agência pessoal; e isso, por sua vez, pode levar facilmente tanto à exclusão quanto a atos de coragem e compaixão. O tipo de atitude prevalecente pode refletir condições econômicas, sociais, políticas, religiosas e culturais, mas não se pode achar que elas sobredeterminam o resultado. Um determinismo desse tipo é precisamente a estratégia dos funcionários públicos e a base com a qual eles nos fazem, a todos, fatalistas.

A discussão leva-nos claramente para as vantagens daquela espécie de teoria social que aborda os fenômenos como produtos de ação ou agência. Antes de lidarmos com essa questão central, no entanto, devemos primeiro voltar nossa atenção para uma área específica do jogo social e simbólico na qual a manipulabilidade das categorias de pertencimento e exclusão fica especialmente clara: a hospitalidade, o lócus das disputas morais através da troca afetiva. Aqui, como veremos, o ator social interpreta e gerencia os significados de símbolos ostensivamente diretos. Na medida em que o ato de hospitalidade significa tratar o hóspede como um parente especial, ele é um modelo perfeito para a nossa exploração das raízes simbólicas e afetivas da interação burocrática.

---

76. Browning (1980: 194-195) faz uma outra observação extremamente próxima ao meu argumento aqui: "Mesmo antes de os nazistas chegarem ao poder, o serviço público [...] era fortemente afligido por inclinações autoritárias e antissemitas, e a ascensão nazista ao poder intensificou ambas as características. No entanto, o comportamento burocrático não pode ser compreendido apenas pelo usual álibi da obediência à autoridade ou pela comum acusação de um difundido antissemitismo". Thompson (1979: 50), ao avançar o que para muitos se afigura como uma ultrajante relação entre as políticas nazistas de genocídio e a intolerância cultural implícita em certas maneiras de fazer cumprir as leis de zoneamento, sugere com sucesso, todavia, a interdependência entre taxonomia e agência na gênese da intolerância.

Anfitriões e hóspedes

A interação burocrática e a hospitalidade pessoal são, ambas, profundamente concernidas à definição de linhas de exclusão e pertencimento. Esse paralelo revelador resta no cerne da questão que colocamos desde o início: como, em países que se orgulham de acolher calorosamente os estrangeiros, os funcionários públicos podem ser tão indiferentes? Como se lê em diversos relatos, quase parece, paradoxalmente, que essas características estão em proporção direta antes que inversa uma em relação à outra.

Imagine-se o leitor, como Malinowski poderia ter dito, instalado em um escritório. O funcionário com o qual você interage solicita-lhe uma xícara de café e enche-lhe de recomendações ou questões. Ou, em outro cenário, o funcionário o mantém em pé, enrola-o por duas horas e pede-lhe que volte na próxima semana com a sua papelada corrigida. Num caso como no outro, é o burocrata quem estabelece a primazia do espaço oficial sobre o tempo pessoal. A sua conveniência é irrelevante. O seu tempo é absorvido no espaço do burocrata. Você pode, é claro, resistir. Se for capaz de ditar o ritmo da entrevista, conseguirá estabelecer algum grau de autonomia. Se a sua estratégia falhar, todavia, o burocrata anunciará que o tempo é curto, e você será convidado a se retirar, sob variados graus de cerimoniosa neutralidade, do espaço que, já então, terá tornado o seu calculado ritmo inútil e sem sentido.

Como é estranho, pensará você, que tais coisas possam acontecer num país onde as pessoas realmente lhe oferecem café por ocasião de uma transação bancária de rotina ou aplicação financeira; e onde, o que é ainda mais espantoso, a mais generosa hospitalidade abunde dos anfitriões mais pobres. É importante aqui, no entanto, compreender o que é hospitalidade. Certamente, ela envolve generosidade; mas isso, como sabemos, como, de fato, Mauss (1967) nos ensinou, e todo aldeão grego achará oportunidade de lembrar, significa que também envolve obrigação – a base daquelas "honoráveis" conexões que vinculam o patrão ao cliente e o indivíduo ao grupo de parentesco, e que formam uma das muitas ligações entre o simbolismo do parentesco e as práticas da moderna vida burocrática.

Isso encerra o ciclo, trazendo-nos de volta ao ponto de onde eu comecei o argumento deste livro: os símbolos podem portar conjuntos de significados que aparentem ser diretamente opostos. Assim como uma ideologia do sangue pode veicular mensagens de igualitarismo tanto quanto de hierarquia (Greenwood); ou, novamente, assim como hierarquia e igualitarismo são igualmente capazes de gerar efeitos repressivos (Kapferer); também a hospitalidade pode, pois, transmitir simultaneamente mensagens de incorporação e exclusão. Talvez, no fim das contas, não seja tão estranho que a sua incidência demonstre alguma convergência com a da indiferença.

A hospitalidade oferece ao pobre, ao dependente, ao politicamente desfavorecido, oportunidades únicas para simbolizar o reverso de seus apuros. Permite-lhes inverter a sua dependência política na esfera moral (HERZFELD, 1987b). Se não há razões para denegrir qualquer ato individual de hospitalidade ou minimizar a sua sinceridade, a hospitalidade, como ato percebido coletivamente, impõe, todavia, obrigações de uma eventual reciprocidade e o reconhecimento da dívida moral do receptor. Quando eu protestava em cafeterias gregas que os constantes convites para um café estava me deixando com uma dívida moral assaz onerosa, garantiam-me estar tudo certo: "Um dia, aparecemos na América!" Embora isso não soasse deveras provável em muitos casos, a implicação era clara: como o receptor de nossa generosidade, você está agora em desvantagem moral, e pretendemos deixá-lo assim – porque essa é provavelmente a única maneira pela qual podemos reverter temporariamente o desequilíbrio político entre nós.

Para visitantes estrangeiros, a coisa mais espantosa acerca da profusa hospitalidade frequentemente encontrada nas aldeias gregas é o aspecto do dar, um dar que torna extremamente difícil a efetiva reciprocidade. É esse dar que os marca como estranhos, amigos ambivalentes que podem vir a se tornar inimigos perigosos, assim como a "dádiva" em terra concedida a um não membro do grupo doméstico marca o indivíduo como forasteiro, como o suborno indica a falta de confiança na qual se baseia a troca de favores, e como o ato do traidor reforça a identidade dos inimigos. São sempre os membros ambíguos o real problema: daí a maior ambivalência dos australianos para com os gregos ("dúbios ocidentais") do que para com os turcos ("exóticos aliados").

As dádivas são oferecidas àqueles com quem se mantém um relacionamento ambíguo. Bailey (1971: 24), na esteira de Mauss (1967), sugere que as dádivas estão sempre sujeitas a múltiplas interpretações: "A dádiva excessivamente generosa, tão grande que não pode ser retribuída, torna-se uma humilhação. Em suma, não é que algumas trocas sejam competitivas e outras, cooperativas; todas as trocas contêm dentro de si as sementes dessas coisas opostas". Daí por que haja sempre um certo grau de deslizamento entre a troca e a guerra. Em termos sociais, aqueles com quem lutamos podem ser também aqueles em cuja família nos casamos (LEACH, 1965; cf. tb. CAMPBELL, 1964: 146).

Afins e parentes espirituais, aqueles cujo ilustre relacionamento com um dado ator social não constitui parentesco pleno, são fontes instáveis de poder no competitivo mundo para além do grupo doméstico. Em Creta, saqueia-se o rebanho de alguns pastores na esperança de forçá-los a uma aliança baseada no parentesco espiritual, enquanto alguns políticos locais desenvolvem o mesmo tipo de relacionamento com os pastores de modo a trocar a proteção da lei por votos. Nenhuma das bases estabelece uma confiança absoluta. Antes, os dois tipos de situação provêm a estrutura formal para um uso do poder que contradiz o do Estado, ainda que, no caso dos políticos e de seus advogados-clientes, ele funcione por meio do sistema estatal.

Retornemos agora ao argumento sobre a indiferença. Tem sido minha alegação, ao longo das páginas anteriores, que a indiferença é socialmente criada mediante o desenvolvimento seletivo de uma discriminação de base parental entre eus e outros. Uma atitude de indiferença só é justificável se dirigida para fora do grupo de referência – para aqueles que são "outros". Mas como se determina quem é o "outro"? O receptor da hospitalidade, não menos que o receptor da rude rejeição do burocrata, permanece "outro" até que as posições na mesa sejam revertidas, ou até que as cadeiras sejam movidas para o mesmo lado da escrivaninha.

Essa, eu sugiro, é a lógica pela qual frequentemente encontramos os mais ásperos e arbitrários burocratas em países que se orgulham de sua hospitalidade. Esta, afinal, é uma postura para com os estrangeiros – mas estrangeiros que podem se tornar úteis, perigosos ou apenas irritantes. No tipo ideal de burocracia de Weber, tais considerações pessoais seriam irrelevantes. Eu tentei demonstrar, no entanto, que essa imagem altiva é, ela própria, parte da negociação de identidade via estereótipo que caracteriza a interação burocrática.

A amizade é, portanto, uma relação inerentemente instável. Ela não é parentesco "real"; com efeito, em muitas culturas balcânicas (SIMIC, 1982: 221), esses são termos mutuamente exclusivos. "Com uma folha (*filo*; 'no topo do chapéu') você faz um amigo (*filo*), e com uma folha você o perde", diz o trocadilho de um provérbio grego. É precisamente nessas áreas de relacionamento ambíguo que se encontra a poluição simbólica (LEACH, 1965). A "corrupção", uma metáfora sugestivamente corporal, não é inerente ao uso de conexões, não mais do que um prato que cumpriu a sua função sem ter sido lavado está tecnicamente sujo – embora o garçom que o recolheu possa assim descrevê-lo. Sujeira é matéria fora de lugar, mas não há nada que, em si mesmo, seja intrínseca, inerente e automaticamente anômalo" (LINCOLN, 1989: 165, citando NEEDHAM, 1979). Acusações de corrupção indicam, pois, o poder das relações que a ideologia oficial rejeita e da qual os atores sociais se ressentem, mas que nenhum dos dois pode dispensar praticamente. As falsas atribuições cipriotas e cingalesas de que eminentes políticos "poluem" os laços de afinidade conectam as metáforas da afinidade e da nacionalidade de um modo especialmente revelador.

Embora pareça injusto comparar a extraordinária hospitalidade dos aldeões gregos com os interesses e motivos de burocratas e clientes, ambos restam sobre a associação da doação de dádiva com as relações ambíguas. Nessas arenas, as pessoas engajam-se numa luta para estabelecer ou negar a humanidade comum. As consequências para aqueles que falham são horríveis. Eles são mantidos à parte das fronteiras classificatórias da "nossa gente", podendo ser tratados com uma nítida falta de humanidade. Tal é o caso extremo tipificado pelos assassinatos intracomunais no Chipre, sobre os quais Loizos (1988) tem escrito tão criteriosamente. Devemos lembrar também que os gregos expressam, por vezes, a visão de que os visitantes turcos devem receber a mais generosa das hospitalidades. Com efeito, tal visão assume frequentemente a forma de uma metáfora de parentesco estendida: porque eles são mais como nós do que quaisquer outros povos, e porque percebemos essa comunalidade quando nos associamos a eles tais como *Gastarbeiter* no meio de um mar de desprezíveis alemães ou australianos, o "nosso sangue ferve" mais facilmente, tanto por afeto quanto por raiva, do que quando encontramos povos menos familiares. Podemos até invocar a metáfora biogenética da raça-como-patrilinhagem quando queremos enfatizar a comunalidade: *mia fatsa, mia ratsa* ("uma fisionomia, uma raça/patrilinhagem"). Na propaganda nacionalista em tempos de guerra, a afeição desaparece e só sobra a raiva. Se, como sublinhou Leach, matar é um ato de classificação, casar e dar dádivas também o são. Todas essas áreas tocam a borda do parentesco, substituindo a substância comum do sangue por graus de diferença. Todos os que estão fora dessa linha, "além dos limites", são indiferenciados, para quem o termo e condição é a indiferença.

Neste estudo, eu tentei mostrar que a lógica interna da burocracia nacional europeia segue a do nacionalismo, em que a ideologia representa as unidades culturais como unidades sociais. Ela o faz de duas maneiras mutuamente complementares. Por um lado, o seu sistema geral de categorias segue a lógica nacionalista de distinguir entre os de dentro e os de fora, e de representar tais distinções como dadas na natureza – como questões de essência antes que de contingência histórica ou cultural. Por outro lado, o sistema de categorias, fundado na experiência social, pode ser reconvertido nos termos dessa lógica na prática cotidiana: dado que a definição do limite entre conterrâneos e forasteiros é efetivamente negociável, logo, também o são todas as distinções superficialmente fixadas que a retórica oficial deriva dele.

Talvez o lócus mais simples e facilmente examinável para a conversão de relacionamentos de sangue em vínculos de obrigação mais pessoais e generalizados sejam os atos de hospitalidade. Estes têm duas importantes consequências para a presente discussão. Primeiro, eles provêm os meios mais básicos para converter forasteiros em conterrâneos, ainda que honorários. Segundo, a hospitalidade está associada, na Europa e além, aos símbolos mediante os quais essa conversão pode ser efetivada de maneira mais dramática: sangue, pão e vinho. É fácil ver o quanto esses símbolos de essência podem ser formalizados tanto no essencialismo do racismo neoevolucionista quanto no do nacionalismo moderno; e quanto, também, podem eles ser revertidos em instrumentos de intimidade e distância social nas mãos de atores sociais.

Para compreender a utilidade da hospitalidade na abertura de uma via por entre as fronteiras sociais formais, devemos lembrar que a sua afabilidade mesma pode ser um disfarce para o medo, o desprezo ou a desconfiança (cf. PITT-RI-VERS, 1968; HERZFELD, 1987b). Essa ambiguidade provê o modelo lógico para aquelas muitas áreas de litígio nas quais o cliente solicita a simpatia do buro-crata. O burocrata, como "anfitrião", detém as chaves da inclusão social. O "hós-pede", demostrando a deferência adequada, espera obtê-las. O mau comporta-mento do cliente, em contrapartida, é tanto um insulto à integridade nacional, ao nível da administração burocrática, quanto uma violação das obrigações morais para com o "anfitrião", ao nível da interação social. Tanto na repartição pública quando na casa de um estranho, os ideais do serviço amigável mal disfarçam a dependência mútua, que pode, por sua vez, implicar uma complexa negociação de estatuto relativo.

Considere, por exemplo, o relacionamento entre poderosos patrões políticos e humildes pastores sarakatsan (CAMPBELL, 1964). Relações de obrigação mú-tua (*ipokhreosi* ou *filotimo*)[77] vinculam anfitrião e hóspede. O que têm a oferecer um para o outro pode ser muito diverso: votos, de um lado; um certo grau de segurança e proteção, de outro. Mas o patrão precisa dos votos do pastor tanto quanto este precisa dos bons serviços do patrão, e ambas as partes têm ciência disso. As ideologias de simetria social formal e obrigação moral encobrem a prag-mática de uma desigualdade não raro severa e uma dependência mútua, respec-tivamente. A cortesia mútua assinala a clara compreensão de que a lealdade gera proteção, e proteção, lealdade. Patrões e clientes frequentemente referem-se uns aos outros como "amigos" (LOIZOS, 1975), uma clara indicação de que, se o parentesco atual não é o vínculo (em verdade, o "parentesco" costuma formar um par de termos mutuamente exclusivos com a "amizade"), as expectativas morais que cada lado entretém quanto ao outro derivam de valores de afeto e respeito de tipo parental.

Quanto mais distante é o relacionamento, menos convincentes soem ser esses apelos. Porque os estrangeiros não "conhecem" as regras estratégicas do perten-cimento, as expectativas em relação a eles podem ser muito baixas. Enquanto são turistas, fazendo apenas coisas de turista, eles são, pelo menos, uma fonte de re-cursos, devendo, pois, ser tratados com respeito: eles têm algo a oferecer. Quan-do os estrangeiros pretendem estender o seu visto de boas-vindas, no entanto, e especialmente quando desejam trabalhar no país, eles deparam-se imediatamente com regras de exclusão baseadas em noções de sangue, e geridas por pessoal potencialmente inimigo. Daí por que os exemplos mais óbvios de hospitalida-

---

77. Esses termos são virtualmente sinônimos em algumas situações. Cf. a discussão sobre "honra" em Campbell 1964. Cf. tb. Herzfeld, 1980a, 1987a.

de sejam provavelmente encontrados em serviços estrangeiros ("você abusou da hospitalidade deste país" *vs.* "nossa tradições nacionais de cordialidade para com os convidados estão ao vosso dispor"). Mas o mesmo princípio opera em todos os níveis de qualquer burocracia nacional. A exigência de deferência por parte do cliente predica-se de uma leitura irônica da ideia de que o burocrata é um "servidor", porque, de fato, o cliente sempre depende da presteza do burocrata em fornecer "serviço". O cliente tenta insistir em receber o serviço como cidadão que lhe tem direito; o burocrata, se recalcitrante, responde questionando a realidade dos apelos do cidadão (ou questionando até mesmo a própria cidadania do cliente).

Eu abri este livro, e novamente esta seção do capítulo final, com um enigma: como algumas das mais hospitaleiras sociedades do mundo parecem tomadas pelas burocracias mais obstrutoras e insensíveis? Parte da resposta está no fato de que essas são frequentemente sociedades que não desenvolveram uma economia capitalista plenamente integrada, de modo a haver aí uma maior necessidade de instrumentos de incorporação social. Pode-se tentar seduzir potenciais patrões a adquirir dívidas morais oferecendo-lhes doses espantosamente generosas de hospitalidade. A hospitalidade, vista nesses termos, torna-se uma base para a solidariedade entre iguais e obrigação moral da parte do poderoso para com o fraco.

Ao mesmo tempo, a hospitalidade é uma estratégia simbólica de força assaz considerável. A partilha do pão, da carne, do vinho e do espaço social indexa a ambiguidade de todas as relações anfitrião-hóspede: uma igualdade de interesses que tanto assinala quanto oculta o estado de dependência (talvez transitório) do hóspede. Essa é, novamente, a lógica da obrigação moral. Ao oferecer pão e vinho, o anfitrião efetua um modelo de transubstanciação social – os símbolos da Eucaristia, talvez, mas também (como já notamos) aqueles do parentesco agnático: vinho como sangue, pão e carne como corpo. Esse é, verdadeiramente, um modelo de incorporação recíproca – a absorção do corpo familiar por membros recém-incorporados: amigos, hóspedes, clientes. Na ilustração mais extrema dessa lógica, temos anfitriões ameaçando de morte aqueles que ameaçaram os seus hóspedes, porque estes, tendo com aqueles dividido o pão, são agora membros virtuais – mesmo aqueles de quem os próprios anfitriões podem esperar se vingar em um momento futuro (cf. BOEHM, 1984: 119). "Tomar de volta o sangue", a principal metáfora para a vingança em muitas sociedades, deriva explicitamente da lógica da reciprocidade.

Ladrões de ovelhas e burocratas partilham ao menos isto: o seu círculo de pessoas próximas é ampliado através do judicioso exercício de instrumentos metafóricos. Certamente, os burocratas não "devem" agir desse modo. Mas é claro que muitos o fazem. Além do mais, tais noções polidas de "serviço público" (e mesmo alguns usos irônicos tais como "um hóspede nas prisões de Sua Majestade") confirmam que uma similar mutualidade de obrigação está, de fato, implícita na retórica oficial. O poder de recusar a hospitalidade é a base sobre a qual se ergue a indiferença: é uma negação da substância comum.

A associação da hospitalidade com a prática burocrática, ainda que representando um conflito de interesses quase estereotípico, quase nunca está ausente da vida diária europeia. Um burocrata pode oferecer uma xícara de café, um cigarro, ou simplesmente apenas algum comentário ameno destinado a deixar o cliente à vontade. Isso não é necessariamente um sinal da incompletude da burocratização em certos países, embora o jogo dos estereótipos assim o represente. Antes, trata-se da indicação do reconhecimento, por todas as partes, de que a burocracia é, na prática, uma questão de relações sociais.

A racionalidade como sistema e prática simbólicos

A separação entre o Estado e os interesses locais não é mais do que um exemplo daquele cartesiano dualismo intelectual-visceral, ocidente-oriente, racional-fatalista, aparentemente tão espalhafatoso na Grécia. Não é que os pequeno-burocratas partam de valores glorificados na teoria estatal mais do que os reinterpretem socialmente, descendo-os do pedestal de alta cultura no qual o nacionalismo eurocêntrico os havia depositado. Rejeitar as suas atividades como sobrevivências dos tempos da má administração turca é uma tática orientalista, e, como tal, um estratagema retórico na mesma batalha por recursos simbólicos que esses burocratas conduzem.

Nessa retórica, toda aparente aberração que escape à aderência estrita à letra da lei é vista como "corrupção". Há uma grande ironia nessa formulação, porque a corrupção é, em si mesma, uma metáfora familiar e corporal. O sistema estatal é expresso em metáforas familiares, validando uma entidade cultural. Ao oferecer proteção, portanto, os poderosos chefões e parentes por afinidade não estão agindo contra o simbolismo utilizado pelo Estado, pois eles partilham desse simbolismo mesmo quando o investem de significados muito diferentes. Antes, eles opõem-se ao efetivo monopólio do Estado sobre o idioma do parentesco. Eles contestam esse monopólio de maneira prática, reconvertendo imagens nacionalistas da família em relacionamentos operantes na vida social. Atuam nos interstícios entre o absolutismo estatal e as privacidades da casa e do corpo; o funcionário que me concedeu um bilhete para um barco sob o argumento de que eu era um "de dentro" usou um termo aplicável a toda sorte de solidariedades voltadas ao membro do grupo doméstico ou concidadão, mas cuja própria aplicabilidade podia ser instantaneamente revogada ao primeiro sinal de ingratidão ou deslealdade de minha parte.

Essa flexibilidade parece, de início, contradizer o conceito central de ordem. Esse termo, no entanto, desliza muito facilmente entre dois significados: como exercício de poder e modo de classificação – em suma, prática e sistema. A existência da ordem não é um dado, mas surge do contínuo acordo de um grupo de pessoas em respeitar e até mesmo criar um conjunto de regularidades na vida que partilham. Daí a noção de Giddens (1984) acerca da "dualidade da estrutura" – a percepção de que a estrutura e a agência não podem existir uma sem a outra, porque o pressuposto de que a estrutura existe provê o contexto necessário dentro do qual os agentes podem, de fato, fazê-la existir.

Como diz Brøgger (s.d.: 145) em sua própria tentativa de sugerir a aplicabilidade do modelo de Douglas ao estudo das modernas sociedades burocráticas, "[o] estabelecimento de um sem-número de novas categorias sociais com o surgimento do moderno *Gesellschaft* criou igual quantidade de possibilidades de transgressão". E, no entanto, deve sempre haver alguém para soprar o apito da polícia. No modelo de Brøgger, os agentes de tal mudança são invisíveis ou, no mínimo, externos à comunidade local. Esta pode parecer não resistir a eles com a mesma disposição, digamos, que os "familistas amorais" de Banfield em Montegrano, e a descrição de Brøgger é, consequentemente, mais convincente que a de Banfield. Brøgger também está claramente certo ao alegar que uma divisão categorial entre mente e corpo caracteriza o moderno mundo burocrático.

Eu tenho mais dificuldade em segui-lo, todavia, quando ele faz uma dura e rápida distinção entre os modos "pré-burocráticos" da comunidade de Nazaré e as noções "burocráticas" de poluição e ordem que se lhes seguiram. Isso, por sua vez, sugere um passado essencialmente "corpóreo", no qual a racionalidade burocrática ainda não houvesse aberto caminho, e um presente raciocinativo, no qual a lógica e a ciência (ou, ao menos, a religião organizada) tivessem superado totalmente a superstição. Eu sugeriria que o argumento de Brøgger é, de fato, muito mais sobrevivencialista que o meu próprio apelo ao reconhecimento de símbolos cosmológicos duradouros. Brøgger nos mostra uma comunidade ultrapassada pelo mundo, sobrevivendo numa cápsula do tempo que a tecnologia burocrática moderna está prestes a estilhaçar brutalmente; é a maturidade social que está em questão. É crucial para os argumentos sobrevivencialistas que os símbolos antigos representem remanescentes de um passado "com jeito de infância". Estou sugerindo, pelo contrário, que o simbolismo por mim examinado, particularmente no capítulo 5, representa uma tecnologia conceitual que se adapta muito bem às exigências de uma vida que, de forma alguma, corresponde ao tipo ideal weberiano.

O dualismo de Brøgger ilustra a dificuldade de uma antropologia que retorna à sua "casa" na Europa: as nossas categorias analíticas são talhadas com o mesmo tecido que as categorias locais das sociedades que estudamos, assim como o jargão governamental com o qual elas agora têm de lidar. Em sociedades onde podemos examinar a história das instituições civis em algum detalhe, no entanto, podemos também discernir a agência em funcionamento a cada momento, dos fundadores do Estado aos atormentados burocratas e os igualmente atormentados clientes na interação cotidiana. E, se não estamos em posição de ler mentes e identificar motivos, podemos, ao menos, examinar os motivos convencionalmente alegados pelas pessoas nas sociedades que estudamos. Acusações de *efthinofovia* não são mais tolas que o determinismo estrutural, e podem ser rastreadas até um culpado muito mais identificável. Esse é o mesmo argumento que usei anteriormente na discussão sobre Durkheim: é mais fácil conceber uma sociedade reificada adorando a si mesma quando se pode identificar os agentes dessa reificação, e quando se pode seguir a sua reprodução através de infinitas pequenas reclassificações, do que quando o sistema de representações coletivas é apresentado como dado e imutável. Quando a sociedade cultua a si mesma, em contrapartida, ela torna-se o pano de fundo da produção social da indiferença antes que o primeiro plano da crítica construtiva.

Mas a crítica, de fato, ocorre. Um tema deste livro tem sido a expressão local de ceticismo acerca dos argumentos de racionalidade. Como eu sublinhei, a racionalidade – seja como ciência ou como governo racional – é, em si mesma, frequentemente invocada como uma racionalização após o fato. Discutindo uma dramática convergência entre ciência e governo, Balshem (1991: 160) mostra como os gerentes do sistema de saúde atribuem um fatalismo em relação ao câncer aos filadelfanos que vivem em uma área poluída e de baixa renda, e que estes, na verdade, manifestam ressentimento em face de uma profecia autorrealizável: a ciência cria a poluição, e agora a ciência é incapaz de nos proteger contra ela. Poder-se-ia, provavelmente, ler as reações dos camponeses normandos ao estabelecimento de uma usina nuclear, descritas por Zonabend, como "fatalistas", em termos muito similares. Trata-se aí, mais uma vez, da tecnologia conceitual que eu identifiquei como teodiceia secular: ela identifica as fontes do poder e reconhece que, se a resistência não pode trazer grandes resultados efetivos, ela ao menos possibilita às pessoas o autorrespeito individual e coletivo negado a elas pelos determinismos da racionalidade científica e burocrática.

Percebê-lo não é, necessariamente, culpar a burocracia em geral. Pessoas cujas negociações com burocratas dão errado julgam proveitoso atacar o "sistema", ou, como no caso dos informantes de Balshem, escarnecer da *expertise* profissional. Ao fazê-lo, eles justificam os seus próprios infortúnios e, ao mesmo tempo, dão aos seus supostos atormentadores – e certamente àqueles que controlam o seu ambiente imediato – um pretexto para que se os despreze como fatalistas. Se o solo comum da cosmologia está mais claro na Grécia do que nos Estados Unidos, a etnografia de Balshem demonstra que isso pode ter mais a ver com a maior influência do discurso científico na América do que com antiquados critérios de "superstição". O ponto importante é muito simples: os burocratas (incluindo cientistas burocráticos) usam o mesmo discurso de seus clientes a fim de reduzir a identidade social ao "caráter" individual ou coletivo. O "caráter" é parte do mesmo discurso do "destino", com o qual está dialeticamente engajado em argumentos sobre o lugar das pessoas no mundo social. Na medida em que os burocratas podem tratar os seus clientes como fatalistas, e, portanto, como atrasados, eles são capazes de justificar uma postura interpretada e sentida por aqueles – correta ou equivocadamente – como indiferença.

Precisamente porque essa disputa retórica também envolve uma caracterização estereotípica dos burocratas, devemos evitar tratar os últimos como um construto analítico que possa nos distanciar do que estamos estudando. Weber e Marx caíram, ambos, nessa armadilha, Weber ao enfatizar a inumanidade da burocracia, Marx ao focar a sua ineficiência e a sua autoperpetuadora manufatura de falsidades. As estruturas burocráticas não são essencialmente discriminatórias, não mais do que as nações são essencialmente constituídas pelas propriedades específicas do caráter, da cultura ou da raça. Atacar a burocracia em geral não apenas confunde o material com o método, as convenções com o *insight* analítico; ele assente com um essencialismo próprio, agrupando todos os burocratas como uma raça à parte. O que torna insatisfatórios, a não ser como paliativo para a irritação, tantos relatos populares sobre burocracia é o seu fracasso em escapar dessa espécie de determinismo.

Aos burocratas são dadas várias ferramentas taxonômicas com as quais regular as suas pequenas seções do universo público. Tais ferramentas têm a capacidade, assim como as armadilhas da hospitalidade, de beneficiar e prejudicar. Nos exemplos que examinamos em capítulos anteriores, a maioria dos casos de indiferença era equivalente a uma recusa a respeitar a diferença. Isso não é apenas um jogo de palavras: os clientes bem-sucedidos são aqueles que conseguem persuadir os seus interrogadores burocratas a aceitar aquilo que torna o seu caso "diferente", como se pertencendo ao "próprio" mundo social dos burocratas. Obtêm sucesso em convencer os burocratas de que eles, clientes, são membros daquele mundo: parentes, compatriotas, parentes espirituais, correligionários – em suma, "de mesmo sangue". Os que fracassam são outros, forasteiros, marginalizados. Não estão ali apenas porque assim foram classificados; estão ali porque os funcionários optaram por, ou foram forçados a, interpretar o seu estatuto dessa maneira. Ao dizê-lo, eu não nego a significância da estrutura semântica e social, mas vejo esta assumindo significados específicos apenas em momentos de atualização – em outras palavras, não num sentido essencialista, mas através da experiência da vida social[78].

---

78. Sobre "emergência", cf. uma antiga afirmação de Tambiah (1979); sobre a "dualidade da estrutura" (a interação entre estrutura formal e agência humana), cf. esp. Giddens, 1984. Haines (1990) lida especificamente com a interação entre ambiguidade e conformidade, indeterminação social e determinismo administrativo, da perspectiva de uma etnometodologia modificada.

O sinal mais claro de totalitarismo é a indisfarçada pressão, vinda de cima, pela homogeneização social e cultural. Provavelmente, a ilustração mais crua e cruel disso na história europeia recente seja a experiência da Romênia sob o governo de Ceausescu, um tópico ao qual eu prometi retornar. Ceausescu era absolutamente explícito sobre o seu desejo de obliterar a diferença. Como notou Kligman (s.d.), há sinais de que essa ideologia provar-se-á mais difícil de erradicar na Romênia pós-Ceausescu do que o primeiro jorro de extática liberação parecia prometer – mais uma sombria lembrança da instabilidade semântica de termos tais como "democracia"[79]. Sob Ceausescu, além do mais, ela era combinada com um impressionante volume de ritualização na vida pública, em todos os níveis. Mais reveladora ainda, à luz do relacionamento formal por mim esboçado entre burocracia e hospitalidade, é uma lei de 1974 que proíbe "o alojamento temporário, sem a permissão do Estado, de qualquer um que não um parente de primeiro grau. A hospitalidade tornara-se perigosa" – especialmente depois que as punições por abrigar estrangeiros tornaram-se mais severas na fase final do regime (KLIGMAN, 1990: 399).

O que o extraordinário comportamento do odioso Ceausescu tem a ver com as ações dos burocratas em um Estado democrático? Apenas isto: a reificação de cima para baixo da vida pública, a regulação das relações sociais dentro dos paternalistas (e agnáticos) horrores do "socialismo dinástico", e a monopolização da hospitalidade pelo Estado representam a pior transformação em política pública daquilo que, ordinariamente, são apenas ações não sistemáticas de tiranetes individuais de escritório. Não é que as democracias liberais estejam isentas de tais excessos; estes ocorrem, todavia, a uma boa distância dos centros de poder, aos quais se pode apelar por proteção – nem sempre, é claro, com sucesso evidente, mas sempre com algum nível de esperança. A barreira da indiferença pode ser rechaçada por quem se mantém alerta, não apenas em defesa de *slogans* sobre democracia e direitos humanos, mas também em oposição à cooptação de tais conceitos pela árida semântica da classificação formal. Uma sociedade aberta deve resistir à ideia de que a classificação é "apenas linguagem". É precisamente na ausência de tais cuidados que a linguagem burocrática pode adquirir, à revelia, aquela autonomia por vezes tão inquietante.

É possível exigir que as burocracias reconheçam e aceitem a diferença como interna à comunidade política antes que como um poluente externo? Ou é muito utópico supor que uma burocracia possa transcender os limites das boas intenções e institucionalizar alguma espécie de resistência à sua própria inércia

---

79. Considere o uso que a junta militar grega fazia do termo, no qual ideais de uma graça civil herdada combinavam-se com deliberada ambiguidade: depois da remoção do Rei Constantino, ao fim de 1967, o termo foi introduzido para indicar que a "república" ditatorialmente imposta representava, de fato, a vontade do povo.

conceitual? Pois é disso, de fato, que temos falado até agora: a facilidade pela qual as reificações que os atores fazem de categorias arbitrárias consolidam-se em todas as esferas políticas, e a dificuldade a ser vencida na resistência contra tal processo. Já houve, certamente, apelos a algo do tipo, baseados nos mesmos modelos de diversidade humana que motivaram muitas revoluções de outrora, hoje atoladas em uma obstinada autoindulgência (cf., p. ex., BOTTOMLEY & LECHTE, 1990).

O primeiro passo nessa direção deve ser o de perceber que as boas intenções são, de fato, muito ruins em relativizar a si próprias. Elas são impedidas de fazê-lo pela face monolítica da linguagem. As pessoas no serviço burocrático costumam ter dificuldades em enxergar a intolerância à qual os seus altos ideais as têm conduzido. Outros, escondem-se por trás de uma presunçosa indignação: é assaz irrelevante (e também sem sentido) especular sobre se, ao fazê-lo, elas são ou não são sinceras. Como reconhecem Abella e Troper (1982-1983: 8-9), F.C. Blair ressentia-se profundamente da acusação de ser antissemita; via a si mesmo como um simples administrador realista a serviço da nação. Não chegaremos muito longe enquanto focarmos nas intenções pessoais, especialmente se for reconhecido o aspecto ritual da burocracia. Tampouco faz sentido, como eu tentei mostrar, perpetuar o estereótipo do "sistema" autônomo, pois isso nada mais faz que prover um álibi àqueles que, de fato, são indiferentes aos apelos à diferença.

Podemos refrasear essa escolha inútil nos termos convencionais de argumentos em teoria social: o individualismo metodológico e o sociocentrismo durkheimiano, ambos, fracassaram analiticamente. Como aponta Haines (1990: 265), as regras burocráticas, embora usualmente filtradas pelas atuais interpretações que os atores sociais fazem da experiência, são de tipo diferente daquelas da ordem cultural cotidiana: "elas constituem diretrizes compulsórias – mesmo que vagas, sobrepostas etc. – para as ações dos burocratas". Os seus apelos à fixidez requerem explicação, não menos que a ambiguidade que geram na prática. A conformidade, nota Haines, deve ser negociada; mas a expectativa permanece sendo a de que as leis visem à conformidade. Essa, pois, é uma leitura sobre o problema prático imediato. Mas o dilema tem também uma consequência mais global: o método está implicado na ideologia. A escolha tradicional de perspectivas metodológicas está imersa num contraste entre as ideologias que reforçam as várias formas da burocracia ela própria: delegação voluntária ou controle estatal?

Há, todavia, um meio-termo dialético – não menos ideológico, certamente, mas talvez mais em harmonia com a experiência social. Essa alternativa intelectual e moral recebeu uma variedade de nomes em anos recentes: agência, prática, ação, uso, linguagem ordinária. Nas mãos de pensadores tão diversos quanto Austin (1971 [1956-1957]), Wittgenstein (1973), Bourdieu (1977), De Certeau (1983), Giddens (1984), entre outros, ela reconheceu a natureza contingente da estrutura, assim como a natureza social da ação individual e seus efeitos. Nesse meio-termo, que recusa privilegiar seja a sociedade seja o ator social, podemos enxergar mais do que apenas uma nova moda teorética (ainda que, certamente, também o seja). Trata-se, no mínimo, de um modo de resistir à tentação de reduzir toda experiência social a um só modelo. Por evitar reificar a pessoa ou a cultura, reparando no jogo de ideias acerca de ambos em qualquer sociedade dada, ele oferece um vislumbre de esperança para o resgate da diferença social e cultural da rígida indiferença administrativa dos intolerantes e avaros.

O perigo real da indiferença não é que ela cresça do cano de uma arma, mas que ela se torne tão facilmente habitual. Ela é o ópio do operário estatal. A habituação, como via Weber, é uma precondição necessária e sempre ameaçadora da disciplina – uma disciplina, como eu sugeri nestas páginas, inculcada mediante a familiar (e familial) cosmologia do senso comum. Como a antropologia, cada vez mais, teve de lidar com as suas origens naquelas ideologias nacionais e raciais que os seus praticantes mais afirmam detestar, os mais louváveis ideais de tolerância e respeito mútuos descobrem, de modo similar, partilhar uma embaraçosa herança manchada de sangue, não apenas simbólico como também físico. Hierarquia e igualitarismo, tolerância e genocídio, gentil hospitalidade e brutal indiferença: esses não são opostos mutuamente exclusivos, mas a dialética da diferenciação naquilo que gostamos de chamar de mundo moderno. Até que permitamos à diferença opor um produtivo desconforto às certezas da classificação burocrática, a indiferença tornar-se-á eventualmente, para citar a cosmologia oficial que a informa e mantém, o destino impassível de todos nós.

Referências

ABÉLÈS, M. (1989). *Jours tranquilles en 89*. Paris: Odile Jacob.

ABELLA, I. & TROPER, H. (1982-1983). *None is Too Many*: Canada and the Jews of Europe, 1933-1948. Nova York: Random House.

ABERBACH, J.D.; PUTNAM, R.D. & ROCKMAN, B.A. (eds.) (1981). *Bureaucrats and Politicians in Western Democracies*. Cambridge: Harvard University Press.

AHEM, E. (1979). "The Problem of Efficacy: Strong and Weak Illocutionary Acts". *Man*, 14, p. 1-17.

ALBEE, E. (1960). *The Zoo Story and The Sandbox*: Two Short Plays. Nova York: Dramatists Play Service.

ANDERSON, B. (1983). *Imagined Communities*: Reflections on the Origin and spread of Nationalism. Londres: Verso.

ANDRÉ, S. (1987). *Gobineau et la feminité*: Contribution à une mythologie comparée du Féminin/Masculin au XIX^c siècle. Pisa: Goliardica.

ARDENER, E.W. (1971). "The Historicity of Historical Linguistics". In: ARDENER, E. (ed.). *Social Anthropology and Language*. Londres: Tavistock, p. 209-241 [Monografias da A.S.A. 10].

ARGYRIADES, D. (1968). "The Ecology of Greek Administration: Some Factors Affecting the Development of the Greek Civil Service": In: PERISTIANY, J.G. (ed.). *Contributions to Mediterranean Sociology*. The Hague: Mouton, p. 339-349.

AUSTIN, J.L. (1975 [1962]). *How To Do Things With Words*. 2. ed. Cambridge: Harvard University Press.

_____ (1971 [1956-1957]). "A Plea for Excuses". In: LYAS, C. (ed.). *Philosophy and Linguistics*. Londres: Macmillan, p. 79-101.

BAILEY, F.G. (1971). "Gifts and Poison". In: BAILEY, F.G. (ed.). *Gifts and Poison:* The Politics of Reputation. Oxford: Basil Blackwell, p. 1-25.

BAKOYANNIS, P. (1977). "Opisthodhromisi s' olous tous tomis". *To Vima*, 15/03, p. 53.

BALSHEM, M. (1991). "Cancer, Control, and Causality: Talking about Cancer in a Working-Class Community". *American Ethnologist*, 18, p. 152-172.

BANFIELD, E.C. (1958). *The Moral Basis of a Backward Society*. Nova York: Free.

BAUMAN, R. (1983). *Let Your Words Be Few:* Symbolism of Speaking and Silence among Seventeenth-Century Quakers. Cambridge: Cambridge University Press.

BERNSTEIN, B. (1971). *Class, Codes and Control*: Londres: Routledge and Kegan Paul.

BÉTEILLE, A. (1990). "Race, Caste, and Gender". *Man*, 25, p. 489-504.

BIDDISS, M.D. (1970). *Father of Racist Ideology*: The Social and Political Thought of Count Gobineau. Nova York: Weybright and Talley.

BINNS, C.A.P. (1979-1980). "The Changing Face of Power: Revolution and Development of the Soviet Ceremonial System". *Man*, 14, p. 585-606; 15, p. 170-187.

BLAU, P.M. (1963). *The Dynamics of Bureaucracy*: A Study of Interpersonal Relationships in Two Government Agencies. Chicago: University of Chicago Press.

BLOCH, M. (1989). *Ritual, History and Power*: Selected Papers in Anthropology. Londres: Athlone.

BLOK, A. (1981). "Rams and Billy-Goats: A Key to the Mediterranean Code of Honour". *Man*, 16, p. 427-440.

BOEHM, C. (1984). *Blood Revenge*: The Enactment and Management of Conflict in Montenegro and Other Tribal Societies. Lawrence: University Press of Kansas.

BOGATYREV, P. (1971). *The Functions of Folk Costume in Moravian Slovakia*. The Hague: Mouton [Trad. de R.G. Crum].

BOISSEVAIN, J. (1969). *Hal-Farrug*: A Village in Malta. Nova York: Holt, Rinehart and Winston.

BOLINGER, D. (1975). *Aspects of Language*. 2. ed. Nova York: Harcourt Brace Jovanovich.

BOTTOMLEY, G. & LECHTE, J. (1990). "Nation and Diversity in France". *Journal of Intercultural Studies*, 11, p. 49-63.

BOURDIEU, P. (1977). *Outline of a Theory of Practice*. Cambridge: Cambridge University Press [Trad. de R. Nice].

BOYARIN, J. (1991). "Jewish Ethnography and the Question of the Book". *Anthropological Quarterly*, 64, p. 14-29.

BRANDES, S. (1980). *Metaphors of Masculinity*: Sex and Status in Andalusian Folklore. Filadélfia: University of Pennsylvania Press.

BRETTELL, C.B. (1986). *Men Who Migrate, Women Who Wait*: Population and History in a Portuguese Parish. Princeton: Princeton University Press.

BRITAN, G.M. (1981). *Bureaucracy and Innovation*: An Ethnography of Policy Change. Beverly Hills: Sage.

BRITAN, G.M. & COHEN, R. (eds.) (1980). *Hierarchy and Society*: Anthropological Perspectives on Bureaucracy. Filadélfia: Institute for the Study of Human Issues.

BRØGGER, J. (s.d.). *Pre-bureaucratic Europeans*: A Study of a Portuguese Fishing Community. Oslo: Norwegian University Press.

BROWNING, C.R. (1980). "The Government Experts". In: FRIED-LANDER, H. & MILTON, S. (eds.). *The Holocaust*: Ideology, Bureaucracy, and Genocide. Millwood: Kraus International, p. 183-197.

BUTTITTA, A. & MICELI, S. (1986). *Percorsi simbolici*. Palermo: S.F. Flaccovio.

CAMPBELL, J.K. (1964). *Honour, Family, and Patronage*: A Study of Institutions and Moral Values in a Greek Mountain Community. Oxford: Clarendon.

CANNADINE, D. & PRICE, S. (eds.) (1987). *Rituals of Royalty*: Power and Ceremonial in Traditional Society. Cambridge: Cambridge University Press.

CARETSOS, C.S.C. (1976). *I Politiki, i ghrafiokrates, he i politiki tis allayis*: i sinepies ya tin Elladha. Atenas.

CARO BAROJA, J. (1970). *El mito del caracter nacional*: Meditaciones a contrapelo. Madri: Seminarios y Ediciones.

CASSIRER, E. (1946). *The Myth of the State*. New Haven: Yale University Press.

CHATEAU, F. (1938). "Races et groupement sanguins". *Mercure de France*, p. 274-279.

CLARK, M.H. (1982). "Variations on Themes of Male and Female – Reflections on Gender Bias in Fieldwork in Rural Greece". *Women's Studies*, 10, p. 117-133.

COHEN, A. (1974). *Two-Dimensional Man*: An Essay on the Anthropology of Power and Symbolism in Complex Society. Berkeley: University of California Press.

COHN, C. (1987). "Sex and Death in the Rational World of Defense Intellectuals". *Signs*: Journal of Women in Culture and Society, 12, p. 687-718.

CONNOR, W. (1991). "From Tribe to Nation?" *History of European Ideas*, 13, p. 5-18.

COSGROVE, D.E. (1984). *Social Formation and Symbolic Landscape*. Totowa: Barnes and Noble.

COULOUMBIS, T.A.; PETROPULOS, J.A. & PSOMIADES, H.J. (eds.) (1976). *Foreign Interference in Greek Politics*. Nova York: Pella.

COWAN, J.K. (1990). *Dance and the Body Politic in Northern Greece*. Princeton: Princeton University Press.

CROZIER, M. (1971). *The World of the Office Workers*. Chicago: Chicago University Press [Trad. D. Landau].

_____ (1964). *The Bureaucratic Phenomenon*. Chicago: University of Chicago Press.

CUTILEIRO, J. (1971). *A Portuguese Rural Society*. Oxford: Clarendon.

DAKIN, D. (1973). *The Greek Struggle for Independence, 1821-1833*. Londres: Batsford.

DAMATTA, R. (1991). *Carnivals, Rogues, and Heroes*: For an Interpretation of the Brazilian Carnival. South Bend: University of Notre Dame Press.

DANFORTH, L.M. (1982). *The Death Rituals of Rural Greece*. Princeton: Princeton University Press.

DAVIS, J. (1987). *Libyan Politics*: Tribe and Revolution. Berkeley: University of California Press.

_____ (1973). *Land and Family in Pisticci*. Londres: Athlone.

DE CERTEAU, M. (1984). *The Practice of Everyday Life*. Berkeley: University of California Press [Trad. de S. Rendall].

DELANEY, C. (1991). *Devlet Baba and Anavatan*: Father State, Motherland and the Birth of the Turkish Republic [Paper apresentado na reunião anual da American Ethnological Society. New Orleans].

DeMALLIE, R.J. (s.d.). *Kinship and Biology in Sioux Culture* [Manuscrito não publicado].

DIAMANT, A. (1989). "European Bureaucratic Elites: Rising or Declining?" *History of European Ideas*, 11, p. 545-558.

_____ (1966). *The Temporal Dimension in Models of Administration and Organization*. Bloomington: American Society for Public Administration.

_____ (1962). "The Bureaucratic Model: Max Weber Rejected, Rediscovered, Reformed". In: HEADY, F. & STOKES, S.L. (eds.). *Papers in Comparative Public Administration*. Ann Arbor: Institute of Public Administration, p. 59-96.

DIAZ, M.N. (1966). *Tonalá*: Conservatism, Responsibility, and Authority in a Mexican Town. Berkeley: University of California Press.

DI BELLA, M.P. (1991). "Name, Blood and Miracles: The Claims to Renown in Traditional Sicily". In: PERISTIANY, J.G. & PITTS-RIVERS, J. (eds.). *Honour and Grace in Anthropology*. Cambridge: Cambridge University Press, p. 151-165.

_____ (1980). "Note sul concetto di onore nelle società mediterranee". *Rassegna Italiana di Sociologia*, 21, p. 607-615.

DIMOU, N. (1976). *I dhistikhia tou na ise Ellinas*. Athenas: Ikaros.

DJILAS, M. (1958). *Land without justice*. Nova York: Harcourt/Brace.

DOUGLAS, M. (1988). "Where There's Muck". *Times Literary Supplement*, 14-20/10, p. 1.143-1.144.

_____ (1986). *How Institutions Think*. Siracusa: Syracuse University Press.

_____ (1975). *Implicit Meanings*: Essays in Anthropology. Londres: Routledge and Kegan Paul.

_____ (1970). *Natural Symbols*: Explorations in Cosmology. Nova York: Pantheon.

_____ (1966). *Purity and Danger*: An Analysis of Concepts of Pollution and Taboo. Londres: Routledge and Kegan Paul.

DOUGLAS, M. (com ISHERWOOD, B.) (1979). *The World of Goods*. Nova York: Basic Books.

DUBISCH, J. (1988). "Golden Oranges and Silver Ships: An Interpretive Approach to a Greek Holy Shrine". *Journal of Modern Greek Studies*, 6, p. 117-134.

DU BOULAY, J. (1982). "The Greek Vampire: A Study of Cyclic Symbolism in Marriage and Death". *Man*, 17, p. 219-238.

_____ (1974). *Portrait of a Greek Mountain Village*. Oxford: Clarendon.

DUMONT, L. (1980). *Essays on Individualism*: Modern Ideology in Anthropological Perspective. Chicago: Chicago University Press.

_____ (1977). *From Mandeville to Marx*: The Genesis and Triumph of Economic Ideology. Chicago: University of Chicago Press.

_____ (1966). *Homo hierarchicus*: An Essay on the Caste System. Chicago: University of Chicago Press [Trad. de M. Sainsbury].

DUPONT-BOUCHAT, M.-S. & ROUSSEAUX, X. (1988). "Le prix du sang: sang et justice du XIVe au XVIIIe siècle". In: FARGE, A. (ed.). *Affaires de sang*. Paris: Imago, p. 43-72.

DURKHEIM, É. (1915). *The Elementary Forms of the Religious Life*. Londres: Goerge Allen and Unwin [Trad. J.W. Swain].

_____ (1899). "De la définition des phénomènes réligieux". *Année Sociologique*, 2, p. 1-28.

ECO, U. (1976). *A Theory of Semiotics*. Bloomington: Indiana University Press.

ELIAS, N. (1978). *The History of Manners*. Oxford: Basil Blackwell [Trad. E. Jephcott].

EVANS-PRITCHARD, E.E. (1956). *Nuer Religion*. Oxford: Clarendon.

_____ (1949). *The Sanusi of Cyrenaica*. Oxford: Clarendon.

FABIAN, J. (1983). *Time and the Other*: How Anthropology Makes its Object. Nova York: Columbia University Press.

_____ (1973). "How Others Die – Reflections on the Anthropology of Death". In: MACK, A. (ed.). *Death in American Experience*. Nova York: Schocken, p. 177-201.

FALLERS, L.A. (1974). *The Social Anthropology of the Nation-State*. Chicago: Aldine.

FERGUSON, K.E. (1984). *The Feminist Case Against Bureaucracy.* Filadélfia: Temple University Press.

FERNANDEZ, J.W. (1986). *Persuasions and Performances*: The Play of Tropes in Culture. Bloomington: Indiana University Press.

FOUCAULT, M. (1978). *Discipline and Punish*: The Birth of the Prison. Nova York: Pantheon [Trad. de A. Sheridan].

FRAZER, J.G. (1922). *The Golden Bough*: A Study in Magic and Religion. Londres: Macmillan.

FRIEDL, E. (1962). *Vasilika*: A Village in Modern Greece. Nova York: Holt, Rinehart and Winston.

GAJEK, E. (1990). "Christmas under the Third Reich". *Anthropology Today*, 6 (4), p. 4-9.

GAVRIELIDES, N. (1976). "The Cultural Ecology of Olive Growing in the Fourni Valley". In: DIMEN, M. & FRIEDL, E. (eds.). *Regional Variation in Modern Greece and Cyprus*: Toward a Perspective on the Ethnography of Greece, p. 143-157.

GEERTZ, C. (1973). *The Interpretation of Cultures*. Nova York: Basic Books.

GELLNER, E. (1988). *Plough, Sward, and Book*. Chicago: University of Chicago Press.

_____ (1986). *Nations and Nationalism*. Ithaca: Cornell University Press.

GIDDENS, A. (1984). *The Constitution of Society*: Introduction to the Theory of Structuration. Berkeley: University of California Press.

GILMORE, D.D. (ed.) (1987). *Honor and Shame and the Unity of the Mediterranean*. Washington, D.C.: American Anthropological Association [Special Publication, 22].

GLUCK, C.F. (1803). *Hermeneutisch-systematische Erörterung der Lehre von der Intestaterbfolge, nach den Grundsätzen des ältern und neuern römischen Rechts, also Beytrag zur Erläuterung der Pandecten*. Erlangen: J.J. Palm.

GOBINEAU, A. (1984 [1856]). *The Moral and Intellectual Diversity of Races*. Nova York: Garland [Filadélfia: Lippincott].

GOBINEAU, C. (1936). *Lettres àdeux Athéniennes* (1858-1881). Atenas: Castalie [Librairie Kauffmann].

_____ (1872). *Céphalonie, Naxie, et Terre-Neuve*: La mouchoir rouge, Akrivie Phrangopoulo, La chasse au caribou. Paris: Plon.

GOFFMAN, E. (1959). *The Presentation of Self in Everyday Life*. Nova York: Doubleday.

GOODY, J. (1986). *The Logic of Writing and the Organization of Society*. Cambridge: Cambridge University Press.

GOULDNER, A.W. (1954). *Patterns of Industrial Bureaucracy*. Nova York: Free.

GREENWOOD, D.J. (1984). *The Taming of Evolution*: The Persistence of Nonevolutionary Views in the Study of Humans. Ithaca: Cornell University Press.

GUILLAUMIN, C. (1981). "Je sais bien mais quand même", ou les avatars de la notion "race". *Le Genre humain*, 1, p. 55-65.

GUIZOT, F.P.G. (1856). *Histoire de la civilisation en Europe depuis la chute de l'empire romain jusqu'à la Revolution Française*. 6. ed. Paris: Didier.

HAINES, D.W. (1990). "Conformity in the Face of Ambiguity: A Bureaucratic Dilemma". *Semiotica*, 78 (3/4), p. 249-269.

HAMAYON, R. (1990). *La chasse à l'âme*: Esquisse d'une théorie du chamanisme sibérien. Nanterre: Société d'Ethnologie.

_____ (s.d.). "Shamanism in Siberia: From Partnership in Supernature to Counter-Power in Society". In: HUMPHREY, C. (ed.). *Shamanism, History, and the State* [s.n.t.].

HANDELMAN, D. (1990). *Models and Mirrors*: Towards an Anthropology of Public Events. Cambridge: Cambridge University Press.

_____ (1983). "Shaping Phenomenal Reality: Dialectic and Disjunction in the Bureaucratic Synthesis of Child-Abuse in Urban Newfoundland". *Social Analysis*, 13, p. 5-40.

_____ (1981). "Introduction: The Idea of Bureaucratic Organization". *Social Analysis*, 9, p. 5-23.

_____ (1978). "Introduction: A Recognition of Bureaucracy". In: HANDEL-MAN, D. & LEYTON, E. (eds.). *Bureaucracy and World View*: Studies in the Logic of Official Interpretation. St. John's: Institute of Social and Economic Research, p. 1-14 [Social and Economic Studies, 22].

_____ (1976). "Bureaucratic Transactions: The Development of Official-Client Relationships in Israel". In: KAPFERER, B. (ed.). *Transaction and Meaning*: Directions in the Anthropology of Exchange and Symbolic Behavior. Filadélfia: Institute for the Study of Human Issues, p. 223-275 [ASA Essays 1].

_____ (s.d.). *Taxonomy, Bureaucracy, and the Book of Lord Shang* [Manuscrito não publicado].

HANDELMAN, D. & SHAMGAR-HANDELMAN, L. (1990). "Holiday Celebrations in Israeli Kindergartens". In: HANDELMAN, D. *Models and Mirrors*: Towards an Anthropology of Public Events. Cambridge: Cambridge University Press, p. 162-189.

HANDLER, R. (1988). *Nationalism and the Politics of Culture in Quebec*. Madison: The University of Wisconsin Press.

_____ (1986). "Authenticity". *Anthropology Today*, 2 (1), p. 2-4.

_____ (1985). "On Having a Culture: Nationalism and the Preservation of Quebec's Patrimoine". In: STOCKING JR., G.W. (ed.). *Objects and Others*: Essays on Museums and Material Culture. Madison: University of Wisconsin Press, p. 192-217 [History of Anthropology, 3].

HELLER, J. (1961). *Catch-22*. New York: Simon and Schuster.

Herald-Times (1989, 1990). Bloomington, Indiana.

HERZFELD, M. (1991). *A Place in History*: Social and Monumental Time in a Cretan Town. Princeton: Princeton University Press.

_____ (1987a). *Anthropology through the Looking-Glass*: Critical Ethnography in the Margins of Europe. Cambridge: Cambridge University Press.

_____ (1987b). "'As in Your Own House': Hospitality, Ethnography, and the Stereotype of Mediterranean Society". In: GILMORE, D.D. (ed.). *Honor and Shame and the Unity of the Mediterranean*. Washington, D.C.: American Anthropological Association, p. 75-89 [Special Publication, 22].

_____ (1986). "On Some Rhetorical Uses of Iconicity in Cultural Ideologies". In: BOUISSAC, P.; HERZFELD, M. & POSNER, R. (eds.). *Iconicity*: Essays on the Nature of Culture. Tübingen: Stauffenburg, p. 401-419.

_____ (1985). *The Poetics of Manhood*: Contest and Identity in a Cretan Mountain Village. Princeton: Princeton University Press.

_____ (1982a). *Ours Once More*: Folklore, Ideology, and the Making of Modem Greece. Austin: University of Texas Press.

_____ (1982b). "The Etymology of Excuses: Aspects of Rhetorical Performance in Greece". *American Ethnologist*, 9, p. 644-663.

_____ (1981). "Meaning and Morality: A Semiotic Approach to Evil Eye Accusations in a Greek Village". *American Ethnologist*, 8, p. 560-574.

_____ (1980a). "Honour and Shame: Problems in the Comparative Analysis of Moral Systems". *Man*, 15, p. 339-351.

_____ (1980b). "Social Tension and Inheritance by Lot in Three Greek Villages". *Anthropological Quarterly*, 53, p. 91-100.

HIGONNET, P.L.R. (1980). "The Politics of Linguistic Terrorism and Grammatical Hegemony during the French Revolution". *Social History*, 5, p. 41-69.

HIRSCHON, R. (1989). *Heirs of the Greek Catastrophe*: The Social Life of Asia Minor Refugees in Piraeus. Oxford: Clarendon.

HOBSBAWM, E. & RANGER, T. (eds.) (1983). *The Invention of Tradition*. Cambridge: Cambridge University Press.

HOLMES, D.R. (1989). *Cultural Disenchantments*: Worker Peasantries in Northeast Italy. Princeton: Princeton University Press.

HORSMAN, R. (1981). *Race and Manifest Destiny*: The Origins of American Racial Anglo-Saxonism. Cambridge, Massachusetts: Harvard University Press.

HUMPHREYS, S.C. (1990). "Review of *The Cult of Pan in Ancient Greece,* by Philippe Bourgeaud". *Man*, 25, p. 536-537.

_____ (1978). *Anthropology and the Greeks*. Londres: Routledge and Kegan Paul.

IOSSIFIDES, A.M. (1991). "Sisters in Christ: Metaphors of Kinship among Greek Nuns". In: LOIZOS, P. & PAPATAXIARCHIS, E. (eds.). *Contested Identities*: Gender and Kinship in Modem Greece. Princeton: Princeton University Press, p. 135-155.

JACOBY, H. (1973). *The Bureaucratization of the World*. Berkeley: University of California Press [Trad. de Eveline L. Kanes].

JAFFE, A.M. (1990). *Language, Identity and Resistance on Corsica*. Bloomington: Indiana University [Tese de doutorado].

JOHNSTONE, B. (1989). "Linguistic Strategies and Cultural Styles for Persuasive Discourse". In: TING-TOOMEY, S. & KORZENNY, F. (eds.). *Language, Communication, and Culture*: Current Directions. Beverly Hills: Sage, p. 139-156.

JUST, R. (1989). 'Triumph of the Ethnos". In: TONKIN, E.; CHAPMAN, M. & McDONALD, M. (eds.). *History and Ethnicity*. Londres: Routledge, p. 71-88 [A.S.A. Monographs, 27].

KAFKA, F. (1937). *The Trial*. Ist American edition. Nova York: A.A. Knopf [Trad. de Wi. Muir e E. Muir].

KAMENETSKY, C. (1984). *Children's Literature in Hitler's Germany*: The Cultural Policy of National Socialism. Atenas: Ohio University Press.

_____ (1977). "Folklore and Ideology in the Third Reich". *Journal of American Folklore*, 90, p. 168-178.

KAPFERER, B. (1988). *Legends of People, Myths of State*. Washington, D.C.: Smithsonian.

KAPLAN, M. (1990). "Meaning, Agency, and Colonial History: Navosavakadua and the Tuka Movement in Fiji". *American Ethnologist*, 17, p. 3-22.

KARDULIAS, P.N. (s.d.). *Archaeology in Modern Greece*: Politics, Bureaucracy, and Science [Paper apresentado na reunião anual do Archaeological Institute of America. São Francisco, 1990].

KARETSOS, K.; cf. CARETSOS, C.S.

KATSOULIS, Y.D. (1975). *To Katestimeno sti Neoelliniki Istoria*. Atenas: Nea Sinora.

KERTZER, D.I. (1991). 'The 19th National Congress of the Italian Communist Party". In: ANDERLINI, F. & LEONARDI, R. (eds.). *Italian Politics*. Londres: Pinter.

_____ (1988). *Ritual; Politics and Power.* New Haven: Yale University Press.

KHRISANTHOPOULOS, L. (1853). *Silluyi ton topikon tis Elladhos sinithion*. Atenas: Milt. K. Garpola.

KIRIAKIDOU-NESTOROS, A. (1975). *Laoghrafika Meletimata*. Atenas: Olkos.

KLIGMAN, G. (1990). "Reclaiming the Public: A Reflection on Creating Civil Society in Romania". *East European Politics and Societies*, p. 393-438.

_____ (1981). *Căluş*: Symbolic Transformation in Romanian Ritual. Chicago: University of Chicago Press.

_____ (s.d.). *The Politics of Identity*: The Return of the Repressed in Post-Ceausescu Romania [Manuscrito não publicado].

KUPER, A. (1988). *The Invention of Primitive Society*: Transformations of an Illusion. Nova York: Routledge.

LEACH, E. (1965). "The Nature of War". *Disarmament and Arms Control*, 3, p. 165-183.

LEFORT, C. (1971). *Eléments d'une critique de la bureaucratie*. Genebra: Droz.

LEVI-STRAUSS, C. (1955). "The Structural Study of Myth". *Journal of American Folklore*, 68, p. 428-444.

LEVY, H.L. (1956). "Property Distribution by Lot in Present Day Greece". *Transactions of the American Philological Association*, 87, p. 42-46.

LEWONTIN, R.C.; ROSE, S. & KAMIN, L. (1984). *Not In Our Genes*: Biology, Ideology and Human Nature. Nova York: Pantheon.

LINCOLN, B. (1989). *Discourse and the Construction of Society*: Comparative Studies of Myth, Ritual and Classification. Nova York: Oxford University Press.

LINKE, U. (1990). "Folklore. Anthropology. and the Government of Social Life". *Comparative Studies in Society and History*, 32, p. 117-148.

_____ (1986). *Where Blood Flows a Tree Grows*: A Study of Root Metaphors in German Culture. Berkeley: University of California Press [Tese de doutorado].

_____ (1985). "Blood as Metaphor in Proto-Indo-European". *Journal of Indo-European Studies*, 13, p. 333-376.

LLOYD, G.E.R. (1990). *Demystifying Mentalities*. Cambridge: Cambridge University Press.

LÖFGREN, O. (1989). "The Nationalization of Culture". *Ethnologia Europaea*, 19, p. 5-24.

LOIZOS, P. (1988). "Intercommunal Killing in Cyprus". *Man*, 23, p. 639-653.

_____ (1975). *The Greek Gift*: Politics in a Cypriot Village. Oxford: Basil Blackwell.

LOWENTHAL, D. (1985). *The Past Is A Foreign Country*. Cambridge: Cambridge University Press.

MACKRIDGE, P. (1985). *The Modern Greek Language*. Oxford: Clarendon.

MARX, F.M. (1962). "Control and Responsibility in Administration: Comparative Aspects". In: HEADY, F. & STOKES, S.L. (eds.). *Papers in Comparative Public Administration*. Ann Arbor: Institute of Public Administration, p. 145-171.

MAUSS, M. (1967). *The Gift*: Forms and Functions of Exchange in Archaic Societies. Nova York: Norton [Trad. de I. Cunnison].

MAYNARD, K. (1988). "On Protestants and Pastoralists: The Segmentary Nature of Socio-Cultural Organization". *Man*, 23, p. 101-117.

MAYR, E. (1982). *The Growth of Biological Thought*. Cambridge: Harvard University Press.

MEEKER, M.E. (1979). *Literature and Violence in North Arabia*. Cambridge: Cambridge University Press.

MERTON, R.K. (1957). *Social Theory and Social Structure*. Ed. rev. Glencoe: Free.

MITCHELL. M.M. (1931). "Émile Durkheim and the Philosophy of Nationalism". *Political Science Quarterly*, 46, p. 87-106.

MOSSE, G.L. (1985). *Nationalism and Sexuality*: Middle-Class Morality and Sexual Norms in Modern Europe. Madison: University of Wisconsin Press.

_____ (1978). *Toward the Final Solution*: A History of European Racism. Nova York: Howard Fertig.

MOUZELIS, N.P. (1978). *Modern Greece*: Facets of Underdevelopment. Londres: Macmillan.

_____ (1968). *Organization and Bureaucracy*: An Analysis of Modern Theories. Chicago: Aldine.

NEEDHAM, R. (1979). *Symbolic Classification*. Santa Mônica: Goodyear.

_____ (1972). *Belief, Language and Experience*. Oxford: Blackwell.

NISBET, R. (1973). *Sociology as an Art Form*. Nova York: Oxford University Press.

OBEYESEKERE, G. (1968). "Theodicy, Sin and Salvation in a Sociology of Buddhism". In: LEACH, E.R. (ed.). *Dialectic in Practical Religion*. Cambridge: Cambridge University Press, p. 7-40.

O'NEILL, B.J. (1987). *Social Inequality in a Portuguese Hamlet*: Land, Late Marriage, and Bastardy, 1870-1978. Cambridge: Cambridge University Press.

ONIANS, R.B. (1951). *The Origins of European Thought about the Body, the Mind, the Soul, the World, Time, and Fate*. Cambridge: Cambridge University Press.

PALEOLOGOS II. (1976). "To klima ghrafi istoria." *To Vima*, 14/07, p. 1.

PERISTIANY, J.G. (ed.) (1965). *Honour and Shame*: The Values of Mediterranean Society. Londres: Weidenfeld & Nicolson.

PETERS, B.G. (1989). *The Politics of Bureaucracy*. 3. ed. Nova York: Longman.

PINA-CABRAL, J. (1991). "Review of Bragge". *Man*, 26, p. 174.

PITT-RIVERS, J. (1968). "The Stranger, the Guest and the Hostile Host: Introduction to the Study of the Laws of Hospitality". In: PERISTIANY, J.G. (ed.). *Contributions to Mediterranean Sociology*. Paris: Mouton, p. 13-30.

POLIAKOV, L. (1987 [1971]). *Le mythe aryen*: Essai sur les sources du racisme et des nationalismes. Bruxelas: Complexe.

_____ (1981). "Brève histoire des hiérarchies raciales". *Le Genre humain*, 1, p. 70-82.

_____ (1968). *Histoire de l'antisémitisme de Voltaire à Wagner* – Histoire de l'antisémitisme. Vol. 3. Paris: Calmann-Levy.

POLIAKOV, L.; DELACAMPAGNE, C. & GIRARD, P. (1976). *Le racisme*. Paris: Seghers.

POLITIS, N.G. (1874). *Neoelliniki Mitholoyia*. Parte 2. Atenas: N.B. Nakis e Karl Wilberg.

POLLIS, A. (1987). "The State – Law, and Human Rights in Modern Greece". *Human Rights Quarterly*, 9, p. 587-614.

PRESTHUS, R.V. (1973 [1969]). "The Social Bases of Bureaucratic Organization". In: KATZ, E. & DANET, B. (eds.). *Bureaucracy and the Public*. Nova York: Basic Books, p. 50-60.

REED, R.R. (1990). "Are Robert's Rules of Order Counterrevolutionary?: Rhetoric and the Reconstruction of Portuguese Politics". *Anthropological Quarterly*, 63, p. 134-144.

RESVANIS, K. (1977). "Ke... i ghrafiokratia kei ta dhasi!" *Ta Nea*, 6, abr., p. 7, 10.

RICHMAN, J. (1983). *Traffic Wardens*: An Ethnography of Street Administration. Manchester: Manchester University Press.

RIGGS, F.W. (1962). "An Ecological Approach: The 'Sala' Model". In: HEADY, F. & STOKES, S.L. (eds.). *Papers in Comparative Public Administration*. Ann Arbor: Institute of Public Administration, p. 19-36.

RUSHDIE, S. (1983). "Last Chance". *Index on Censorship*, 12 (6), dez., p. 2.

SAHLINS, P. (1989). *Boundaries*: The Making of France and Spain in the Pyrenees. Berkeley: University of California Press.

SAUSSURE, F. (1966). *Course in General Linguistics*. Nova York: McGraw-Hill [Ed. C. Bally e A. Sechehaye, com a col. de A. Riedlinger] [Trad. de W. Baskin].

SCHNEIDER, D.M. (1984). *A Critique of the Study of Kinship*. Ann Arbor: University of Michigan Press.

_____ (1968). *American Kinship*: A Cultural Account. Englewood Cliffs: Prentice-Hall.

SCHNEIDER, W.H. (1990). "The Eugenics Movement in France, 1890-1940". In: ADAMS, M.B. (ed.). *The Wellborn Science*: Eugenics in Germany, France, Brazil, and Russia. Nova York: Oxford University Press, p. 69-109.

_____ (1983). "Chance and Social Setting in the Application of the Discovery of Blood Groups". *Bulletin of the History of Medicine*, 57, p. 545-562.

SCHWARTZMAN, H. (1989). *The Meeting*: Gatherings in Organizations and Communities. Nova York: Plenum.

SCOTT, J.C. (1985). *Weapons of the Weak*: Everyday Farms of Peasant Resistance. New Haven: Yale University Press.

SHORE, C.N. (1989). "Patronage and Bureaucracy in Complex Societies: Social Rules and Social Relations in an Italian University". *Journal of the Anthropological Society of Oxford*, 20, p. 56-73.

SILBERMAN, N. (1990). "The Politics of the Past: Archaeology and Nationalism in the Eastern Mediterranean". *Mediterranean Quarterly*, 1, p. 99-110.

SIMIC, A. (1982). "Urbanization and Modernization in Yugoslavia: Adaptive and Maladaptive Aspects of Traditional Culture". In: KENNY, M. &

KERTZER, D.I. (eds.). *Urban Life in Mediterranean Europe*: Anthropological Perspectives. Urbana: University of Illinois Press, p. 203-224.

SINKO, K. (1989). "Arpad versus Saint Istvan: Competing Heroes and Competing Interests in the Figurative Representation of Hungarian History". *Ethnologia Europaea*, 19, p. 67-84.

SMITH, A. (1984). *Gobineau et l'histoire naturelle*. Genebra: Droz.

SMOLICZ, J.J. (1985). "Greek-Australians: A Question of Survival in Multicultural Australia". *Journal of Multilingual and Multicultural Development*, 6, p. 17-29.

SPENCER, R.F. (1958). "Culture Process and Intellectual Current". *American Anthropologist*, 60, p. 640-657.

STEWART, C. (1991). *Demons and the Devil*: Moral Imagination in Modern Greek Culture. Princeton: Princeton University Press.

_____ (1985). "Exotika: Greek Values and their Supernatural Antitheses". *Scandinavian Yearbook of Folklore*, 41, p. 37-64.

STRECKER, I. (1988). *The Social Practice of Symbolization*: An Anthropological Analysis. Londres: Athlone.

TAMBIAH, S.J. (1990). *Magic, Science, Religion, and the Scope of Rationality*. Cambridge: Cambridge University Press.

_____ (1989). "Ethnic Conflict in the World Today". *American Ethnologist*, 16, p. 335-349.

_____ (1979). "A Performative Approach to Ritual". *Proceedings of the British Academy*, 65, p. 113-169.

_____ (1968). "The Magical Power of Words". *Man*, 3, p. 175-208.

TAMIOLAKIS, M. (1976). *Maties sti zoi ton ghrafion*. Thessaloniki.

TAUSSIG, M. (1984). "Culture of Terror – Space of Death: Roger Casement's Putumayo Report and the Explanation of Torture". *Comparative Studies in Society and History*, 26, p. 467-497.

TEGNAEUS, H. (1952). *Blood-Brothers*: An Ethno-Sociological Study of the Institutions of Blood-Brotherhood with Special Reference to Africa. Nova York: Philosophical Library.

THOMPSON, M. (1979). *Rubbish Theory*: The Creation and Destruction of Value. Oxford: Oxford University Press.

TOCQUEVILLE, A. (1989). *Oeuvres completes* – Vol. 9: Correspondence d'Alexis de Tocqueville et d'Arthur de Gobineau. Paris: Gallimard [Ed. de M. Degros; ed. geral de J.-P. Mayer].

TÖNNIES, F. (1957). *Community and Society*. East Lansing: Michigan State University Press [Trad. de C.P. Loomis].

TSOUCALAS, C. (1991). "'Enlightened' Concepts in the 'Dark': Power and Freedom, Politics and Society". *Journal of Modern Greek Studies*, 9, p. 1-22.

VIALLES, N. (1987). *Le sang et La chair*: Les abattoirs des pays de d'Adour. Paris: Maison des Sciences de l'Homme.

VICO, G. (1744). *Principij di Scienza Nuova*. 3. ed. Nápoles: Muziana.

VIVILAKIS, E. (1866). *O prayeghrammenos Kris i o fatriasmos tis Kendrikis Epitropis*. Atenas: Radhamanthios.

WEBER, M. (1976). *The Protestant Ethnic and the spirit of Capitalism*. Londres: George Allen and Unwin [Trad. de T. Parsons].

_____ (1968). *On Charisma and Institution Building*. Chicago: University of Chicago Press [Ed. de S. Eisenstadt].

_____ (1963). *The Sociology of Religion*. Boston: Beacon Press [Trad. de E. Fischoff].

_____ (1946). *Max Weber*: Essays in Sociology. Nova York: Oxford University Press [Ed. de H.H. Gerth e C. Wright Mills].

WILSON, S. (1988). *Feuding, Conflict and Banditry in Nineteenth-Century Corsica*. Cambridge: Cambridge University Press.

WITTGENSTEIN, L. (1973). *Philosophical Investigations*. 3. ed. Nova York: Macmillan [Trad. de G.E.M. Anscombe].

ZONABEND, F. (1989). *La presqu' île au nucléaire*. Paris: Odile Jacob.

Índice

Abatedouros 38n. 26
Abélès, M. 45n. 36
Abella, I. 157, 171
Aberbach, J.D. 81
Adoção
  atitude em relação à 132s.
Afinidade 36-38, 162
África do Sul 81
Agência 28, 42, 69s., 148, 159, 167, 171
  de alimentos e drogas (Estados Unidos) 82
Albânia 98
Albee, E. 111
Alemães/Alemanha 31, 37, 41n. 29, 81, 89, 156, 163
Alfabetização 48, 58, 100, 113
  como imagem do destino 129, 132s.
All-Star Wrestling 103
Ambiguidade 20, 59, 161s., 165, 169n. 78, 170n. 79, 171
  Cf. tb. Símbolo, labilidade
América Latina 21
Amizade 66, 130, 162, 164s.
Anderson, B. 18n. 9, 43, 53s., 78s., 97, 99-102, 112, 131
Anglo-saxonismo 156
Anomia 12
Anticlericalismo 19, 55, 89
Antiguidades
  controle de 121
Apartheid 37, 81
Apelidos 79
Arbitrariedade 112, 122, 134, 153, 162, 171
Arianismo 31s., 38n. 26
Arte 40, 99, 105
Ashanti 112
Assinatura 82, 117s., 138, 155

Atatürk (Mustafa Kemal) 33, 47
Atenas 89, 109, 127
  antiga 27
Auschwitz 80, 142
Austin, J.L. 54, 124s., 138, 142, 171
Austrália(anos) 22, 55, 66s., 102, 161, 163
Autenticidade 65, 67s., 86, 121
Autoevidência 40
Autointeresse 14n. 3, 23, 75, 78, 114, 135
Autoridade 65s., 68, 84, 100, 114, 125
Autoritarismo 89

Bailey, F.G. 161
Bálcãs 162
Balshem, M. 126, 168
Bandeira 104, 107, 109
Banfield, E.C. 14n. 3, 42, 57, 59, 123, 167
Bascos 34
Bastardia 56
Bauman 41n. 30, 72
Benandanti 63
Bernstein, B. 113, 116
Béteille, A. 27n. 18, 47
Bigamia 104
Blair, F.C. 158, 171
Blau, P.M. 43n. 34, 120
Bloch, M. 113n. 62, 116
Blok, A. 32
Boatos 104
Bogatyrev, P. 98
Boissevain, J. 49, 77
Bolsas gregas
  transformações das 98, 105
Bottomley, G. 30, 76, 79n. 53, 97n. 60, 112, 171
Bourbons 31
Bourdieu, P. 145, 153n. 74, 153, 171
Boyarin, J. 41n. 29
Brasil 120
Brechas 114
Brettell, C.B. 56
Britan, G.M. 14
Brøgger, J. 50, 55-63, 69s., 86, 167
Browning, C.R. 159
Bruxaria 65, 67

Bruxas benevolentes 63
Budismo 66s.
Burocracia 17-19, 25s., 42, 45s., 48-50, 57-59, 61, 69, 73, 79, 81-83, 95n. 59, 112, 114s., 118-120, 138
   como destino 53, 156
   como ritual 43, 50, 64, 103
   definida por Marx 28
   estereótipos da 13s., 45, 50s., 73, 122, 134, 169
     e negação da 84
   nacional 11s.
   religiosa 62s.
   universitária 27n. 14, 59
Buttitta Antonino 153

Calvinismo 16, 18, 27, 29s., 53, 123, 156
Campbell, J.K. 49, 77, 79s., 143, 161, 164
Canadá 30, 76n. 51, 79n. 53, 158
Câncer 168
Capitalismo 63, 165
   editorial 43
Carachi 111
Caráter 17s., 25, 39, 71n. 50, 128s., 131s., 134, 169
   nacional 12, 18, 30, 33, 73, 75, 78, 81, 128, 154
   regional 17
   Cf. tb. Pessoa/pessoalidade
Carne 37, 165
Caro Baroja, J. 30, 33
Carteira de identidade 91s., 136
Castela 31, 34
Catalunha 48, 100
Categorias 30
   Cf. tb. Classificação
Catolicismo 62, 87s.
Ceausescu, N. 40, 47, 99, 170
Censura 111s., 114, 149
Chateau, F. 32
China 69, 108
Chipre 35, 38s., 109, 127, 129s., 135, 163
Cingalês 66
Classificação 22, 29, 39, 45, 50, 56-58, 68-72, 80, 94, 106-108, 113, 126, 149, 157s., 162s., 167-170, 172
   biológica 30
   humoral 29s., 32, 128
Cohn, C. 71, 76, 143

Colombo 67
Comida 45
Compadrio 46, 48, 59, 62, 64, 67s., 77-79, 106, 123, 135s., 143, 160s., 164
    Cf. tb. Favores
Comparação como ferramenta analítica 24
Comunidade
    europeia 151
    moral 79, 97
Comunismo/comunista 33, 41n. 31, 60s.
Comunitarismo 109
Condado de Monroe 121
Consciência 104
Conservação histórica e arqueológica 138, 150
Constantino II, rei dos Helenos 170n. 79
Constitucionalismo 94, 107
Contexto 113, 134, 167
Contingência 153, 171
    cultural 163
    histórica 30, 76, 163
Continuidade cultural 77
Contrato 62
    sangue 36, 106
    status e 20, 27
Convenção/convencionalidade 13-16, 23, 26, 52, 122, 124, 145, 150, 168s.
    in ritual 26
Conversão religiosa 31, 87
    proibição da 88
Corpo 19, 21, 48, 76, 98, 132, 162, 165-167
    Cf. tb. Desencorporamento
    mente e 24n. 12, 27, 27n. 18, 48
Corrupção 14n. 2, 47, 76, 78, 80, 106, 154, 162, 166
    Cf. tb. Compadrio, Poluição
Córsega 109
Cosgrove, D.E. 104
Cosmologia 25, 39, 45, 49, 53, 67s., 121s., 140, 145, 147, 149s., 156s., 167s., 172
Costumes 105, 146
Cowan, J.K. 98
Crença 16, 25
    folclore 63
Creta 35, 60, 78, 89, 98, 114, 127, 129n. 66, 137, 139, 151, 161
Cristianismo/cristãos 15, 35, 38, 41, 67, 100
    como identidade 93
    Cf. tb. Calvinismo, Catolicismo, Igreja Ortodoxa, Protestantismo
Crozier, M. 73, 81

Cruz
  sinal da 118
Cuba 158
Culpa 14, 25, 85, 118s., 128-131, 141, 147, 168
  Cf. tb. Responsabilização
Cultura nacional 78, 158
Curdos 41n. 29
Cutileiro, J. 56

Dádiva
  distribuição de 44n. 35, 64, 132, 134s., 161s.
  Cf. tb. Reciprocidade
DaMatta, R. 120
Dança 98, 105
Darwin, C. 29
Davis, J. 59, 105
de Certeau, M. 120, 157, 171
Delaney, C. 28n. 21, 48
DeMallie, R. 31
Democracia 12, 16, 20, 30, 40, 46, 67, 102, 115s., 119, 123, 157, 170
Desculpas e autojustificação 54, 81, 124s., 127s., 140, 145s.
Desencantamento 22, 61s., 65, 68, 70
Desigualdade 64, 109
Desincorporamento 45, 56, 147
Destino
  conceitos de 16s., 25, 29, 53s., 58, 71n. 50, 122s., 125s., 128s., 131-133, 134s.,
  141, 147, 155s., 169, 172
  manifesto 156
  Cf. tb. Fatalismo, Destino, Predestinação
Determinismo 14n. 3, 29, 156, 159, 168s.
  administrativo 169n. 78
  cultural 54
  estrutural 168
  social 59
Diamant, A. 17n. 8, 28n. 19, 29n. 22, 46n. 37, 154
Diaz, M.N. 123
Disciplina 40, 40n. 28, 172
Disfunção 12, 72
Distinção *Gemeinschaft-Gesellschaft* 57, 59s., 64, 167
Dodecaneso 127
Doença venérea 38
Domesday Book 115
Douglas, M. 19-22, 30, 38, 40, 43n. 33, 44, 50, 57s., 70, 99, 116, 157, 167

Dumont, L. 66
Durkheim, É. 19, 40-42, 43n. 33, 44, 70, 102, 109, 111, 114, 168, 171

Eco, U. 124
Educação 35, 38, 111, 158
Efthinofovia 89, 118, 136s., 147, 168
   Cf. tb. Responsabilização
Elias, N. 56s.
Empreendedorismo 18, 119, 131
Energia nuclear 50, 78, 141-144
Erudição sânscrita 38
Escala 17s., 21s., 57s., 60, 75, 99
Escravidão 32
Escrita 39, 82, 112-116, 155
   como ato legal 21
   e da burocracia 136, 138
   e do controle da Grande Potência 135
   jornalística 127s.
   modelado sobre o ato originário 146s.
Espanha 31, 34, 36, 48, 100
Essencialismo 29s., 39, 49s., 54, 68, 72, 75, 81, 94, 96, 100, 103, 109s., 125, 132, 134, 142, 157, 163, 169
Estado
   como entidade 11, 19, 21, 32-33n. 11, 36, 38s., 49s., 78, 147s.
   ideologias de 20, 28, 67, 104s.
Estados Unidos 41n. 30, 51, 60, 84s., 92, 94, 103, 107-109, 117, 127, 131, 135, 143s., 152, 154, 156, 158, 168s.
Estatismo; cf. Nacional-estatismo
Estereótipos 22s., 30, 45, 72-95, 119s., 122, 126, 128, 154, 158
   da burocracia 13, 23, 26, 45, 51, 122, 150, 169
   do "Ocidente" 12, 14n. 2, 17n. 8, 46, 49, 56, 71, 102, 119, 152, 154, 166
   do "Oriente" 17s., 29, 46, 55, 67, 119, 123, 126
   imersos em ideologia do sangue 31s.
Estratégias
   militares 76
   retóricas e sociais 22s., 43n. 34, 49s., 56, 74, 84s., 95, 113, 117, 130, 137, 140, 152, 157, 159, 164
Estrutura
   dualidade de 167, 169n. 78
Estruturalismo 69
Ética do trabalho 27
Etimologia 63, 98, 124, 134s.
   dos conceitos 122, 125, 156
   folclore 31

Etnografia
como ferramenta crítica 24
Etnometodologia 169n. 78
Eucaristia 165
Eugenia 29s., 32, 80, 147
Europa/europeus 37, 46, 50s., 67, 70s., 75, 92, 99, 101s., 126, 126n. 65, 157,
163, 166
etnografia da 55, 61, 168
Evans-Pritchard, E.E. 100, 102, 105, 111
Exotismo 44s., 50s., 58
Expertise profissional 168

Fabian, J. 58, 71, 154
Faccionalismo 21
Faller, L.A. 41n. 29
Família 19-21, 35, 38s., 47, 59, 61, 76-78, 98s., 106, 131s., 135, 140s., 144, 157,
166, 172
Cf. tb. Familismo, Parentesco
Familismo 21, 42, 57, 78, 119, 167
Cf. tb. Banfield, E.C.
amoral; cf. Banfield, E.C., Familismo
Fariseus 55
Fascismo 37, 119
Fatalismo 16, 18, 29, 62, 123, 125s., 128s., 131, 133, 141-143, 149, 156s., 159,
166, 168s.
Favores
distribuição de 134s., 161
Cf. tb. Compadrio
Feminismo 71
Feminização 73s.
Ferguson, K.E. 27n. 15, 73s.
Fernandez, J.W. 76
Filadélfia 168
Fisionomia 33
Folclore 37n. 25, 40, 48, 59, 98, 147
Formalismo 13, 27, 35, 57, 116
Foucault, M. 69, 147
França 31, 34, 47s., 100, 108s., 141-145, 158s.
Frazer, J.G. 105
Friuli 61-65, 67
Fustanella 98

Galípoli 55, 66s.
Galton, F. 30

Geertz, C. 29, 100
Gellner, E. 15, 40, 54, 58s., 75, 113, 121, 141
Gênero 143
   como atributo da "raça" 36s.
   como atributo do "caráter" 156
   metáforas de 71
Gênio/*genius* 126, 131
Genocídio 38s., 54, 157, 159n. 76, 172
Giddens, A. 167, 169n. 78, 171
Glendi (pseudônimo); cf. Creta
Glück, C.F. 146
Gobineau, A. 31s., 34, 37s., 156
Goffman, E. 14
Gökalp, Z. 41n. 29
Goody, J. 100s., 112-115, 118, 155
Grã-Bretanha 82s., 103, 127, 154, 158
Gramática plural 86s.
Grécia/gregos 14, 23, 31, 35s., 44n. 35, 45-50, 55, 57n. 44, 60, 62, 67, 76n. 51,
   78, 83, 95, 98s., 102-105, 108-111, 114, 116-119, 121, 126n. 65, 126-141,
   145, 154, 156, 161s., 166, 168, 170n. 79
   antiga 53, 71n. 50, 78
   Cf. tb. Atenas
Greenwood, D. 29s., 34, 100, 160
Grupo doméstico 62, 78, 131
Guerra 69, 98, 161
   civil (grega) 60
   nuclear 71, 76
Guillaumin, C. 31, 81
Guizot, F. 31, 34

Habituação 172
Haines, D.W. 117, 169n. 78, 171
Haiti 158
Hamayon, R. 36
Handelman, D. 14, 35, 40, 45, 50, 69, 105, 108, 155
Handler, R. 30, 47, 86, 102
Hebraico 109
Hegel, G.W.F. 43
Heller, J. 111
Herança; cf. Caráter, Posse/propriedade
Hierarquia 34, 55, 66, 160, 172
Higonnet, P.L.R. 109-111
Himmler, H. 156
Hirschon, R. 48

Hitler, A. 31, 37
Hobsbawm, E. 54
Holmes, D.R. 55, 60-65, 67, 69
Homicídio 33n. 23
Homossexualismo 80
Honra 32s., 43n. 40, 86, 160, 164n. 77
Horsman, R. 156
Hospitalidade 37, 45, 64, 69, 104, 134, 153, 155, 159-166, 169s., 172
  Cf. tb. Dádiva, Reciprocidade
Humphreys, S.C. 53
Hungria 36, 104
Hussein, S. 39

Iconicidade 22, 77, 105, 109s., 155
Identidade 11-13, 22, 29s., 33, 41, 43, 50, 53, 68, 76, 83s., 91s., 104, 108, 116,
  120, 128, 132, 150s., 157
  europeia 33, 67
  verificação da 136
Ideologia 23, 28n. 21, 30s., 33s., 44s., 63, 66, 74s., 77s., 83, 102, 104, 110, 113,
  130, 132, 154, 157, 159s., 163, 170-172
  parentesco 79, 98
  racionalidade como 25
  Cf. tb. Estado
Igreja Ortodoxa 87, 92
Igualitarismo 34, 55, 66, 102, 160, 172
Ilhas Andaman 43n. 34
Ilhas Trobriand 133n. 71
Iluminismo 28, 30, 37, 47, 108
Imaginação 18n. 9, 76, 78s., 97, 99, 101s., 122, 134
Imanência 42, 100, 102-104, 108, 131
Imposto 43, 104, 140
Incesto 20, 36, 38, 104
Indexicalidade 104s., 108
Índia 108s.
Indiferença 11, 21s., 39, 52, 55, 82, 91s., 104, 153s., 157, 159s., 162, 168-172
Índios americanos 31
Individualismo 12s., 14n. 2, 18, 28n. 21, 70, 75, 77s., 82-84, 86, 91, 102, 104,
  119, 123
  metodológico 171
  possessivo 102
Indo-europeu 36, 44, 51
Intelectuais de defesa 71, 143
Intenção 39
Irredentismo 105

Israel 38, 87, 107
Itália 14, 22, 27n. 14, 33, 36, 41n. 31, 42, 59, 61-65, 109
Iugoslávia 35

Jesus Cristo 47, 55, 130n. 70, 139
Johnstone, B. 84s., 152
Jornais; cf. Mídia
Judeu-arábico e judeu-persa 109
Judeus 31, 37s., 41n. 29, 80s., 87, 107, 109, 157-159, 171
Junta militar grega (1967-1974) 60, 88, 91s., 110s., 116, 130, 170n. 79
Juramento 118
Just, R. 46s.

Kafka, F. 111
Kapferer, B. 24n. 12, 28, 30, 34, 42, 55, 66s., 74, 77, 102, 160
Kaplan, M. 45n. 36
Karamanlis, C. 88s.
Kertzer, D.I. 33, 47
King, M. 158
Kligman, G. 40, 98s., 170
Koraes, A. 47
Kuper, A. 20, 33n. 24, 71

Ladino 109
Lang, F. 81
Leach, E. 39, 69, 161-163
Lechte, J. 30, 76, 79n. 53, 97n. 60, 112, 171
Lefort, C. 100, 116s.
Lei(s) 5, 30, 43, 74, 88s., 92-97, 108, 114s., 136, 138, 145s., 148, 155, 166, 171
   de atração e repulsão 32
   jurisprudência 146s.
   islâmicas 87
   não escritas 146
   napoleônicas 46, 145
   naturais 32, 103
   norte-americana de redução da burocracia 117
   romanas 145s.
Lévi-Strauss, C. 114, 153
Liberalismo 12
Lincoln, B. 103, 162
Linguagem 23, 27n. 15, 41, 65, 77, 82, 84, 86, 96-121, 134, 171
   nacional 99, 107-109
   ordinária 171
Linke, U. 36

Livre-arbítrio 27
Lloyd, G.E.R. 71n. 50, 78
Localismo 48
Loizos, P. 35, 38s., 130, 163s.

Macartismo 60
Macedônia, Prefeitura da 89
Mackridge, P. 90, 104, 120
Magia 65, 105, 109
Maine, H. 27
Mao Tsé-Tung 121
Martírio 45
Marx, F.M. 17n. 8
Marx, K. 27s., 52, 116, 150, 169
Mátria 48, 78, 99
Mau-olhado 133n. 71
Mauss, M. 160s.
Mayr, E. 29
Meca 87
Mediterrâneo/mediterranismo 14n. 2, 18, 21, 32n. 23, 36, 56-58, 85s., 100,
    123, 156
Meeker, M.E. 112
Melchers, W. 159
Merton, R.K. 120
Metáfora 40n. 28, 47, 49, 51, 71, 76, 78, 98, 100, 104, 125, 132, 162, 165
    Cf. tb. Sangue, Símbolo
Maynard, K. 93
Miceli, S. 153
Mídia 40, 43, 83, 87, 90, 93, 111s., 123, 126s.
Miscigenação 30, 34, 37
Mitsotakis, C. 116
Modelos
    culturais 97-99, 105
    sociais 97-99, 105
Modernidade 17, 20, 22, 63, 68, 71n. 50, 150
Moisés 19
Monarquia bávara (na Grécia) 46, 145
Montegrano 167
Moralidade 30, 32, 34, 40s., 44, 56s., 65s., 76s., 79, 125, 128, 134, 157, 161, 164s.
    Cf. tb. Familismo, Honra, Comunidade moral
Morávia 98
Morte 112
    Cf. tb. Suicídio
Mosse, G.L. 30, 35, 77, 80

Mouzelis, P. 57n. 44
Muçulmanos 31, 35, 38, 67, 87, 94s., 111, 137
Música 105

Nacional-estatismo 28, 30, 41, 49, 103s., 125, 140s., 156
Nacionalismo 12, 14n. 2, 15, 17, 20-22, 28n. 21, 29s., 32s., 37, 42-44, 47s., 51, 53, 55, 59, 64, 66, 71, 75-79, 92, 99, 101, 105, 108-110, 139, 150, 163, 166
   prático 74
Naturalização da cultura 77s., 99
Natureza
   como objeto de veneração 103
Naxos 31, 63
Nazaré 56-59
Nazismo 29n. 22, 31, 34s., 37s., 80, 150, 152, 159
Needham, R. 162
Neokantismo 12, 89
Nepotismo 79
Nome 33, 132
   Cf. tb. Apelidos
Normandia 50, 141-145, 168
Nova Democracia (partido político grego) 89, 127
Nuer 100, 102-104, 109
Números de protocolo 121

Obeyesekere, G. 15n. 5
"Ocidente" 12, 14n. 2, 16s., 24, 45-47, 49, 71, 102, 140, 147, 150-152, 154, 156s., 161
O'Neill, B.J. 56
Onians, R.B. 27n. 18, 131s.
Onoranze 64, 67
Ordem 44, 50s., 57, 94
   Cf. tb. Poluição e pureza
Origens 53s.
   latinas 31
"O sistema" 14s., 50s., 58, 60, 72, 81, 87, 92-94, 137, 141, 150, 159, 168, 171
Otan 131, 135, 151

Pacifismo 87, 94
Paisagem 103
Pão 163, 165
Papandreou, A. 88, 116, 127
Paquistão 111s.
Parentes patrilineares e descendência patrilinear 31, 36s., 47s., 76s., 79s., 98s., 131, 163, 165

Parentesco 20, 35, 41s., 56, 59, 66, 77-80, 98s., 128, 157, 160, 170
  como metáfora 20, 28n. 21, 35, 38, 47, 49, 61, 71, 76, 105, 163
  fictício e espiritual 31, 77-80, 105, 161
  Cf. tb. Afinidade, Parentes patrilineares
Pasok (Movimento Socialista Pan-Helênico, partido político grego) 127
Passaporte 42, 91, 144s., 158
Paternalismo 78, 99, 134, 170
Pátria 78, 99
Patrimoine 30, 79n. 53
Pátrios (categoria imigratória no Reino Unido) 83, 158
Pefki (pseudônimo); cf. Rhodes
Performatividade 125
Peristiany, J.G. 14n. 2
Pessoa/pessoalidade
  noção de 11s., 14, 21, 33, 36, 39, 43, 52, 76, 91, 102, 104, 122, 126, 131, 172
  Cf. tb. Gênio/*genius*, Identidade, Individualismo
Peters, B.G. 26, 73s.
Pina-Cabral, J. 57n. 44
Pireu 104
Polícia 83, 96n. 59
Política(s)
  de imigração 29-31, 74, 76n. 51, 83, 108, 157-159, 164s.
  pública 12
Pollis, A. 14n. 2
Poloneses 76n. 51
Poluição e pureza 29s., 32, 38, 43s., 50s., 56-58, 60, 79, 118s., 143, 154, 162, 167s.
Portugal 22, 55-61, 115s., 167
Positivismo 89
Posse/propriedade 62s., 129, 131, 134s.
Povos e culturas hispânicos 36, 108
Precedente legal 155
Predestinação 16-18, 29s., 53, 112, 123, 150, 156
Presthus, R.V. 17n. 8, 18, 28n. 19, 123
Propaganda 105
Propriedade(s)
  morais 100, 156
  moral política 67
Protestantismo 17, 18n. 9, 58, 128, 156
  Cf. tb. Calvinismo
Pureza; cf. Poluição e pureza
Purismo linguístico 110, 116
Putnam, R.D. 81

Quebec 79n. 53

Raça/racismo 20, 29-34, 38s., 51, 56, 94, 96, 100, 105, 142, 151, 159, 163, 172
  terminologia 31, 36, 163
Raciocínio silogístico 38
Racionalismo e racionalidade 12, 20s., 25s., 28s., 41s., 46, 51-53, 57-61, 65, 68, 78, 123, 129, 140, 147, 166-168
Racionalização 78, 168
  como intrusão da burocracia 55, 64
  como processo pessoal 54, 71, 129, 133, 140
Ranger, T. 54
Reciprocidade 61, 64, 153, 161, 165
  Cf. tb. Dádiva, Hospitalidade
Reed, R.R. 115s.
Referencialidade 84, 108, 111, 120, 147
Refração 100, 104, 108
Refugiados 157s.
Regras de Ordem de Robert 115
Reificação 42, 50, 65, 72, 78, 98, 111, 113s., 119, 121, 132, 137, 148, 168, 170, 172
Relatando 62, 151
Religião 15s., 19s., 40, 42-44, 48-50, 53-55, 62s., 66, 69s., 80, 86s., 102, 112, 114, 120, 139
  como base para discriminação 31, 86-94
  em oposição à magia 65
  popular 20
Renascimento
  período na história europeia 55, 67, 151
Representação(ções) 65, 111
  coletivas 41
  visual 77
Reputação 131, 134
Residência, direitos baseados na 30
Resistência 55, 69, 83, 100, 126, 143, 168, 170
Respeitabilidade 30, 56, 58, 157
Responsabilização 14, 23, 25, 39, 52, 83, 89s., 93, 118s., 129, 147, 158
  Cf. tb. *Efthinofovia*
Retórica 20s., 27s., 30, 33, 38s., 41n. 30, 43n. 34, 44s., 48, 55, 58-60, 63-68, 71s., 74s., 77s., 81s., 85s., 89s., 92s., 97, 106, 110, 113, 115s., 119s., 123, 128, 130, 136s., 139s., 143, 145, 147, 150-152, 154, 157, 163, 166
Revolução Francesa 30, 47, 109s., 141
Rhodes 129
Riggs, F.W. 15n. 4, 25s., 27n. 16, 28, 57n. 44
Ritual 19, 25s., 27n. 16, 41n. 30, 43s., 64, 103, 152, 170
Ritualismo 120
Rockman, B.A. 81

Roma 87
Romantismo 37, 109
Romênia 40, 47, 99, 170
Rotinização 27, 40, 41n. 30, 63, 122, 155
Roubo
de animais 112, 115, 134, 161, 165
justificado pela repressão oficial 140
Rushdie, S. 111s., 114
Ruskin, J. 104
Russos 76n. 51

Sacrifício 69
Sahlins, P. 48, 100
Salvação 15
Sangue 20, 29-39, 47-49, 61, 75, 78, 94-96, 99, 105s., 122, 128, 130, 132s., 134, 138, 140, 151, 157, 160, 163-165, 172
direitos baseados no 30
irmandade 31
libelo 37
tipagem 30, 32, 34
Santos
cultos aos 100
intercessão dos 49, 64, 67
Sarakatsan 80, 164
Saussure, F. 112
Schneider, D. 30, 39, 47
Schwartsman, H. 14
Segmentação 93, 97, 100-102, 104, 142
como característica dos Estados-nação europeus 101s.
Sêmen 36
Senso do eu; cf. Pessoa/pessoalidade
Sexualidade 56, 62, 69, 71, 143
Cf. tb. Gênero, Homossexualismo
Shang, L. 109
Shore, C.N. 27n. 14, 59
Símbolo(s)/simbologismo 13, 16, 19s., 22s., 38n. 26, 48, 54, 58, 62, 70, 71n. 50, 75, 124, 131, 134, 141, 157, 159s., 162, 165s., 167, 172
como capital 145
eficácia dos 45
em oposição à racionalidade 25s., 42
Estado-nação e 18s., 25, 30, 35, 44, 67
labilidade da semântica 22, 33s., 37s., 66s., 72, 75, 112, 115, 157, 160s., 166s., 169s.
"natural" 20

persistência do 22, 27n. 18, 50, 61
uso(s) 23, 37, 51
uso burocrático 29, 72
Cf. tb. Metáfora
Sionismo 109
Sistema
  e modelo semióticos 98s., 105, 113n. 62
  Millet 88
Sobrevivencialismo 53, 57, 167
Sorte; cf. Fatalismo, Destino, Predestinação
Sorteios 131s.
Spencer, R.F. 41n. 29
Sri Lanka 22, 34, 38, 55, 66-68, 162
Stalin, J. 39
Stewart, C. 54, 63, 86
Suborno 44n. 35, 134s., 161
Suíça 108
Suicídio 129n. 66
Sujeira; cf. Poluição e pureza

Tambiah, S.J. 15n. 5, 26, 42, 53s., 65, 68, 71, 105, 133n. 71, 152, 169n. 78
Tâmis 66
Táticas sociais 14n. 3
Tautologia 29, 40, 80, 83, 92, 117, 119, 141
Taxonomia; cf. Classificação
Teleologia 43, 70, 114, 141, 148
Tempo 31s., 53, 77, 139s., 152-157, 160
  como corruptor 32
  sua ausência na história nacional 83s., 125, 147, 152, 154s.
  Cf. tb. Predestinação
Teodiceia 15s., 18, 62, 78s.
  política 27n. 15, 46, 58
  secular 15s., 19, 23, 45, 55, 122, 150, 168
Teoria Psicanalítica 97n. 60
Tessalônica 87-93, 119
Testemunhas de Jeová 86-95, 119
Thatcher, M. 82s., 103
Thompson, M. 159n. 76
Tönnies, F. 57
Totalitarismo 21, 150, 170
Trabalho assalariado 61
Tradição 54, 63s.
Traição 134s., 139, 161
Transcendência 15, 27s., 54, 58, 100, 102, 108, 111, 113, 116, 125

Tribunais
    uso dos 89s., 120, 138
Trocadilhos 13, 162
Troper, H. 157, 171
Tsoucalas, C. 28, 47, 57n. 44, 93, 120, 123, 147
Turismo/turistas 64s., 98, 105, 164
Turquia/turcos 17, 28n. 19, 33, 35, 41, 47, 55, 67, 86s., 95, 98, 102, 123, 129s.,
    132, 135, 139s., 151, 159, 161, 163, 166
    como modelo 46
    otomana 46, 87s., 139
Tylor, E.B. 53

União Soviética 39, 42
Unificação e unidade 99s., 117

Vegetarianismo 38
Vestir 40, 76, 98s., 105
Vialles, N. 38n. 26
Vico, G. 27n. 18, 52, 114, 124s.
Vigilância política 117, 133
Vingança 20, 35-38, 66, 80, 130, 165s.
Vinho 35s., 163, 165
Violência 38s., 66, 69, 74, 131
    Cf. tb. Vingança
Vouryes 98

Wagner, R. 37
Weber, M. 15-20, 22, 26s., 29s., 40, 41n. 30, 52-55, 57s., 61-63, 70, 75, 82, 111,
    118, 123, 128, 148, 150, 155s., 162, 169, 172
Wilson, S. 36
Wittgenstein, L. 124, 171

Xamanismo 36

Yalta 135

Zonabend, F. 50, 78, 141-143, 145, 168

COLEÇÃO ANTROPOLOGIA

– *As estruturas elementares do parentesco*
Claude Lévi-Strauss
– *Os ritos de passagem*
Arnold van Gennep
– *A mente do ser humano primitivo*
Franz Boas
– *Atrás dos fatos – Dois países, quatro décadas, um antropólogo*
Clifford Geertz
– *O mito, o ritual e o oral*
Jack Goody
– *A domesticação da mente selvagem*
Jack Goody
– *O saber local – Novos ensaios em antropologia interpretativa*
Clifford Geertz
– *Estrutura e função na sociedade primitiva*
A.R. Radcliffe Brown
– *O processo ritual – Estrutura e antiestrutura*
Victor W. Turner
– *Sexo e repressão na sociedade selvagem*
Bronislaw Malinowski
– *Padrões de cultura*
Ruth Benedict
– *O Tempo e o Outro – Como a antropologia estabelece seu objeto*
Johannes Fabian
– *A antropologia do tempo – Construções culturais de mapas e imagens temporais*
Alfred Gell
– *Antropologia – Prática teórica na cultura e na sociedade*
Michael Herzfeld
– *Arte primitiva*
Franz Boas
– *Explorando a cidade – Em busca de uma antropologia urbana*
Ulf Hannerz
– *Crime e costume na sociedade selvagem*
Bronislaw Malinowski
– *A vida entre os antros e outros ensaios*
Clifford Geertz
– *Estar vivo – Ensaios sobre movimentos, conhecimento e descrição*
Tim Ingold
– *A produção social da indiferença – Explorando as raízes simbólicas da burocracia ocidental*
Michael Herzfeld